UDO VOIGT

EINER FÜR DEUTSCHLAND

UDO VOIGT

EINER FÜR DEUTSCHLAND

ALS EUROPAABGEORDNETER IN STRASSBURG UND BRÜSSEL

EUROPA
TERRA
NOSTRA

EUROPA
TERRA
NOSTRA

Einer für Deutschland –
Als Europaabgeordneter in Straßburg und Brüssel

Kurfürstendamm 195, 3. OG
10707 Berlin, Germany

Gedruckt in Ungarn.
ISBN: 978-3-9818065-2-6
Europa Terra Nostra e.V.
www.europa-terra-nostra.com

HINWEIS: Die Aktivitäten der Europäischen Stiftung *Europa Terra Nostra e.V.* werden vom Europäischen Parlament finanziell unterstützt. Die Haftung liegt allein beim Verfasser, das Europäische Parlament übernimmt keine Verantwortung für die weitere Nutzung der hier angegebenen Informationen.

»Patriotismus und ein starkes Bekenntnis zu Europa schließen sich für mich nicht aus – ganz im Gegenteil, denn nur gesunde, lebensfähige Völker können das Fundament für ein starkes Europa – unter Einschluß Rußlands – sein, das sich auch im 21. Jahrhundert in einer unruhiger werdenden Welt zu behaupten vermag.«

Inhalt

Vorwort

[Dan Eriksson]
Vorsitzender der Europa-Stiftung
Europa Terra Nostra

Das Wirken der Europäischen Union in Straßburg und Brüssel scheint für die meisten von uns weit weg zu sein. Nicht allein im geographischen Sinne, sondern vielmehr deshalb, weil sich die herrschende Klasse, die sich in den Hallen der Macht verbrüdert, nicht als Teil ihrer Völker, der angestammten Völker Europas, mithin nicht als ein Teil von uns empfindet. Dieser Eindruck entsteht nicht ohne Grund, da viele von ihnen tatsächlich nicht zu uns gehören – und ich meine dies nicht allein im ethnischen Sinne, sondern weil diese sich von den einfachen, hart arbeitenden Menschen in Europa, ob Frau oder Mann, abgewandt und vollkommen den Kontakt zur Arbeiterschaft wie auch zum Mittelstand verloren haben, mithin zu denjenigen, auf deren Schultern die europäischen Gesellschaften getragen werden.

Während es das Ziel nationalistischer Politik ist, mehr Macht auf das Volk zu übertragen, speziell auf Familien und Regionen, streben die Eurokraten das genaue Gegenteil an. In den vergangenen Jahrzehnten verschob sich der Einfluß von der regionalen und nationalen Ebene zunehmend auf die EU-Kommissare und das Europaparlament sowie in nicht unerheblichem Maße auf noch weniger überschaubare Machtebenen mit einer noch geringeren Transparenz.

Als ich 2014 die Nachricht von der Wahl Udo Voigts in das Europaparlament erhielt, war ich überwältigt. Ein deutscher Nationalist, ein echter Fürsprecher für ein Europa der Vaterländer würde in der Herzkammer der Globalisten Platz nehmen! Sicherlich ist Udo Voigt nicht der einzige gute Mann in diesem Parlament, doch hatte ich seine Arbeit seit der Jahrtausendwende verfolgt. Und so wußte ich, daß es nicht seine Art ist, den Mund zu halten, wenn volksfeindliche Parlamentarier nach mehr Einwanderung, mehr Globalisierung, aber weniger Frieden rufen würden. Ebenso wußte ich, daß Udo Voigt nicht klein beigeben oder inhaltlich »verweichlichen« würde, nur weil er in ein Parlament gewählt wurde – ganz im Gegenteil. Ich wußte, daß Udo Voigt auch auf parlamentarischer Ebene die starke Stimme Deutschlands und Europas bleiben würde; und nun, mehr als drei Jahre später, zeigt sich, daß ich richtig lag.

Daher ist es mir eine große Ehre, als Vorsitzender der Europa-Stiftung *Europa Terra Nostra* der Öffentlichkeit dieses Buch präsentieren zu dürfen. Es ist nicht nur wichtig – gerade heute –, diese Publikation zu lesen, um die Kämpfe im Parlament oder die krummen Geschäfte hinter den Kulissen zu verstehen, sondern auch, um das Buch als Empfehlung für die Zukunft aufzunehmen.

Dies ist ein Buch, das in der Bibliothek einer traditionalistischen und nationalistischen Familie nicht fehlen darf und das an die nächsten Generationen als Zeitzeugenbericht über den Zustand Europas in seiner existenziell vielleicht entscheidendsten Zeit weitergegeben werden sollte.

Je nachdem, wie unser Kampf weiter verlaufen wird und welche Ergebnisse sich uns zeigen werden, wird dieses Buch zwei Aufgaben erfüllen. Sollten wir unterliegen, kann es als ein Beleg dafür dienen, wie unbeugsame Frauen und Männer versuchten, sich diesem tyrannischen System entgegenzustellen. Falls wir erfolgreich sein werden, wird es als eine Saat gesehen werden, die wir für größere Dinge ausgebracht haben. Ich glaube an Letzteres und kämpfe dafür. Tragen Sie Ihren Teil dazu bei, indem sie dieses Buch verbreiten, damit Udo Voigts Einsatz im Europaparlament auch in Ihrem Umfeld bekanntgemacht wird.

Vorwort

Ein Wort über Udo Voigt

[Bruno Gollnisch]
MdEP, Frankreich

Ich durfte Udo Voigt als Nachbarn kennenlernen; wir sind noch immer Nachbarn - im Plenarsaal des Europäischen Parlaments sitzen wir Seite an Seite. Beide gehören wir einer Minderheit an - aber einer wachsenden Minderheit, und zwar derer, die nicht an die Verheißungen der Globalisierer glauben. Wir beteiligen uns auch nicht am Aufbau des neuen europäischen »Super-Staates«. Wir würden lieber unsere nationalen Identitäten verteidigen.

Aus diesem Grund - und allein aus diesem Grund - werden wir ständig dämonisiert. Oder, um es richtiger zu sagen: Wir wurden dämonisiert. Denn wenn wenn man Udo Voigt, seine Ruhe, seine Gelassenheit sieht, ist es sehr schwierig, einen Teufel aus ihm zu machen.

Einige versuchen es natürlich noch immer. Entweder weil sie tatsächlich Fanatiker sind, oder weil sie die Dämonisierung als psychologische Waffe gegen das benutzen, was sie heute als »Populismus« bezeichnen, was aber nichts anderes ist als das Erwachen der Völker Europas.

Udo Voigt hat ein sehr klares Verständnis von der wahren Herausforderung, der sein Land und unsere Kultur gegenüberstehen. Es schließt die Ablehnung der Massenzuwanderung ein, aber es geht nicht nur um Zuwanderung. Es schließt auch die Wiederherstellung der Sicherheit ein, aber es geht nicht nur um Sicherheitsfragen. Es schließt die Verteidigung unserer legitimen wirtschaftlichen Interessen ein, aber natürlich geht es nicht nur um Fragen der Wirtschaft. Es geht auch um demografische Probleme, moralische und spirituelle Werte, um das kulturelle Erbe, einen legitimen Nationalstolz und vieles andere mehr.

Wie viele deutsche Patrioten mußte auch Udo Voigt Ungerechtigkeit, juristische oder körperliche Gewalt, politische Prozesse vor Gerichten, zynische Diskriminierungen, Beleidigungen und Drohungen am eigenen Leib erfahren. Aber er steht fest.

Dieser Mann wirkt verletztlich. Aber er ist stark. Im Halbrund des Parlaments spricht er talentiert. Niemand wagt es, ihn zu unterbrechen. Ist er die Stimme des Rufers in der Wüste? Könnte sein. Auch wenn diese Stimme nicht genug ist – sie wird gehört, auch von seinen Landsleuten, und besonders von jungen Leuten. Das ist die Angst unserer Feinde – und es ist unsere schönste Hoffnung.

Vorwort

Ein Europa der Vaterländer!

[Frank Franz]
NPD-Parteivorsitzender

Eurokritische Parteien und Protagonisten werden oft und gerne gefragt, warum sie sich für etwas einsetzen, das sie – aus der eingeschränkten Sicht dieser Betrachter – ablehnen. Insbesondere im Falle der EU-Institutionen wird immer wieder gerne darauf abgestellt, daß Nationalisten und Patrioten meist europakritisch oder gar europafeindlich seien. Das ist entweder eine bewußte und böswillige Verdrehung der Tatsachen oder zeugt von mangelndem Differenzierungsvermögen. Die Wahrheit ist so schlicht wie einleuchtend. Die EU ist nicht Europa! Die Essenz daraus ist bisweilen noch einfacher. Wer europafreundlich ist, kann nur EU-kritisch oder gar EU-feindlich sein.

Wenn man sich die Ziele der EU-Institutionen und ihrer Betreiber genauer ansieht, wird schnell klar, daß sie in wesentlichen Fragen das Gegenteil dessen wollen und bewirken, was Europa im Kern ausmacht. Europa ist keine Institution, sondern eine gewachsene und lebendige Struktur; man möchte sagen, ein lebender Organismus. Unser Kontinent ist nicht etwas, das nach 1918 oder nach 1945 mit einem Urknall dagewesen wäre. Es ist nicht etwas, das man hätte neu erfinden müssen. Europa, die europäischen Völker, Kulturen und Traditionen sind das Produkt einer langen Genese. Das Ergebnis eines Werdensprozesses, der nicht mit dem Aufoktroyieren von Institutionen und widernatürlichen Regeln erschaffen werden könnte. Europa ist, was es ist, weil es genau diese und keine andere Entstehungsgeschichte hat. Weil es genau die Völker und Kulturen hervorgebracht hat, die wir heute kennen. Wer Europa verteidigen und bewahren will, der muß verteidigen und bewahren, was es ausmacht. Also auch seine Völker, Kulturen, seine grundlegenden Werte und das Rechtsempfinden.

Das erklärte Ziel der EU ist, um es auf eine einfache Formel zu bringen, alles innerhalb Europas zu nivellieren. Die Kulturen und gewachsenen Nationalstaaten sollen vollkommen eingeebnet und zugunsten eines kulturlosen und grauen Molochs beseitigt werden. Es soll ein europaweiter Bundesstaat entstehen, dessen Funktionsweise intransparent, undemokratisch und völkerfeindlich ist. Schlimmer noch: Das Europa, das sich die EU-Kommissare auf ihre Fahnen geschrieben haben, ist ein widernatürliches und geradezu menschenverachtendes Konstrukt, in dem jede Freiheit aufgehoben wird. Ein Zustand, den es zum Wohle und der Freiheit nachfolgender Generationen zu verhindern gilt!

Der natürliche und lebensrichtige Gegenentwurf ist das Europa der Vaterländer. Ein Europa freier Völker, die sich ihrer Traditionen bewußt sein dürfen, sie wahren und leben können. Das bedeutet keineswegs, daß sich die Nationalstaaten gegeneinander abschotten sollen – im Gegenteil. Auch wir Nationalisten wollen gute und freundschaftliche Beziehungen zu unseren Nachbarvölkern. Jedoch ohne ihnen in ihre inneren Angelegenheiten pfuschen zu wollen. Jedem Volk stehen seine Würde, sein Leben und seine Souveränität zu.

Statt der Idee der EU-Kommissare, einen Bundesstaat schaffen zu wollen, favorisieren wir die Idee eines Staatenbundes, deren Mitglieder in Bereichen wie beim Schutz der Außengrenzen zusammenarbeiten können und sollen. Wir verstehen Europa als Schutz- und Trutzbündnis, das in Notsituationen zusammensteht, die Eigenheiten jedes einzelnen

Mitgliedsstaates jedoch respektiert und unangetastet läßt. Diese Vorstellung und Vorgehensweise entspricht auch jahrtausendelanger Tradition und Praxis in Europa.

Wer die Axt an die Wurzeln dessen legt, was Europa ausmacht, kann nicht europafreundlich sein. Wer die europäischen Völker und deren Eigenheiten zerstören will, der will Europa zerstören - und das vorsätzlich. Wir Nationalisten und Patrioten lieben unsere Heimat. Wir anerkennen das Band des Lebens, begonnen in der Sippe über das Volk hin zur Völkerfamilie. Das Aufbrechen dieser natürlichen Schutzbande ist eine Sünde! Darum ist es wichtig, daß auch wir heimattreuen Europäer dort sind, wo unsere Feinde nach dem Leben freier europäischer Völker trachten. Wir streiten dort, wo der Kampf für ein freies Europa geführt werden muß: in den Köpfen, auf der Straße, in den Gerichtssälen und in den Parlamenten.

[1] Das Signal des 25. Mai 2014

Der 25. Mai 2014 wird nach meiner festen Überzeugung Eingang in die Geschichtsbücher finden. An diesem Tag begann mit der Neuwahl des Europäischen Parlaments nicht etwa nur eine neue Amtsperiode, sondern auch ein neuer Abschnitt in der politischen Geschichte des Gremiums: Etwa ein Fünftel der Sitze im neugewählten Parlament - rund 19 Prozent - ging an nationale oder zumindest EU-kritische Kräfte: so viele wie nie zuvor. So feierten die heimattreuen Schweden-Demokraten ihren erstmaligen Einzug ins Europaparlament. In Griechenland konnte die *Goldene Morgenröte* trotz massiver staatlicher Repressionen erstmals drei Abgeordnete nach Straßburg entsenden, und in Ungarn landete die rechte *Jobbik-Partei* auf dem zweiten Platz. Die Etablierten haben es damit schwerer - eine, wie ich auch im Rückblick finde, gute Nachricht für die europäischen Völker.

Erstmals schaffte auch die NPD den Sprung nach Europa. 300.815 Wählerinnen und Wähler entschieden sich für die nationale Oppositionskraft. Als ihr Frontmann in Straßburg und Brüssel sowie als deutscher Patriot sehe ich mich in allererster Linie meiner deutschen Heimat und der Zukunft des deutschen Volkes in einem zusammenwachsenden Europa freier und souveräner Völker verpflichtet. Patriotismus und ein starkes Bekenntnis zu Europa schließen sich für mich nicht aus - ganz im Gegenteil, denn nur gesunde, lebensfähige Völker können das Fundament für ein starkes Europa - unter Einschluß Rußlands - sein, das sich auch im 21. Jahrhundert in einer unruhiger werdenden Welt zu behaupten vermag.

Redeauftritt im Straßburger Plenum;
Foto: European Union 2016

Die ersten Schritte im Europaparlament machte ich an einem Tag im Juni 2014 mit einem Laufzettel von Abteilung zu Abteilung, wo ich die ersten administrativen Maßnahmen wie Registrierung, Sicherheit, Ausweis, Finanzen, Zuteilung eines Parkplatzes usw. über mich ergehen ließ. Dabei überraschte mich, wie selten ich mich vorstellen mußte, und merkte, daß es wohl daran lag, daß ich der einzige NPD-Vertreter war – und den schienen viele zu kennen. So wurde ich fast immer direkt mit Namen begrüßt. In besonderer Erinnerung ist mir dabei die Begegnung mit einem jungen EU-Beamten aus dem Elsaß geblieben. Mit strahlenden Augen erzählte er in seinem elsässischen Dialekt, daß sein Großvater noch immer im Besitz eines Passes des Deutschen Reiches sei und für Deutschland gekämpft hatte. Er war sehr stolz auf seinen Großvater, und ich freute mich über diese klare und offene Zielansprache der Elsässer, die mir im Laufe der Jahre noch öfters begegnen sollte.

Gleich in der zweiten Juli-Woche gab es dann einen Paukenschlag zu vermelden, als offiziell wurde, daß ich auch noch einen Sitz im wichtigen Innenausschuß des Europaparlaments innehaben würde. Der sogenannte LIBE-Ausschuß (offiziell: Ausschuß für Bürgerliche Freiheiten, Justiz und Inneres) ist deshalb von Bedeutung, weil dort nicht nur über Menschenrechtsfragen rund um »Flüchtlinge« und Asylbetrüger aus aller Welt debattiert wird, sondern auch über Probleme, die mit den Bereichen Innere Sicherheit, Überwachung und Zuwanderung zusammenhängen.

Die Sitzzuteilung im riesigen Rund des Straßburger Plenarsaales rief beim politischen Gegner die üblichen hysterischen

Reflexe hervor. Ganz vorn mit dabei: die unvermeidliche Charlotte Knobloch, ehemalige Vorsitzende des Zentralrats der Juden in Deutschland und stellvertretende Vorsitzende des Jüdischen Weltkongresses, des weiteren der damalige EU-Parlamentspräsident Martin Schulz, außerdem ein gewisser Stephan J. Kramer, Direktor des European Office on Anti-Semitism des American Jewish Committee am Transatlantic Institute (TAI) in Brüssel. Die *Welt* vom 10. Juli 2014 räumte dem Mann viel Platz für einen geradezu entlarvenden Hetzartikel ein, in dem er schwadronierte: »Die Gefahr, die von der NPD und verwandten Parteien in Europa ausgeht, muß endlich jedem klar sein. Ich hoffe, ja ich möchte sicher sein, daß alle europäischen Demokraten an dieser Aufklärung und der politischen Auseinandersetzung aktiv teilnehmen werden«, tönte Kramer.

In einer rasch veröffentlichten Presseerklärung wies ich darauf hin, daß Parlamentspräsident Martin Schulz »völlig hemmungslos seine Neutralitätspflicht (verletze), indem er sich, ohne auch nur ein Wort mit mir gesprochen zu haben, kritiklos der Medienhetze anschließt«. Außerdem stellte ich klar: »Die Aufregung der selbsternannten Demokratie-Gralshüter ist heuchlerisch. Wer selbst in Europa die Menschen-, Bürger- und Freiheitsrechte mit Füßen tritt, sollte sich mit Kritik an meiner Person im EU-Innenausschuß besser zurückhalten. In Europa werden heute tausende Patrioten verfolgt und landen allzu häufig nur wegen einer Meinungsäußerung im Gefängnis.«

Außer mir sind in der laufenden Legislaturperiode des Europaparlaments noch an die 140 weitere rechtsnationale Abgeordnete aus vielen Ländern Europas mit Sitz und Stimme in Straßburg vertreten, so daß man sich gut eingebettet und weder allein noch ausgegrenzt fühlt. Die hysterische Ausgrenzung und Diskriminierung nationaler Mandatsträger scheint es wohl in der Tat nur in der BRD zu geben. Im Europäischen Parlament dagegen werden meine Wortmeldungen gleich behandelt wie die aller anderen Abgeordneten auch. Und noch ein Umstand ist nicht zu unterschätzen: Das große

Desinteresse der etablierten Abgeordneten an den Plenarsitzungen, wo viele an den Sitzungstagen oft nur kurz anwesend sind, eröffnet einem Einzelabgeordneten die Möglichkeit, verstärkt wahrgenommen zu werden.

Großen Rückhalt erfahre ich zudem unverändert durch die Mannschaft an meiner Seite, mit der die politische Arbeit viel Freude bereitet. Da gerät es fast in Vergessenheit, daß ich nur einer von weit über 700 Abgeordneten bin. Auch nach inzwischen über drei Jahren der gemeinsamen parlamentarischen Arbeit erfreuen wir uns noch immer eines hervorragenden und konstruktiven Zusammenspiels, das über gute Kontakte der Assistenten zusätzliche Anregungen erfährt und das sich auch auf die Kontakte der Abgeordneten untereinander auswirkt.

Ich muß kurz meine Mitarbeiterinnen und Mitarbeiter vorstellen – sie sind die Mannschaft in meinem Rücken, auf die ich mich stets verlassen kann.

Karl Richter: 1962 als Sohn eines sudetendeutschen Vaters und einer bayerischen Mutter in München geboren, studierte Karl Richter im Anschluß an seinen Wehrdienst an der Münchner Ludwig-Maximilians-Universität Geschichte, Volkskunde, Musikwissenschaft und Sanskrit. Von 1989 bis 1994 arbeitete Richter bereits als parlamentarischer Referent des damaligen Europa-Abgeordneten der Republikaner, Harald Neubauer; von 2004 bis 2008 war er Leiter des Parlamentarischen Beratungsdienstes der NPD-Fraktion im Sächsischen Landtag. Zudem versah er zeitweise unter meiner Parteiführung das Amt Politik und war stellvertretender NPD-Parteivorsitzender.

Seit 2008 ist er Stadtrat in München; 2014 schaffte er den erneuten Einzug ins Münchner Rathaus. Seit 2014 ist er mein parlamentarischer Referent im Europaparlament. Zu seinen Aufgaben zählt hier die Betreuung der Presse- und Medienarbeit sowie die Redaktion des im Zwei-Monats-Rhythmus erscheinenden Abgeordneten-Bulletins *Nation in Europa*, das über die Arbeit im Parlament informiert und unter anderem unserer Parteizeitung *Deutsche Stimme* beigelegt wird.

Karl Richter verfaßte mehrere Bücher und spricht mehrere Fremdsprachen, was ihn für europäische und internationale Aufgaben geradezu prädestiniert. Seine früheren Kontakte zu Assistenten nationaler Abgeordneter, mit denen die Republikaner seinerzeit eine gemeinsame technische Fraktion bildeten, halfen uns in den ersten Monaten im Europaparlament, anfängliche Schwierigkeiten schneller zu überbrücken.

Mit Karl Richter in Straßburg

Bettina Bieder: Meine langjährige politische Weggefährtin war zugleich Seele und ordnende Hand im Berliner Europabüro, das sich in Räumlichkeiten der Köpenicker NPD-Parteizentrale befindet. Die Aufgaben der gelernten Bürokauffrau, bis 2011 Sekretärin des damaligen NPD-Parteivorsitzenden, waren dabei vielfältig: Sie reichten von der Flug- und Hotelbuchung, der Verwaltung von verschiedenen Konten und der Überwachung und Einreichung von Reisekosten über die Terminierung von Mediengesprächen bis hin zur Betreuung von Besuchergruppen, die mich regelmäßig an meinen europäischen Wirkungsstätten aufsuchen, um dort ungefilterte Informationen über die Arbeit »ihres« Abgeordneten zu erhalten.

Bettina Bieder

Auch bei zahlreichen anderen Gelegenheiten half sie gern, mich zu vertreten und

Susann Starke

Florian Stein

Uwe Meenen

Frank Rohleder

meinem Mandat an der »Heimatfront« ein charmantes Gesicht zu verleihen. Interessenten stand Bettina Bieder auch für alle anderen Fragen rund um die Europaarbeit unserer Mannschaft zur Verfügung, etwa wenn es um die Teilnahme an einer Besucherreise, um die Zusendung von Infomaterial oder um den Bezug des Informations-Bulletins *Nation in Europa* ging.

Zwischenzeitlich hat sich bei Bettina Bieder der langersehnte Nachwuchs eingestellt. Damit sie sich ganz ihrer Tochter widmen kann, wurde zunächst vertretungsweise eine geschätzte frühere Mitarbeiterin wieder eingestellt.

Susann Starke: Die Dresdnerin ist seit 1993 in der nationalen Bewegung aktiv. Von 1998 bis 2000 arbeitete die gelernte Sekretärin in der Parteizentrale der NPD. In dieser Zeit lernte ich Susi als damaliger Parteivorsitzender als absolut zuverlässige Mitarbeiterin kennen und schätzen. Ihre Erfahrungen und Kenntnisse brachte Susann Starke zudem zwischen 2004 und 2014 in die Arbeit der NPD-Fraktion im Sächsischen Landtag ein. Seit Oktober 2016 ist sie wieder in Berlin aktiv. Als Mitarbeiterin in meiner Mannschaft zeichnet sie jetzt im Bürgerbüro unter anderem für die Betreuung der Besuchergruppen verantwortlich; außerdem vertritt sie die im Erziehungsurlaub befindliche Bettina Bieder.

Florian Stein: Der gebürtige Berliner, Jahrgang 1982, ist mein akkreditierter parlamentarischer Assistent in Brüssel und fungiert als Ansprechpartner für das Parlament in administrativen und organisatorischen Angelegenheiten. Vor seiner Tätigkeit im Europäischen Parlament absolvierte er zunächst seinen Wehrdienst in Torgelow am Stettiner Haff bei den Panzerpionieren und später als Funker beim Panzergrenadier-Bataillon 411. Nach seiner dreijährigen Berufsausbildung zum Bürokaufmann begann Florian Stein dann ein Studium der Verwaltungswissenschaften, das er 2009 an der Berliner Hochschule für Wirtschaft und Recht abschloß. Im Anschluß daran zeichnete er in der Parteizentrale für die Bereiche Mitglieder- und Interessentenbetreuung sowie Öffentlichkeitsarbeit verantwortlich. Seit 2014 gehört er zusammen mit Klaus Beier für die NPD dem Kreistag Oder-Spree an. Im Landesverband Brandenburg bekleidet er das Amt des Pressesprechers. Im Parteivorstand nimmt er das Amt des Auslandsbeauftragten wahr.

Uwe Meenen, geboren 1965 in Würzburg, arbeitet als mein persönlicher Referent im Berliner Bürgerbüro. Der gelernte Verlagskaufmann ist seit seinem 17. Lebensjahr politisch aktiv. Den Wehrdienst absolvierte er in einem Feldartillerie-Bataillon in Bayern. Zu seinen Aufgaben zählen Kontaktpflege, Öffentlichkeitsarbeit und Medienbetreuung. Uwe Meenen war zudem bis 2017 NPD-Landesvorsitzender von Berlin.

Frank Rohleder: Der gebürtige Greizer (Jahrgang 1950) absolvierte in der DDR eine Ausbildung zum Meister für Versorgungs-Einrichtungen. Später arbeitete er als Leiter des Bezirks-Ausbildungszentrums Zwickau der Gesellschaft für Sport und Technik (GST). Seinen Wehrdienst absolvierte er in der Nationalen Volksarmee bei den Fallschirmjägern, Bataillon Sänger, in Prora. Von 2005 bis 2011 gehörte er dem NPD-Parteivorstand an. Vor seinem Engagement bei der NPD war er Stellvertretender Bundesvorsitzender der Republikaner. In meiner Mannschaft zeichnet Rohleder verantwortlich für organisatorische Aufgaben.

Rob Verreycken

Rainer Schütt

Christian Schmidt

So hält er Kontakte zu nonkonformen Gruppen wie beispielsweise Pegida oder Thügida, – nicht zuletzt, um auch in diesen Kreisen die Arbeit unserer Truppe im Europaparlament bekannt zu machen. Darüber hinaus bereitet er Veranstaltungen mit vor, wobei auch die Besucherbetreuung und Reisekoordination zu seinem Aufgabenfeld gehört.

Rob Verreycken: Der 47jährige Rechtsanwalt begann seine politische Tätigkeit im Vlaams Blok (später *Vlaams Belang*), wo er Führungsaufgaben übernahm. Von 2000 bis 2006 war er Regionalabgeordneter im Flämischen Parlament. Der Mitarbeiter des Europäischen Parlaments arbeitet zur Unterstützung Udo Voigts. Bekannt und bei seinen Gegnern gefürchtet wurde Rob Verreycken in seiner Eigenschaft als Vorsitzender der juristischen Abteilung des Vlaams Blok. So führte er unzählige politische Prozesse, beispielsweise, wenn es darum ging, Stadthallen für Veranstaltungen, Postwurfsendungen durch die belgische Post oder auch Fernsehauftritte einzuklagen. Auch auf dem Feld der Antidiskriminierung wurden unter Verreyckens Federführung bahnbrechende Erfolge erreicht: So kann ein Mitglied des *Vlaams Belang* im Falle eines Falles gegen seine Entlassung Klage einreichen.

Rainer Schütt: Er wurde in Wismar geboren, wo er mein seit 2016 bestehendes Bürgerbüro betreut. Auch er leistete vor der Teilvereinigung seinen Wehrdienst in der Nationalen Volksarmee ab. Dabei diente er als Funker in einer Funkmeß-Einheit der schweren Artillerie in Torgelow. Wegen angeblicher Verherrlichung des Nationalsozialismus und des Absingens »faschistischer« Lieder wurde er nicht befördert.

Weil er es in der ehemaligen DDR schwerer als andere hatte, konnte er dann erst mit 30 seinen Handwerksmeister machen. Es folgte ein Maschinenbau-Studium in Wismar. Im September 1989 floh er fast mit der kompletten Familie – Frau, Tochter, Schwiegersohn und Enkel – über die Botschaft in Warschau in die BRD. Nur sein Sohn konnte nicht mit, da er aus politischen Gründen in Cottbus inhaftiert war.

Schütt, der die NPD auch in der Bürgerschaft seiner Geburtsstadt und im Kreistag von Nordwestmecklenburg vertritt, sieht seine Aufgabe in der Hauptsache darin, von der »Basis«, also vom Bürger, aus der Region kommende Informationen zu sammeln. Dazu gehören nicht zuletzt auch für die Region typische Themen wie z. B. Fischerei, Schiffbau, aber auch Landwirtschaft und Energie. Hilfreich sind ihm dabei neben seiner Lebenserfahrung auch berufliche Voraussetzungen. So studierte Schütt an der Fachhochschule für Schiffbautechnik in Rostock (Abschluß als Diplom-Ingenieur – FH).

Christian Schmidt: Der baumlange Berliner absolviert derzeit bei uns eine Ausbildung zum Bürokaufmann. Nach dem Wegfall der Wehrpflicht konnte er direkt nach der Schule in die Politik eintreten und seine erste Berufsausbildung absolvieren. Er ist damit der erste männliche Mitarbeiter in meiner Truppe, der nicht aktiv gedient hat. Die Neo-Stasi-Tätigkeit der sogenannten Antifa konnte inzwischen auch Schmidt am eigenen Leibe kennenlernen: Nachdem linke Berufs-Denunzianten an seinen vormaligen Arbeitgeber, einen Lebensmittelhändler, Fotos mit politischem Bezug geschickt hatten, verlor er seine Anstellung und absolviert nun im Bürgerbüro eine neue Berufsausbildung.

Dr. Kersten Radzimanowski

Als 1989 Geborener ist Schmidt der Jüngste im Boot. Besonders weiß es die Mannschaft zu schätzen, daß er immer wieder verläßlich einspringt, wenn es andernorts »brennt«. Vor allem in den Plenarwochen in Straßburg und Brüssel spielt Schmidt oft »Feuerwehr«, wenn die zum Teil exorbitant umfangreichen Abstimmungslisten zusätzliche Hilfe erfordern. Schmidt leistet in solchen Fällen wertvolle Zuarbeit, die meine Truppe im Parlament gerne in Anspruch nimmt. Er ist seit 2012 NPD-Kreisvorsitzender im Berliner Bezirk Pankow – und außerdem Vater einer Tochter.

Dr. Kersten Radzimanowski: Er wurde 1948 in der damaligen SBZ geboren, ist Historiker und Publizist. In der CDU der DDR war er zuständig für die Leitung der Abteilung Internationale Beziehungen beim Parteivorstand. Außerdem übte er leitende Aufgaben im Ministerium für Auswärtige Angelegenheiten der DDR aus; zuletzt (1990) war er als Staatssekretär mit der Geschäftsführung des Ministeriums beauftragt. Dort hat er nach einer kurzen letzten Tätigkeit als stellvertretender amtierender Außenminister im sprichwörtlichen Sinne des Wortes das Licht ausgemacht. Nachdem er im Gefolge der Wende die Unaufrichtigkeit der West-CDU kennengelernt hatte, trat er dort aus und wandte sich schon bald den Nationaldemokraten zu.

In Udo Voigts Straßburger Europa-Mannschaft leistet Dr. Radzimanowski kompetente Zuarbeit im publizistischen und politischen Bereich; darüber hinaus berät er den NPD-Europaabgeordneten in außenpolitischen Fragen, wobei sich seine Erfahrung im früheren DDR-Außenministerium immer wieder als wertvoller Trumpf erweist.

[2] Kurz und knackig – eine Dienstbesprechung

[Lutz Dessau]

Dienstbesprechungen? Da gibt es immer sone und solche! Jene, die sich endlos in die Länge ziehen, die von langatmigen Monologen, schlimmstenfalls Abschweifungen vom jeweiligen Kernthema, mithin purer Selbstinszenierung geprägt sind. Aber es gibt auch Zusammenkünfte mit kurzen, prägnanten Ausführungen sowie zackiger und trotzdem präziser Abarbeitung der Tagesordnungspunkte. Insofern bin ich wie ein Flitzebogen auf jene dienstliche Zusammenkunft gespannt, die am 27. Juni 2017 in Udo Voigts Bürgerbüro am Rande der wunderschönen Wismarer Altstadt stattfindet.

Punkt 10:00 Uhr erfolgt der Anstoß, vollzogen vom Europaabgeordneten: Künftig wolle er englischsprachige Medien noch stärker mit Pressemitteilungen versorgen. Es »ist leider so, daß ausländische Medien mehr über unsere Arbeit berichten als deutsche«, führt Florian Stein kurz die Verschweigetaktik an, mit der ein Großteil der BRD-Medien auch der Arbeit von Udo Voigts Mannschaft begegnet. Hier denke ich an den altbekannten Spruch über den Propheten, der nirgends weniger als in seinem Vaterland gilt.

Lutz Dessau bei einer Dienstbesprechung in Wismar.

»So, was ist mit dem Drucker und dem PC?« fragt Voigt Rainer Schütt. »Wird alles noch heute eingerichtet«, entgegnet der Bürgerbüroleiter, der die NPD auch im Kreistag Nordwestmecklenburg und in der Wismarer Bürgerschaft vertritt.

Rasch folgt das nächste Thema: die Wanderausstellung über Syrien. Die Schau, die rund zwei Dutzend großformatige Bildmotive umfaßt, zeigt Aufnahmen der in den Jahren 2015 und 2016 durchgeführten Syrien-Missionen der *Alliance for Peace and Freedom,* an denen Udo Voigt teilgenommen hatte. Frank Rohleder reicht ein in deutscher und englischer Sprache verfaßtes Begleitheft über den Tisch. »Vermächtnis Syriens – die Wiege der Zivilisation« steht auf dem Deckblatt. Das Heft enthält neben einer Reihe illustrativer Motive auch Bilder, auf denen die tiefen Wunden zu sehen sind, die der von ausländischen Mächten – vor allem von den USA, der Türkei und Saudi-Arabien – ins Land getragene Krieg geschlagen hat. Ursprünglich sollte die Ausstellung in den Räumlichkeiten des Europaparlaments gezeigt werden. Der inzwischen mit bescheidenem Erfolg in die bundesdeutsche Politik gewechselte Ex-Präsident des Europaparlaments, Martin Schulz, hatte sie zunächst genehmigt, dann aber nach Gutsherrenart mit der absurden Begründung untersagt, sie sei »zu politisch«. Wohlgemerkt: Bei vergleichbaren Bilderschauen über die angeblichen Greueltaten der syrischen Regierungstruppen kannte Schulz solche Skrupel nicht.

Jetzt nimmt Udo Voigts Truppe das Heft des Handelns selbst in die Hand: Die Ausstellung wird nun europaweit gezeigt und kann direkt beim Bürgerbüro angefragt werden. Zu sehen war sie unter anderem am 22. Juli 2017 zum Bundestags-Wahlkampfauftakt der NPD in Riesa und zuvor auf dem Bundesparteitag in Saarbrücken.

»Werbevideo« lautet der nächste Punkt auf der Tagesordnung. Jetzt erleben die Teilnehmer der Dienstbesprechung noch eine echte Uraufführung. Florian Stein dreht seinen Klapprechner herum und zeigt ein Video, das Udo Voigts

Arbeit im Europaparlament anhand einprägsamer und rasch wechselnder Szenen dokumentiert. Der außerordetlich professionell gestaltete Kurzfilm fand im Rahmen des Bundestags-Wahlkampfes 2017 Verwendung, soll aber auch im Jahr 2019, wenn der Europa-Wahlkampf ins Haus steht, als Werbemittel eingesetzt werden – Verbreitung ausdrücklich erwünscht, wobei am Besprechungstisch die Frage aufgeworfen wird, wie sich das Video optimal »vermarkten« läßt: Vorgesehen ist, den Streifen über die Landes-NPD-Seiten sowie Facebook und Instagram zu bewerben; auch in den Druckerzeugnissen des Europaabgeordneten soll künftig dafür Werbung gemacht werden.

Die Möglichkeit, sich vor Ort – also in Brüssel oder Straßburg – ein ungefiltertes Bild über die Arbeit des Europaabgeordneten Udo Voigt zu machen, gibt es natürlich auch. Jedes Mitglied des Europäischen Parlaments kann im Jahr 110 Besucher einladen. Viele NPD-Landesverbände machen von diesem Angebot auch schon regen Gebrauch. »Wenn ich richtig informiert bin, kommen nächste Woche 16 Leute, dann im Herbst eine größere Gruppe«, wirft Voigt einen Blick voraus. Für die Betreuung zeichnet Udo Voigts langjährige Mitarbeiterin Susann Starke verantwortlich, die mit den Besuchergruppen auch Stadtführungen veranstaltet, die sich großer Beliebtheit erfreuen.

»Nation in Europa« ist das zweimonatliche Informations-Bulletin des Europaabgeordneten Udo Voigt. Kostenlos anzufordern unter www.udovoigt.de.

Florian Stein erwähnt sodann die Mitarbeiter-Broschüre, die dringend aktualisiert und überarbeitet werden müsse. Karl Richter erkundigt sich, bis wann die Beiträge dafür abgeliefert werden sollen. »Bis Ende Oktober«, antwortet Stein. Außer dem Vorwort soll das Heft neben einer Vorstellung der Mitarbeiter und Praktikanten auch Porträts der Bürgerbüros sowie die Themen APF, Souveränität und Syrien enthalten.

Das entscheidende Werkzeug der Öffentlichkeitsarbeit bleibt aber das Informations-Bulletin *Nation in Europa*. Die aktuelle Ausgabe liegt vor Karl Richter auf dem Tisch, der auch viele Texte in routiniert-prägnantem Stil verfaßt, die redaktionelle Arbeit mit den Mitarbeitern koordiniert und die Themenvorgaben macht.

Im Mittelpunkt der Ausgabe 3/2017 steht das Generalthema »Souveränität«. Kein Geringerer als Rußlands Präsident Putin hatte Anfang Juni auf dem Internationalen Wirtschaftsforum in St. Petersburg vor internationalen Medienvertretern die brisante Feststellung getroffen, Deutschland verfüge – gerade, was den Bereich der militärischen Kooperation angehe – nur über eine »beschränkte Souveränität«. Auf diese grundlegende Tatsache verweisen deutsche Patrioten und andere vom Zeitgeist nicht angekränkelte Zeitgenossen bekanntlich schon seit Jahrzehnten – und handeln sich dafür regelmäßig den Stempel »Rechtsextremist«, »Nazi« oder Schlimmeres ein.

Udo Voigt kann auf diesem Feld mit besonderer Kompetenz aufwarten, verfaßte er doch bereits 1986 seine Diplomarbeit zum Thema der eingeschränkten Souveränität der BRD. Kein Wunder also, daß seine dazu im Parlament gehaltenen Redebeiträge ebenso wie die flankierenden Pressemitteilungen gerade in dem von EU-Sanktionen betroffenen Rußland immer wieder ein reges Echo gefunden haben. Im eigenen Land hingegen wird versucht, dieses für die etablierte Politik eher peinliche Thema möglichst unter den Teppich zu kehren. Klar und offiziell ist aber nun seit der öffentlichen Äußerung des russischen Präsidenten, daß die nicht vorhandende Souveränität der Bundesrepublik kein Hirngespinst rechter »Verschwörungs-Theoretiker« ist, sondern die nackte Wahrheit. Tatsache ist: Merkel hat in unserem Land genauso wenig zu sagen wie ehedem ihr Vorgänger im Amt, der erste Bundeskanzler Konrad Adenauer und alle weiteren nach 1945 amtierenden Kanzler. Der frühere Vorsitzende der SPD, Kurt Schumacher, nannte darum schon in den fünfziger Jahren Adenauer zu Recht den »Kanzler der Alliierten«.

Udo Voigt reichte im Nachgang zur Äußerung Putins mehrere an die EU-Kommission gerichtete Anfragen im Geschäftsgang ein (Näheres siehe 18. Kapitel »Eingeschränkte Souveränität«). »Wir müssen jetzt Udo Voigt als ‚Mister Souveränität' in den Köpfen festklopfen«, gibt der Polit-Routinier Karl Richter ein Nahziel aus.

Ein weiterer Tagesordnungspunkt betrifft die Durchführung einer Sicherheitskonferenz (die für den 6. September 2017 in Brüssel unter dem Motto »Eurasian Chessboard 2030« geplant war). Als Schwerpunkte waren neben der NATO auch die europäische sowie die innere Sicherheit vorgesehen. »Wir müssen eigene sicherheitspolitische Vorstellungen entwickeln. Juncker plant eine europäische Armee mit europäischer Führung und einer Einbindung in NATO-Strukturen. Hier muß ein Gegenmodell erarbeitet werden«, gibt Udo Voigt eine kurze Erläuterung.

Bei diesem Thema prallen durchaus gegensätzliche Meinungen aufeinander. Deutsche Vertreter bzw. Sicherheitsleute müssen schon dabei sein, zumal die Veranstaltung ja von deutscher Seite organisiert werde, meinen die meisten in der Runde. »Warum um jeden Preis Deutsche? Wo ist der Mehrwert?«, wirft Florian Stein in die Runde.

Doch mit den Deutschen, soviel zeichnet sich rasch ab, wird es schwierig: Ein General a. D., der Udo Voigt persönlich bekannt ist, sagte seine Teilnahme bereits ab.

Jetzt meldet sich Karl Richter zu Wort: »Oder wir thematisieren die Schlepperroute über das Mittelmeer und die Rolle der NGOs. Darüber haben wir jede Menge Informations- und Propagandamaterial. Und wenn Generäle aus Griechenland, Spanien oder Italien als von der Migration hauptbetroffene Anrainerstaaten berichten – Motto: Massenmigration verhindern –, ist das unser ureigenstes Thema.«

Florian Stein läßt aber nicht locker: Er spricht sich weiter für eine Konferenz zum ursprünglichen Thema aus, da die Migrations-Thematik ja ohnehin schon ein Dauerschwerpunkt sei. (Letztlich sollten dann beide Aspekte – die Lage im Mittelmeer ebenso wie die Frage der europäischen Verteidigung – Eingang in die Tagesordnung finden. Da die Administration des Europaparlaments kurzfristig die Simultan-Dolmetscher zurückzog, konnte die Konferenz nicht wie geplant durchgeführt werden. Die »Demokratie« läßt grüßen…).

»Offene Anfragen?« fragt Udo Voigt Florian Stein und erkundigt sich nach den in den Geschäftsgang des Parlaments eingereichten Fragen und den inzwischen eingegangenen Antworten der Parlamentsverwaltung. Stein pariert prompt: »Noch offen sind ‚Investitionsförderung für Wasserzweckverbände', ‚NGOs unterstützen Schlepper im Mittelmeer', ‚Politischer Mißbrauch des Straftatbestandes ´Bildung einer kriminellen/terroristischen Vereinigung' und ‚Bevölkerungsexplosion führt zur Invasion von Asylbewerbern'«, kommt seine Antwort postwendend. Für die Beantwortung von Abgeordneten-Anfragen haben die EU-Kommissare sechs Wochen Zeit, ist zu erfahren. Zu Hause angelangt, schaue ich in Udo Voigts Datenbank nach und stelle fest, daß drei der vier Anfragen Ende März 2017 eingereicht worden sind. Die Eurokratie lebt ganz offensichtlich in einer anderen Welt, was allerdings nicht nur das Thema Zeit anbetrifft.

Und die Besprechung in Wismar? Gerade einmal zweieinhalb Stunden hat sie in Anspruch genommen, wobei sie allen Anforderungen genügte: kurz, knackig, immer auf den Punkt – die Fahrt nach Wismar habe ich jedenfalls nicht bereut.

[3] Wer ist die *Alliance for Peace and Freedom*?

Auf dem politischen Feld ist sie zwar ein noch junges Pflänzchen, das aber schon erste pralle Knospen zu treiben beginnt – die *Alliance for Peace and Freedom*.

Die Büroräume der *Alliance for Peace and Freedom* wurden schon mehrfach zum Zielobjekt von Angriffen der sogenannten Antifa. Neben Farbbeutelattacken, eingeworfenen Scheiben und zugeschmierten Schlössern gab es sogar einen Versuch, das APF-Büro zu stürmen – es blieb beim Versuch, weil die linken Randalierer hundsmiserable Aufklärungsarbeit geleistet hatten. In den Räumlichkeiten hielten sich gerade an die zwei Dutzend APF-Mitglieder und-Sympathisanten auf, die ihr Territorium couragiert verteidigten, so daß die Linken panisch Reißaus nahmen und sogar eine »Antifa«-Fahne zurückließen.

APF

ALLIANCE FOR
PEACE & FREEDOM

Doch wer ist die APF? Und: Welche Ziele verfolgt sie? Mit welchen Aktionen trat sie hervor? Die im Februar 2015 gegründete *Alliance for Peace and Freedom* um ihren Vorsitzenden Roberto Fiore versteht sich als gesamteuropäischer Zusammenschluß patriotischer und nationalistischer Parteien und Aktivisten, die auf internationaler Ebene tätig sind, um die christlich-abendländischen Identitäten der europäischen Nationen zu bewahren. Die APF hat sich dabei die Aufgabe gestellt, die Zusammenarbeit zwischen jenen Kräften zu koordinieren, welche die Souveränität und Identität der Nationen Europas vor den Kräften der Globalisierung, des Zionismus und des Dollar-Imperialismus und seiner westlichen Marionetten schützen wollen.

V.l.n.r.: Nick Griffin, Jean-Marie Le Pen, Udo Voigt und Roberto Fiore

Im Januar 2016 wurde die *Alliance for Peace and Freedom* vom Europäischen Parlament als Partei anerkannt, die auf europäischer Ebene agiert. Die APF hat heute Mitglieds-Parteien in einer wachsenden Zahl von Ländern. Im einzelnen sind das die *Fuorza Nuova* (FN/Italien), die *Nationaldemokratische Partei Deutschlands* (NPD), die *Democracia Nacional* (DN/Spanien), die *Partei Dělnická Strana Sociální Spravedlnosti* (DSSS/Tschechische Republik), *NATION* (Belgien), *L'udová Strana Naše Slovensko* (L'SNS/Slowakei) und die rumänische *Partidul România Unită* (PRU). Darüber hinaus gibt es Mitglieder nationaler und regionaler Parlamente, so aus der Slowakei, Italien, Österreich, Frankreich, Polen sowie verschiedenen baltischen Staaten.

Außerhalb der Europäischen Union werden freundschaftliche Beziehungen zur *Syrischen Sozialen Nationalistischen Par-*

tei sowie zu verschiedenen Gruppen in Rußland, den USA und Australien unterhalten.

Zudem pflegt die APF gute Beziehungen zu nationalen kulturellen Zusammenschlüssen, Jugend-Vereinigungen, Gruppen, die sich über die sozialen Medien vernetzt haben, Musik-Labeln oder auch wertkonservativen christlichen Organisationen.

Zum Vorstand, der am 17. Dezember 2016 auf dem Jahreskongreß der APF gewählt wurde, gehören neben dem Präsidenten Roberto Fiore (*Fuorza Nuova*/Italien) und seinem Stellvertreter Nick Griffin (Vereinigtes Königreich) der Schwede Stefan Jacobsson als Generalsekretär, Hervé van Laethem von der belgischen *NATION* als Schatzmeister, Ingo Stawitz (NPD), Tomáš Vandas (*Dělnická strana Sociální Spravedlnosti*/Tschechische Republik), Angelo Balletta (FN/Italien), der französische Rechtsanwalt Olivier Wyssa, Gonzalo Martin Garcia (*Democracia Nacional*/Spanien), Martin Beluský (*L'udová Strana Naše Slovensko*/Slowakei) und Sarmiza Andronic von der rumänischen PRU.

Das Emblem der APF lehnt sich an die griechische Mythologie an. Es erinnert an die Legende von der jungen Europa, der Tochter des phönizischen Königs Agenor, die so schön war, daß sich der Gott Zeus in sie verliebte. Zeus nahm die Gestalt eines Stieres an und entführte Europa nach Kreta. Dort gebar sie ihm drei Söhne: Minos, Rhadamanthys und Sarpedon. Bis auf den heutigen Tag steht die auf dem Stier reitende Europa nicht allein für Kultur und Tradition unseres Weltteils, sondern auch für Jugend und Stärke.

Warum aber trägt der Zusammenschluß die Wörter »Peace« und »Freedom« in seinem Namen? Die APF bezieht sich dabei besonders auf die dringende Notwendigkeit, dem allgegenwärtigen, von den Main-Stream-Medien verbreiteten Kriegsgeschrei gegen Rußland und dessen Verbündete etwas entgegenzusetzen. Die APF bemüht sich, dies durch den Austausch von Ideen zu tun, aber auch, indem die geradezu inhumane Propaganda der westlichen Medien-Maschinen bekämpft und die Wahrheit über die Verleumdungen der Lügenmedien mit Hilfe der sozialen Netzwerke verbreitet wird.

Darüber hinaus tritt die APF mit Nachdruck der Einmischungs- und Destabilisierungspolitik des Westens im Mittleren Osten entgegen. Sie kämpft zudem gegen die Islamisierung Europas durch Masseneinwanderung, übertriebenes Toleranzgebaren der zur Zeit politisch herrschenden Kreise und die auf Petro-Dollars fußende Missionierungstätigkeit der saudischen Wahhabiten.

Gleichzeitig wendet sich die APF aber auch gegen den Imperialismus der US-Neokons und die zionistische Aggressionspolitik gerade in Ländern, die von altersher islamisch geprägt sind.

Auch spricht sich die APF entschieden gegen die augenblicklich von der EU und den USA gegenüber Rußland und Syrien betriebene Sanktionspolitik aus, da diese nicht allein moralisch fragwürdig und kontraproduktiv ist, sondern auch Arbeitsplätze kostet und in erster Linie die kleinen Leute trifft.

Spricht die APF von Frieden, meint sie aber auch die Heilung von Bereichen in unseren eigenen Ländern, indem die Ausbeutung der produktiven Schichten durch den Finanzkapitalismus beendet wird. Sie erstrebt gerechte Gesellschaften, die in Übereinstimmung mit den christlichen und europäischen Werten organisiert sind.

Die APF steht für ein Europa wahrhaft souveräner Nationen, die zusammenarbeiten, um ihre traditionelle Identität und ihre Kulturen zu schützen und zu leben. Die Wiederherstellung der politischen Souveränität muß Hand in Hand mit der Wiederherstellung der ökonomischen und finanziellen Souveränität gehen. Das von der APF angestrebte »Europa der Vaterländer« ist das Gegenmodell zum derzeitigen EU-Europa der Banken und Spekulanten, das multikulturell und gender-verwirrt ist.

V.l.n.r.: Angelo Balletta (Italien), Udo Voigt, Stefan Jacobsson (Schweden), Martin Beluský (Slowakei), Lahoud Lahdo (Syrien) und Jens Pühse

»Freiheit« meint nicht zuletzt die Wiederherstellung der politischen Souveränität und das Zerbrechen der Ketten, die uns von den verschiedenen Institutionen der Globalisierer umgelegt worden sind. Unter »Freiheit« ist auch die Befreiung von einem durch und durch korrupten Bankensystem zu verstehen. Dem Diebstahl von Gemeineigentum, das mit den Geldern der Steuerzahler erst geschaffen und am Leben erhalten worden ist, durch Privatisierung muß ein Ende bereitet werden.

»Freiheit« meint aber auch die Freiheit der Rede und des Zusammenschlusses. Für uns handelt es sich dann um eine wahre Demokratie, wenn »Freiheit« nicht nur mit wohlfeilen und locker über die Zunge gehenden Worten verteidigt wird, sondern auch in der Realität – das hat nicht nur für solche Zeitgenossen zu gelten, die sagen, was »akzeptabel« ist, sondern auch und gerade für solche, die sich zu sagen trauen, was recht und wahr ist!

Im Rahmen ihrer bisherigen Tätigkeit trat die APF mit vielfältigen Aktionen hervor. So wurde eine Pressekonferenz veranstaltet, auf der die Mitglieder des Europaparlaments Eleftherios Synadinos und Lampros Fountoulis über die Fact-Finding-Mission der APF in Griechenland wegen der dort stattfindenden politischen Unterdrückung der *Goldenen Morgenröte* berichteten. Während des jüngsten, vom Merkel-Regime angestrengten Verbotsverfahrens gegen die NPD hat die APF überall in Europa Proteste vor BRD-Botschaften organisiert.

Auch führte die *Alliance for Peace and Freedom* in verschiedenen Ländern Kongresse durch, um die Öffentlichkeit mit Fakten und Hintergründen zur Migration zu konfrontieren. Der frühere Auslandsbeauftragte der NPD, Jens Pühse, und der APF-Vorsitzende Roberto Fiore nahmen zudem an einem Treffen in Banská Bystrica in der Slowakei teil, wo Marian Kotleba bis Anfang November 2017 das Amt das Landeshauptmanns bekleidete.

Um sich ein ungeschminktes Bild von der Lage in Syrien zu machen, absolvierten Mitglieder der APF, unter anderem Roberto Fiore, Hervé van Laethem und ich, 2015 und 2016 sogenannte »Fact-finding-Missionen« – politische Missionen, die der direkten Erkundung und Informationsgewinnung vor Ort dienen. Deutlich wurde dabei einmal mehr, daß die Regierung von Präsident al-Assad einen gerechten Abwehrkrieg gegen eine unheilige Allianz führt, die aus saudischen Wahhabiten, Zionisten und dem von den USA angeführten westlichen Imperialismus besteht. 2015 nahmen APF-Mitglieder darüber hinaus an einem Kongreß patriotischer und identitärer Kräfte in St. Petersburg teil, auf dem sich die Teilnehmer ohne Wenn und Aber zu guten Beziehungen zwischen Rußland und Europa bekannten.

Mit einer weiteren Aktion machte die APF auf den Zusammenhang zwischen dem saudischen Wahhabiten-Regime und dem Terrorismus aufmerksam – erfahren die Kulturbar-

Jens Pühse stellt die Kampagne der APF vor.

baren und Kopfabschneider des IS doch großzügige Unterstützung durch das saudische Königshaus. Hierbei fanden Plakate Verwendung, auf denen wegen der Unterstützung des ISIS-Terrors Sanktionen gegen das saudisch-arabische Regime gefordert wurden. APF-Aktivisten verklebten Tausende und aber Tausende Poster. Flankiert wurde die Aktion von einer im Europäischen Parlament abgehaltenen Pressekonferenz, auf der unter anderem Nick Griffin und ich sprachen.

Außerdem nahmen APF-Aktivisten an einer Konferenz traditionalistischer und nationalistischer Organisationen in St. Petersburg teil. Einmal mehr wurde hiermit ein Zeichen gegen die von westlichen »Eliten« betriebene antirussische Kriegshetze gesetzt. Sprechen wir von Europa, ist eben nicht jenes Gebilde der von den USA abhängigen Marionetten gemeint, sondern ein Europa, das von Portugal bis Wladiwostok reicht.

Syrien und Rußland sind mithin zwei Schwerpunkte in der derzeitigen Arbeit der APF. Wer genauer hinschaut, wird erkennen, daß es sich hierbei um zwei Seiten ein und derselben Medaille handelt. Sowohl in Syrien als auch in der Ukraine spielen die geopolitischen Ambitionen US-Amerikas eine Rolle, dessen Regierungen unverändert nach der totalen Kontrolle über den Globus streben. Hierbei sind vor allem der Militärisch-Industrielle Komplex (MIK) und die Finanzoligarchie zu nennen. Sie sind an anhaltender Unruhe im Nahen Osten und an einer Destabilisierung Rußlands interessiert, das »demokratisiert« werden soll.

Hier knüpfen europäische Patrioten wie die in der APF vereinten Parteien und Politiker an: Sie sehen ihre Aufgabe zum einen in der Unterstützung Rußlands gegenüber den Anmaßungen des Westens, allen voran der EU und Washingtons. Zum zweiten wird der Schulterschluß mit jenen Kräften im Nahen Osten gesucht, die sich dem Kampf gegen den Terror verschrieben haben. Dazu gehört vor allem die Regierung von Baschar al-Assad in Syrien.

Roberto Fiore brachte es in einem Gespräch mit der Märzausgabe 2015 der Monatszeitung *Deutsche Stimme* in unverstellter Klarheit auf den Punkt, als er unter anderem ausführte: »Zunächst einmal müssen wir jene Kräfte und Staaten politisch angreifen, die ISIS unterstützen. Ich denke hierbei vor allem an Saudi-Arabien, Katar und die Türkei, zu denen nicht nur die diplomatischen Beziehungen, sondern auch alle wirtschaftlichen Beziehungen unterbrochen werden müssen. Wir brauchen kein Trojanisches Pferd in unseren Ländern, und wir können keine Beziehungen zu Kreisen unterhalten, die ISIS finanzieren, die Verbrecher finanzieren, die Christen oder ‚Ungläubige' enthaupten.

Weiterhin müssen wir erkennen, daß diese Bedrohung von den USA und auch Israel befördert und genutzt wird, da seitens dieser Staaten ein Interesse besteht, daß sich der ISIS-Terror gegen Europa und gegen Rom richtet. Leute wie al-Baghdadi haben ja mehrfach erklärt, daß Rom ein Ziel des IS-Vormarsches ist. Sie haben uns den Krieg erklärt, also müssen wir uns auch verteidigen! Deswegen ist es wichtig, daß wir die Menschen in unseren Heimatländern auf diese Bedrohung aufmerksam machen.

Insbesondere in Italien haben wir ein Problem mit der Massenzuwanderung, und es ist ja ziemlich offensichtlich: Diese Boote kommen von Libyen, das sich in der Hand von ISIS befindet. Die Boote sind voller Menschen, die – was selbst der italienische Innenminister erkannt hat – entweder direkt von ISIS nach Europa geschickt werden oder zumindest potentielle Dschihadisten sind.«

Diese Ausführungen haben durch die seit Herbst 2015 einsetzende massive »Flüchtlings«-Flutwelle unversehens an Brisanz gewonnen.

Rußland und Naher Osten – hier sind auch aus Sicht der APF die geopolitischen Fixpunkte des derzeitigen internationalen Geschehens zu verorten. In Europa selbst haben wir den Kampf gegen die fortschreitende Zentralisierung sowie die mit Händen zu greifende Entdemokratisierung und De-Souveränisierung der europäischen Völker sowie für den Erhalt unserer abendländischen Identität zu führen. Um eine »Reform« des Nationen- und Völkerabwicklers EU kann es dabei in keiner Weise mehr gehen, sondern um die Überwindung des Brüsseler XXL-Monsters. An seine Stelle soll nach unserer Auffassung eine gerechte und friedliche Ordnung der europäischen Völker, ein Europa der Vaterländer, treten.

Auf internationaler Ebene läßt sich hierbei mehr erreichen als durch Abkapselung. Außerdem ist das Hauptproblem Europas derzeit die ungewollte Masseneinwanderung, und daran – ich werde dazu an anderer Stelle in diesem Buch noch ausführlicher Stellung nehmen – wird sich in nächster Zukunft auch nichts ändern. Daher müssen wir uns zusammenschließen, um dieser Bedrohung wirksam zu begegnen.

In der Tat halte ich es für überfällig, daß wir im Kampf um die bedrohte Identität der europäischen Völker mit einer Zunge sprechen und politisch alternative Perspektiven zum Europa der Spekulanten und des Kapitals aufzeigen. Die Gegner der Freiheit und Souveränität der Völker Europas haben sich schon längst gegen eine nationale Wiedergeburt zusammengeschlossen. Auch wir werden uns künftig besser organisiert und vereint dem zerstörerischen Zeitgeist entgegenstellen müssen.

Der Kampf wird nicht einfacher; darüber müssen wir uns im Klaren sein. So hat das Europäische Parlament kürzlich ein neues Europawahlgesetz durchgewinkt, mit dem europaweit eine Drei-Prozent-Hürde gelten soll. Ob diese diskriminierende Regelung schon 2019 zur nächsten Wahl greift, steht noch nicht fest. Bis jetzt galten ja auch mit Blick auf die Europawahl die nationalen Gesetze. Und in der Bundesrepublik haben wir bekanntlich erfolgreich gegen die Drei- oder auch Fünf-Prozent-Hürde geklagt.

Und da wir gerade davon sprechen: Die Geldzuwendungen für die europaweit aufgestellte APF sind den EU-Oberen natürlich ein gewaltiger Dorn im Auge. Geht es nach ihnen, soll die APF von der Parteienfinanzierung ausgeschlossen werden. Der Ausschuß für konstitutionelle Fragen des Europäischen Parlaments führte dazu Anfang 2017 eine Anhörung durch, bei der die EU-Abgeordneten wirklich handfeste Beweise für einen Verstoß der APF gegen die europäischen Grundwerte nicht vorzubringen vermochten – genau das allerdings wäre ein Grund, der APF die Fördergelder zu kappen. Zusammen mit dem Parteivorsitzenden Roberto Fiore, Generalsekretär Stefan Jacobsson und meiner Person zerpflückte ein glänzend argumentierender Rechtsanwalt Peter Richter die dünnen Argumente unserer Gegner. Einige der Kontrahenten flüchteten während der Sitzung dann auch bis auf die Knochen blamiert aus dem Saal.

Aktueller Sachstand ist nun, daß jetzt der Ausschuß dem Plenum einen Beschlußvorschlag vorlegen muß, damit dieses eine abschließende Entscheidung treffen kann. Rechtsanwalt Peter Richter kündigte in der besagten Sitzung bereits an, nötigenfalls auch den Europäischen Gerichtshof einzuschalten – spätestens der EuGH dürfte der Diskriminierung einer politisch unbequemen Opposition einen juristischen Riegel vorschieben.

[4] Eine Ideenschmiede: *Europa Terra Nostra*

Sie ist auf publizistischem Gebiet aktiv, leistet Aufklärungsarbeit durch Seminare und Konferenzen, gibt aber auch Hilfestellung bei der Erstellung von aussagekräftigen Videos: Die politische Stiftung *Europa Terra Nostra* (ETN), am 3. Juli 2015 in Berlin gegründet, hat sich das vorrangige Ziel gesetzt, der *Alliance for Peace and Freedom* als Ideenschmiede zur Seite zu stehen und wichtige Aspekte mit welt- und europapolitischem Bezug zu thematisieren.

Die ETN-Stiftung um ihren rührigen Vorsitzenden Dan Eriksson, der am 26. April 2017 in seinem Amt bestätigt wurde, versucht durchaus mit Erfolg, europäische Nationalisten zusammenzubringen, um Erfahrungen auszutauschen und natürlich Ideen und Konzepte für den politischen Kampf um ein freies Europa der Vaterländer zu entwickeln. Dieser Anspruch spiegelt sich auch im Vorstand wider, dem Mitglieder aus acht Nationen angehören.

Jens Pühse, der die deutschen Nationaldemokraten bislang im Vorstand der *Alliance for Peace and Freedom* vertrat, wurde auf der Mitgliederversammlung am 27. April zum Stellvertreter Erikssons gewählt. Zum Vorstand gehören darüber hinaus René Bethage (Deutschland), der das Amt des Schatzmeisters ausübt, Nicola Cospito (Italien), Hynek Rynt (Tschechische Republik), Ramiro Otero Ormeno (Spanien), Georgios Dimitroulias (Griechenland), Ivan Bilokapic (Kroatien) und Milan Mazurek als Mitglied des slowakischen Nationalparlaments.

Auf der jüngsten Versammlung entschieden die Mitglieder über eine neue Satzung. Sie ebnet den Weg für eine Registrierung von *Europa Terra Nostra* als eigenständiger Rechtspersönlichkeit auf europäischer Ebene. Derzeit ist die Stiftung als eingetragener Verein im Berliner Vereinsregister erfaßt.

Nach einem mit viel Aufwand verbundenen Registrierungsprozeß ist der Sitz von ETN zwar weiterhin die Bundesrepublik. Nach erfolgreicher Aufnahme im neugeschaffenen Register für europäische politische Parteien und Stiftungen gilt die neue Körperschaft nun aber als in Brüssel eingetragen.

EUROPA
TERRA
NOSTRA

Obwohl ETN noch nicht lange besteht, hat sie innerhalb von zwei Jahren eine Reihe vielfältiger Aktivitäten entfaltet. So wurde 2016 eine Informations-Kampagne zur grassierenden Jugendarbeitslosigkeit in Griechenland gestartet, wobei statistische Erhebungen vorgenommen und die Ursachen benannt wurden.

Im März 2016 fand ein von der ETN organisiertes Treffen nationaler Publizisten unter dem Titel »Nation & Europa« statt, über das auch die, der NPD nahestehende, *Deutsche Stimme* berichtete. Im darauffolgenden Monat konnte in Brüssel gemeinsam mit der APF eine Geschäftsstelle eröffnet werden. Weitere Schlaglichter waren die Manhemsdagen-Konferenz in Stockholm und im Oktober 2016 der Freiheitliche Kongreß in Wismar.

2017 fand in Brüssel ein Empfang zum einjährigen Bestehen der Geschäftsstellen von APF und ETN statt, die den Namen »Georgios and Manos Centre« tragen, benannt nach zwei Todesopfern politischer Gewalt von linksextremer Seite gegen die griechische *Goldene Morgenröte*.

Im Zeitraum vom 21. bis 23. September 2017 hielt sich eine Besuchergruppe der *Europa Terra Nostra* in der Slowakei auf, wo unter anderem ein Besuch des Parlaments und ein Treffen mit den Parlaments-Abgeordneten der L'SNS (*Volkspartei Unsere Slowakei*) auf dem Programm standen.

Und im Oktober 2017 fand im schwedischen Göteborg ein von der ETN organisierter Kongreß zur Lage in Syrien statt. Referenten waren bei dieser Veranstaltung Lahoud Lahdo (Syrien), Sprecher der syrischen Gemeinschaft in Belgien, Hervé van Laethem von der belgischen Partei *NATION* und meine Person.

Auch im Bereich der Außenwirkung ist *Europa Terra Nostra* aktiv. So führte die ETN im Juli 2016 in Berlin ein Seminar durch, das die Produktion politischer Videos zum Inhalt hatte. Die Resonanz auf die Veranstaltung, die unter dem Motto »Film ab – für ein Europa mit Zukunft« stand, war so groß, daß sich bereits im Juli 2017 eine Neuauflage anbot. Dan Eriksson, 1982 in Schweden geboren und jetzt wohnhaft in der Bundesrepublik, konnte dabei seine reichhaltigen Erfahrungen auf dem Mediensektor einbringen. So gehört Eriksson zu den Mitbegründern von Skandinaviens größtem Online-Radio *Motgift* (deutsch: »Gegengift«), für das er seit 2015 in Vollzeit tätig ist und dessen Redaktions-Mannschaft nicht allein Online-Sendungen, sondern auch Bücher und Magazine produziert sowie unterschiedliche Online-Plattformen betreibt.

Davor arbeitete Eriksson als Sales Manager in der IT-Branche. Den Grundgedanken eines freien Europas der Vaterländer verinnerlichte er während seiner parteipolitischen Tätigkeit, so als stellvertretender Vorsitzender der *Nationaldemokratischen Jugend* in Schweden (2002 – 2015) sowie als Vorstandsmitglied der *Svenskarnas Parti* (2012 – 2015), wo er für die internationalen Beziehungen verantwortlich zeichnete.

Und nicht zuletzt tritt ETN auch mit Buchveröffentlichungen in Erscheinung. Den Anfang machte 2016 »Die Rückkehr der echten Rechten« aus der Feder von Daniel Friberg. Es folgte im Jahr darauf das Buch »Zeiten des Wandels – Beiträge zur Reconquista«, zu dem mehrere bekannte Autoren Aufsätze beisteuerten, so Roberto Fiore, Nick Griffin und ich selbst mit einem Text zum Thema »Wer sind die wirklichen Feinde Europas?« Ich wurde verschiedentlich darauf angesprochen, warum ich dabei das Wort »Feinde« und nicht etwa »Gegner« wählte. Die Antwort findet sich in meinem Beitrag: »Weil ich fest davon überzeugt bin, daß wir uns bereits in einem Kriegszustand befinden bzw. zumindest einem äußerst schrecklichen und kriegsähnlichen Zustand entgegensehen, an dessen Ende die völlige Zerstörung des christlichen Europas und seiner Völker stehen kann.«

Weiter schrieb ich: »Wer sind nun unsere Feinde? Ausländer und Asylbewerber – sind das unsere tatsächlichen Feinde? Nein, ich vertrete nicht die Ansicht, daß Einzelpersonen, die in der Hoffnung nach Europa streben, für sich und ihre Familien eine Zukunft in Wohlstand zu finden, unsere Feinde sind. Im Gegensatz dazu sind jedoch die führenden sogenannten Eliten, die Liberalisten, Internationalisten und Globalisten, durchaus unsere Feinde. Sie importieren unter dem Vorwand angeblicher Humanität Fremde aus aller Welt, um diese als billige Arbeitskräfte bzw. ‚Humankapital' … auszubeuten, anstatt diese dabei zu unterstützen, sich in ihren eigenen Heimatländern eine blühende Zukunft aufzubauen.

Unsere tatsächlichen Feinde sind die Strategen der One-World-Ideologie, welche die bewährte und ehrenwerte Idee eines Europas freier Völker zu einer gesichtslosen Multikultur nach dem Vorbild der USA zu pervertieren trachten. (…) Ich möchte an dieser Stelle eine äußerst bezeichnende wie aufschlußreiche Rede des niederländischen Diplomaten Frans Timmermans ins Gedächtnis rufen, der seit dem 1. November 2014 Erster Vizepräsident der Europäischen Kommission und darüber hinaus leitender EU-Kommissar für Bessere Rechtssetzung, interinstitutionelle Beziehungen, Rechtsstaatlichkeit und Grundrechtecharta ist. In seiner Rede auf einem EU-Kolloquium über Grundrechte rief er die Mitglieder des Europäischen Parlaments unmißverständlich auf, dazu beizutragen, in gemeinsamer Anstrengung monokulturelle Staatswesen zu beseitigen und den Prozeß der Schaffung multikultureller ‚Vielfalt' in allen Ländern der Welt zu beschleunigen (oder zumindest in allen Ländern des Erdballs, der von Menschen unserer Art bewohnt ist).

Die Zukunft der Menschheit (...) werde nicht mehr länger auf einzelnen Nationen und Zivilisationen basieren, sondern auf einer durchmischten ‚Über-Zivilisation'. Laut Herrn Timmermans beziehen sich die Sozial-Konservativen unserer Tage, die ihre eigenen Traditionen wertschätzen und eine friedliche Zukunft für die Gemeinschaften, denen sie angehören, wünschen, auf ‚eine Vergangenheit, die es nie gegeben' habe und dürften daher auch nicht die Zukunft bestimmen. (...)

Es ist offensichtlich, daß die Masseninvasion von Armeen muslimischer Männer nach Europa den Zweck hat, dieses Vorhaben umzusetzen. Nicht einem einzigen Land soll es erlaubt sein, dem Schicksal einer unvermeidlichen Vermischung zu entkommen. (...) Diese Halluzination des Herrn Timmermans wird von allen politischen Vertretern der verschiedenen Länder geteilt, die besagte verheerende, ja tödliche Politik betreiben. (...) Ebenso sind Teil dieses Wahnsinns die Exekutivorgane wie Polizei, Zollbehörden, Verwaltung und Militär. Mit ihrem blinden Gehorsam und ihrem Verhalten machen sie es erst möglich, den Plan der Zerstörung der Nationen und deren Völker auszuführen.

Es ist die US-Elite, die in immer mehr Staaten die politische Ordnung zerstörte und dadurch erst Abermillionen zu Flüchtlingen machte. Es ist aber ebenso das ... ‚Big Business', das die Völker der Dritte-Welt-Länder ausbeutet und zusätz-

Udo Voigt ist ein gefragter Redner – hier spricht er auf dem Freiheitlichen Kongreß der Stiftung Europa Terra Nostra 2016 in Wismar.

lich Millionen von Armutsflüchtlingen schafft. Doch während die Vereinigten Staaten inzwischen ihre Grenzen gegen eine weitere Migration schließen, machen die Europäer das Gegenteil und öffnen – infiziert mit liberalkapitalistischer Propaganda – ihre Grenzen für Millionen von Fremden. (...) Der *Brexit*, das Schließen der Balkan-Route für weitere Immigranten und die Errichtung von Grenzanlagen entlang der ungarischen Grenze zeigen, daß es noch Widerstandskraft unter den Völkern Europas gibt. Diesen Widerstandsgeist gilt es jetzt durch uns zu organisieren.

Die Feinde der europäischen Völker arbeiten Hand in Hand zusammen. Wir sind gut beraten, diese Herangehensweise auch für uns zu übernehmen. Nur wenn wir zusammenstehen und gemeinsam kämpfen, dürfen wir hoffen, diese Übermacht gegen uns zu überwinden. (...)

Ebenso wie Herr Timmermans und seine Kollegen aus Straßburg und Brüssel zielen Islamisten darauf ab, unsere soziale und politische Ordnung mit den Mitteln von Terror und Gewalt zu zerstören. Sie beabsichtigen, eine neue Ordnung auf den Ruinen unserer Lebensart zu errichten. Diese sind folglich ebenso unsere Feinde wie die Vertreter einer liberalistischen Weltordnung, deren liberalkapitalistische Politik jenen erst den Boden bereitet, indem sie Raum für Terroristen freigibt. (...)

Jeder Mann und jede Frau, die ihre Nation, Kultur, Sprache und Tradition liebt und dies an die Nachkommen weitergeben will, wird an unserer Seite gebraucht.

Es sind diese Grundforderungen, die uns antreiben: - Völlige Grenzschließung für einen umfassenden Einwanderungsstopp und die Beendigung der ‚Willkommenskultur' gegenüber sogenannten Flüchtlingen! Laßt uns gemeinsam die Festung Europa bauen und der kriminellen Politik ethnischer Zersetzung, der Umvolkung und des Austauschs unserer Völker durch Einwanderer ein Ende setzen! (...)«

Mit den beiden genannten Buch-Veröffentlichungen war die ETN im Oktober 2017 erstmals auch auf der Frankfurter Buchmesse vertreten, was durchaus als kleine Sensation zu werten ist.

Mit der hier vorliegenden Abhandlung realisierte die ETN ein weiteres Vorhaben, wobei auf publizistischem Gebiet intensiv an der Verwirklichung weiterer Ideen gearbeitet wird. In Vorbereitung ist ein Buch aus der Feder von Sascha A. Roßmüller, Lesern der NPD-Zeitung *Deutsche Stimme* als vielseitiger Autor bekannt. Roßmüller arbeitet zur Zeit an einer Publikation, die sich mit dem Themenkomplex „Europa contra EU" befaßt. In diesem Zusammenhang beschäftigt sich der Autor unter anderem mit dem abendländischen Kulturreichtum, dem Aspekt der Familienpolitik sowie mit der Vision einer raumorientierten Volkswirtschaft.

Die Arbeit der Stiftung hat derzeit allerdings mit erschwerten Rahmenbedingungen zu kämpfen. Zwar ist *Europa Terra Nostra* seit Anfang 2016 vom Europäischen Parlament als auf europäischer Ebene aktive Stiftung anerkannt. In jenem Jahr erhielt ETN auch eine Teilfinanzierung durch das Europäische Parlament, als alle erforderlichen Kriterien und Vorgaben erfüllt waren. Das allerdings brachte sogenannte demokratische EU-Abgeordnete auf die Palme. Und nachdem das schwedische »Antifa«-Magazin *Expo* gemeinsam mit der schwedischen EU-Abgeordneten Margot Wallström gegen ETN eine mediale Hexenjagd initiiert hatte, wurde im Europaparlament fieberhaft nach Mitteln und Wegen gesucht, um den Rechtsanspruch von APF und *Europa Terra Nostra* auf finanzielle Zuwendungen wieder aushebeln zu können.

Im Jahr 2016 bekamen sowohl APF als auch ETN noch Gelder vom Europäischen Parlament überwiesen. Seit Mai 2016 läuft allerdings ein Überprüfungs-Verfahren, das mit der zentralen Frage verbunden ist, ob die APF und die Stiftung *Europa Terra Nostra* mit der Menschenrechts-Charta der EU übereinstimmen.

Europa Terra Nostra erhielt zwar im Dezember 2016 die Bewilligung der finanziellen Mittel für 2017. Allerdings hat die Sache einen gewaltigen Haken: Denn sowohl ETN als auch die APF müssen fortan Bankbürgschaften beibringen, bevor das Parlament die Mittel überweist - eine Regelung, mit der sich übrigens alle sogenannten EU-skeptischen Parteien und Organisationen mittlerweile konfrontiert sehen. Es handelt sich, wie unschwer nachzuvollziehen ist, um pure Gängelung einer politisch mißliebigen Opposition.

Die Bürgschaften - und das ist ein weiterer Fallstrick - können nicht durch irgendeine Bank, sondern nur durch ein vom EU-Parlament zertifiziertes Institut gewährt werden. Bislang haben alle kontaktierten Bankhäuser aus durchschaubaren politisch motivierten Gründen die Ausreichung von Bürgschaften verweigert.

Mit Hilfe des bewährten Anwalts Peter Richter, der die NPD zusammen mit dem Anklamer Anwalt Michael Andrejewski auch im letzten Verbotsverfahren verteidigte, wurde nun gegen das EU-Parlament zwar Klage erhoben, doch mahlen die Mühlen gerade auf europäischer Ebene nur sehr langsam.

Aufgeben ist allerdings keine Option. Dan Eriksson umriß die vor uns liegenden Aufgaben grundsätzlich, als er im Rahmen eines Interviews für die *Deutsche Stimme* (Ausgabe August 2017) unter anderem ausführte:

»Ich gehe inzwischen davon aus, daß das multikulturelle Experiment sein letztes Jahrzehnt erlebt und die große Frage nicht ist, wann das multikulturelle System zusammenbricht, sondern ob wir bereit sind, für diesen Tag eine Alternative anzubieten. Nationalisten, Identitäre, Traditionalisten und alle anderen vernünftigen Gruppen müssen als Vordenker wie auch Gestalter gemeinsam den neuen Staat innerhalb des alten Systems bereits vorbilden. Wir dürfen nicht auf eine Art Ragnarök-Szenario warten und hoffen, daß sich dabei alles von selbst regeln wird.«

Auf die Frage, weshalb die europäische Perspektive im nationalen Befreiungskampf so wichtig – wichtiger als jemals zuvor – sei, antwortete Eriksson: »Werfen wir nur einen Blick auf die Bevölkerungsprognosen, denen zufolge beispielsweise Afrika von heute 1,2 Milliarden Menschen auf sage und schreibe vier Milliarden bis zum Jahre 2100 anwachsen wird. (...) Die Masseneinwanderung von heute wird nichts im Vergleich zu dem sein, was uns hier drohen kann. Aus diesem Grunde brauchen wir die Festung Europa! (...) Das wird oft nicht durch direkte politische Aktionen erfolgen, sondern durch die Erzeugung von öffentlichem Druck in den einzelnen europäischen Ländern, der nicht zuletzt durch die Verbreitung von Ideen entsteht, wie *Europa Terra Nostra* sie fördert.

(...) Auf jeden Fall irren sich jene politischen Kräfte, die glauben, man könne uns vernichten, indem man uns mit juristischen Winkelzügen und einer immer deutlicher werdenden Verzögerungstaktik die zustehenden öffentlichen Gelder vorenthält. Die Arbeit an einer gemeinsamen Zukunft der europäischen Völker ist zu wichtig, um sie von Geldern aus Brüssel abhängig zu machen. Wir möchten dazu unseren Teil beitragen.«

[5] »Putin-Fans« in St. Petersburg

Beim der SPD nahestehenden Informationsdienst *Blick nach rechts* bekam ich 2015 ein neues Etikett aufgedrückt: »Udo Voigt: Putin-Fan im Parlament«, titelte das Forum in einem ausführlichen Beitrag über meine Europa-Aktivitäten. Der Hintergrund ist schnell erklärt: Im Straßburger Parlament nutze ich jede Gelegenheit, um gegen die üblichen Resolutionen und Verdammungsurteile in Richtung Moskau zu stimmen. Stattdessen ist es mir ein wichtiges Anliegen, im anhaltenden und vom Westen nach Kräften geschürten Ukraine-Konflikt auch die russische Seite und ihre Sicherheitsinteressen zu berücksichtigen und vor allem endlich den brandgefährlichen Eskalationskurs der NATO zu stoppen. Mein Besuch in St. Petersburg sollte in der Tat noch parlamentarische Erdbeben auslösen.

Viele europäische Patrioten vertreten aus guten Gründen die Überzeugung, daß Deutschland und die anderen europäischen Völker ohne engere politische, wirtschaftliche und militärische Zusammenarbeit mit Rußland keine Chance haben, den Vasallenstatus, den die USA unserem Weltteil seit 1945 aufnötigen, zu beenden. Die Schlüsselrolle für einen langfristigen europäischen Frieden liegt heute erneut, wie im 19. Jahrhundert, in einer engeren Kooperation zwischen Deutschland und Rußland. Die Geschichte der beiden letzten Jahrhunderte lehrt hinlänglich, daß die Zeiten einer kostruktiven deutsch-russischen Zusammenarbeit stets Sternstunden für beide Länder waren. Zu erinnern ist in diesem Zusammenhang nur an die vorbildliche Rußlandpolitik Bismarcks (die von seinen Nachfolgern leider weder verstanden noch fort-

Die APF erschien beim russisch-konservativen Forum mit einer eigenen Stellungnahme – ausgearbeitet von Udo Voigt und Karl Richter.

gesetzt wurde), aber auch an die spätere deutsch-russische Kooperation in Zeiten der Weimarer Republik, für die vor allem das wichtige Abkommen von Rapallo (1922) steht.

Die Gelegenheit, unsere Positionen deutlich zu machen, bot sich im März 2015 auf einem Kongreß, den die kremlnahe russische Partei Rodina (Vaterland) veranstaltete. Begleitet wurde ich von Vertretern der *Alliance for Peace and Free-*

dom, Roberto Fiore und Nick Griffin, den beiden Europa-Abgeordneten Eleftherios Synadinos und Georgios Epitideios von der *Goldenen Morgenröte* sowie meinem Assistenten Karl Richter und dem damaligen NPD-Auslandsbeauftragten Jens Pühse. Die Plattform, unter der die Zusammenkunft stattfand, bezeichnete sich als *Internationales Russisch-Konservatives Forum*.

So standen wir dann am Check-In-Schalter auf dem Flughafen in Berlin-Tegel und warteten gespannt auf die Maschine nach St. Petersburg. Für mich war es der erste Besuch in Rußland, in jenem Land, wo mein Vater vier Jahre lang in der Uniform der Wehrmacht kämpfte, verwundet wurde und nach dem Krieg noch einmal vier Jahre in russischer Kriegsgefangenschaft verbrachte. Natürlich habe ich ihn schon als Heranwachsender immer wieder nach seinen Erfahrungen im Kampf mit der 6. Panzer-Division gegen die bolschewistische Gefahr gelöchert, mit ihm seine Fotoalben angesehen, über seine Kriegsauszeichnungen gesprochen und mit welchen »Heldentaten« er sie verdient hatte. Vater hat aber immer versucht, mich von meiner zunächst vorhandenen alten Abneigung gegen »die« Russen abzubringen. Ich erinnere mich noch, wie er mir immer wieder einschärfte, daß die Russen keine schlechten Menschen waren, sondern gute, tapfere Gegner, und daß sie in Gefangenschaft ihr letztes Brot mit den deutschen Kriegsgefangenen teilten. Ich diskutierte mit Jens darüber und erinnerte mich, wie mir mein Vater immer von der grausamen Belagerung von Leningrad erzählt hatte, das jetzt wieder St. Petersburg heißt, als durch die Kriegshandlungen hunderttausende Zivilisten verhungerten. Wie würde man uns Deutsche heute dort aufnehmen? Würden wir auf alte Ressentiments treffen? Würden wir überhaupt mit »normalen« Menschen auf der Straße ins Gespräch kommen? Wie würden wir uns verständigen können? Nicht zuletzt aus diesem Grund hatte ich meinen Assistenten und langjährigen Kameraden Karl Richter mitgenommen, der auf etlichen Reisen bereits Rußland-Erfahrungen gemacht hatte, leidlich gut Russisch spricht und im übrigen bekennender Slawophiler ist.

Vor lauter Eifer über unsere Rußland-Diskussionen bemerkten wir gar nicht, daß wir einen aufmerksamen Zuhörer hatten. Ein großer, offenbar gut durchtrainierter Mann mit glänzender Spiegelglatze sprach mich plötzlich von hinten mit einem slawischen Akzent, aber in gutem Deutsch an: »Sind Sie nicht Herr Voigt von der NPD?« Ich bejahte und war gespannt, ob sich der Mann nun als Freund oder Feind zu erkennen geben würde. Zügig und ohne Umschweife stellte sich der Fremde vor: Slavek, polnischer nationaler Journalist, er sei ebenfalls zum Kongreß in St. Petersburg eingeladen. Und: Er schreibe für ein Magazin mit dem Namen *Blick nach rechts.* Jens und ich schauten uns vielsagend an und dachten wohl das Gleiche, denn der *Blick nach rechts* ist bei uns als einschlägiges antifaschistisches Kampfblättchen bekannt. Jens gab vor, zur Toilette zu müssen, rief von dort Kameraden in Polen an und fragte, ob sie Sławek und sein Magazin kannten. In der Zwischenzeit lenkte ich mein Gegenüber mit den typischen »Schönwetter-Gesprächen« ab – und erwartete mit nicht geringer Spannung endlich ein Ergebnis von Jens' Telefonaten. Mir gingen dabei langsam die Themen aus. Aber in tiefergehende Politik-Inhalte wollte ich erst einsteigen, wenn wir uns sicher sein konnten, nicht einem Genossen von der Roten Fraktion aufgesessen zu sein. Schließlich kam Jens mit einem aufschlußreichen Lächeln im Gesicht zurück. Direkt sagen wollte er im Beisein von Slavek auch nichts, und ich verstieg mich wieder in einen Small Talk mit den Worten: »Aber Jens, wo bist Du denn solange gewesen? Hattest Du Probleme, oder war das Schloß der Toilettentüre defekt?« witzelte ich. Das Glück meinte es gut mit uns, denn Slavek mußte nun seinerseits aufs »Örtchen«. So konnte mir Jens dann in aller Kürze mitteilen, daß die angerufenen Kameraden ihn kannten, daß Slavek alles andere als ein linker Windbeutel und der

Blick nach rechts in Polen als rechtskonservatives Magazin bekannt und geschätzt sei.

Schon auf dem Hinflug freundeten wir uns an, und am zweiten Tag unseres Aufenthaltes tranken wir »Bruderschaft« mit dem »Wässerchen«, das die Russen als Wodka bezeichnen. Bis heute sind wir gute Kameraden geblieben. Slaveks gute Russisch-Kenntnisse waren seither immer wieder sehr hilfreich.

Der Zweck des zweitägigen Kongresses in St. Petersburg bestand darin, westeuropäische und konservativ-nationale Kräfte mit solchen aus Osteuropa, insbesondere Rußland, zusammenzubringen, Erfahrungen auszutauschen und gemeinsame Strategien zu besprechen – ein nach meiner Auffassung längst überfälliger Schritt. Und das umso mehr, wenn man sich vergegenwärtigt, daß das Rußland Putins heute offenbar der einzige nennenswerte Gegenpol zur »westlichen Wertegemeinschaft« ist, der sich traditionellen Werten wie Heimat, Familie und Nation verpflichtet weiß und diese auch offensiv gegen Überfremdung, Schwulenkult und Gender-Irrsinn verteidigt. Erst vor wenigen Jahren verordnete Putin seinem Land ein neues familienpolitisches Leitbild, das drei Kinder pro russischer Familie vorsieht – im Westen sucht man Vergleichbares vergeblich.

Die Verfasser der Kongreßunterlagen hatten dabei ganz offensichtlich das heutige Rußland vor Augen, dessen Leistungen bei der inneren Konsolidierung des Landes in den Jahren seit der desaströsen Jelzin-»Ära« beachtlich sind. So hieß es in den Arbeitspapieren unter anderem: »Ein moderner, nicht archaischer und reaktionärer National-Konservatismus stellt eine patriotische Perspektive dar, die sich auf den Wunsch nach Schutz der nationalen Identität und des Volkstums gründet, um die traditionellen kulturellen und sittlichen Werte, religiöse Überzeugungen und jahrhundertealte Gebräuche und Lebensstile zu bewahren. (...) Ein nationalorientiertes, konservatives Staatswesen ist ein Staat, der die Werte und Interessen seines Landes und seines Volkes über alles andere stellt. Ein nationalorientierter Staat ist in den internationalen ökonomischen Beziehungen ein verläßlicher und stabiler Partner für andere Nationalstaaten und ein Beispiel dafür, wie sich ein Zustand, der die nationale Identität der Bevölkerung verkümmern läßt, überwinden läßt.«

In meinem oft von Applaus unterbrochenen Redebeitrag, den ein mir gut bekannter und befreundeter russischer Kamerad, Dr. Alexander Kamkin übersetzte, verwies ich zunächst auf die Haltung der USA und der EU, »jetzt den Willen von 95,5 Prozent der Russen und Ukrainer auf der Krim mit Sanktionen bestrafen zu wollen«. In der Vergangenheit hätten die Staaten des sogenannten Westens freilich »schon immer ein recht zweifelhaftes Verhältnis zu Volksabstimmungen und Demokratie an den Tag gelegt«, wofür ich als Beispiele anführte: »1. Die Schweizer werden öffentlich gedemütigt, weil sie sich in einer Volksabstimmung gegen die Massenzuwanderung entschieden. 2. In der EU läßt man gegebenenfalls so lange abstimmen, bis das gewünschte Ergebnis vorliegt. 3. In Deutschland gibt es erst gar keine Volksabstimmungen auf Bundesebene, weil die etablierten Politiker Angst vor dem Volkswillen haben.«

Dann geißelte ich die von der NATO betriebene, gegen Rußland gerichtete Expansions- und Aggressionspolitik: »Während sich nach 1990 die Sowjetunion und der *Warschauer Pakt* aufgelöst haben, hat sich die unter US-Führung stehende NATO immer weiter nach Osten ausgedehnt, versucht immer weiter, an die russischen Grenzen heranzukommen, und stellt inzwischen eine bedrohliche Umklammerung Rußlands dar. Diese Aggressionspolitik betreibt die US-NATO, obwohl man 1990 den Russen zugesichert hatte, genau dies nicht tun zu wollen«, wobei ich auch hervorhob, »welche unendliche Geduld die russischen Regierungen seitdem der US-NATO und ihren ständigen Provokationen entgegenbrachten. Es ist auch beachtlich, mit wieviel Fingerspitzengefühl der russische

Präsident Putin seit Monaten versucht, eine bewaffnete Auseinandersetzung zu verhindern.«

Die mehr als fragwürdige »Erfolgs«bilanz der verschiedenen US-Regierungen der letzten Jahrzehnte durfte ich dagegen hier in Rußland als bekannt voraussetzen: »Die Blutspur der USA zieht sich seit dem Zweiten Weltkrieg durch die ganze Welt. Die USA destabilisieren Länder und Regierungen, die sich nicht der Weltordnung der Wallstreet unterordnen. Die Einsätze amerikanischer Soldaten hinterlassen Leichen, verbrannte Erde und Hoffnungslosigkeit. Ich kann nur hoffen, daß ihnen dies in der Ukraine nicht gelingt!«

Abschließend erklärte ich: »Nach unserer Vorstellung von einem Europa der Vaterländer gehören sowohl Rußland und die Ukraine zu Europa, keinesfalls aber die raumfremde Macht USA oder die Türkei! Daher fordern wir den Austritt aus der US-NATO und die Schaffung eines europäischen Verteidigungsbündnisses! Es wird Zeit, daß wir den Gedanken eines Europas der Vaterländer massiv in das Europaparlament und in die Köpfe unserer Völker tragen, damit wir in Europa eine friedliche Zukunft haben! Streiten wir also gemeinsam für die Identität der Völker Europas.«

Zusammengefaßt wurden die Ergebnisse des Treffens schlußendlich in einer »Erklärung von Sankt Petersburg«, datiert vom 22. März 2015, in der als Hauptziel »die Schaffung einer freien, multipolaren Weltordnung« genannt wird. »Wir sind der Auffassung, daß anstelle der NATO ein System der kollektiven Sicherheit in Europa geschaffen werden muß« (die Erklärung im vollen Wortlaut siehe Anhang, Dokument 1).

Die große Resonanz, die der St. Petersburger Kongreß erfuhr, machte mir schon damals viel Mut für die kommenden Aufgaben. Ich erkannte damals, daß die deutsch-russischen Beziehungen eine besonders anspruchsvolle, aber auch lohnende Herausforderung für einen nationalen deutschen Europaabgeordneten sein mußten – und ich beschloß, die Herausforderung anzunehmen.

Am ersten »Internationalen russisch-konservativen Forum«, das in einem Hotel unweit des berühmten Newskij-Prospekts stattfand, nahmen unter anderem teil: der frühere britische Europaabgeordnete Nick Griffin, Roberto Fiore von der italienischen *Forza Nuova*, zugleich Vorsitzender der im Februar 2015 gegründeten gesamteuropäischen *Alliance for Peace and Freedom*, sowie Publizisten und Politiker zahlreicher weiterer russischer und westlicher Gruppierungen. Stellvertretend seien genannt: Kris Roman, Vorsitzender des *Forums Euro-Russia* (Belgien), Prof. Alexander A. Sotnichenko (Sankt Petersburg), Michail V. Remizow vom russischen *Institut für nationale Strategien*, der Chefredakteur der russischen Theoriezeitschrift Fragen des Nationalismus, Konstantin A. Krylow, der US-Publizist Jared Taylor, Yukka Davidson, Vorsitzender der finnischen *Nationalen Unabhängigkeitspartei*, Jim Dowson von der britischen *League of Life*, der französische Regionalabgeordnete Olivier Wyssa, die ukrainische Friedensaktivistin Victoria Shilova und Nikolai Trushalkow von der *Russischen Kaiserlichen Bewegung*.

Das Medieninteresse war im übrigen gewaltig: Mehr als 100 Journalisten aus aller Welt verfolgten und dokumentierten den Kongreß. Ich eilte von Interview zu Interview – und mußte zu meiner Überraschung feststellen, daß alle Gespräche – ganz im Gegensatz zu den Gewohnheiten der bundesdeutschen Lügenmedien – auch veröffentlicht wurden. In der bundesdeutschen Medien-Landschaft herrschte durchweg Erstaunen darüber, daß ausgerechnet »Rechtsextremisten« wie ich als deutscher Europaabgeordneter die Zusammenarbeit mit dem Kreml suchten. Hieran wird einmal mehr deutlich, wie tief jahrzehntelang gepflegte transatlantische Denkmuster, ja Feindbilder noch immer die Redaktionsstuben vergiften und den klaren Blick auf die ureigenen Interessen Europas vernebeln. Am hysterischsten äußerte sich die Altkommunistin und frühere Stasi-IM Anetta Kahane, die in der Berliner Zeitung allen Ernstes von einem »faschistischen Antifaschismus« fabulierte – frei nach dem Motto: Es kann nicht sein, was nicht sein darf. Dagegen hoffen Beobachter mit einem geschärften Blick, daß im Hinblick auf Europa und Rußland möglicherweise doch noch zusammenwächst, was längst zusammengehört.

Prof. Alexander Sotnichenko

Was aber wurde nun aus meinen anfänglichen Befürchtungen in Sachen Ressentiments in der Bevölkerung des früheren Leningrads? Gab es Vorbehalte oder gar Haß gegen uns Deutsche? Bei unserer mehrstündigen Stadtbesichtigung, während derer ich mir angesichts eisiger Außentemperaturen von weit unter null (auf der Newa trieben riesige Eisschollen) eine Strickmütze kaufen mußte, bei der Besichtigung des Winterpalais, in den Museen, Bars und Restaurants stellten wir schnell fest, daß Deutsche in der russischen Bevölkerung ganz ersichtlich ein gutes Image haben und als natürliche Partner angesehen und respektiert sind.

Interessant: Udo Voigt beschert russischer Radiosendung neue Rekordeinschaltquote.

Rasch freundeten wir uns mit einem russischen Professor an, der nicht nur gutes Deutsch sprach und eine eigene politische Rundfunk-Sendung gestaltete. Er war auch Inhaber eines Lehrstuhls für Ägyptologie und Orientalistik, womit er in dem vormaligen Sanskrit-Studierenden Karl Richter einen aufmerksamen Gesprächspartner hatte. So kam es, daß der Professor uns in eine Rundfunksendung einbaute, die dann auch als Gespräch mit NPD-Politikern beworben wurde. Eines wurde uns dabei in Rußland schnell bewußt: Die NPD und damit verbunden den Namen des früheren Parteivorsitzenden Adolf von Thadden kannte fast jeder Russe, was natürlich der Hetz-Propaganda gegen den Klassenfeind zu »verdanken« war – aber es sollte besondere Auswirkungen auf die intensiv beworbene und zwei Wochen nach unserer Rückkehr ausgestrahlte Radiosendung in St. Petersburg haben. Der Professor rief mich danach ganz aufgeregt an, um mir zu berichten, daß diese Sendung im Vergleich zu all seinen vorherigen Rundfunk-Sendungen, die er seit 15 Jahren wöchentlich gestalte, die höchste Einschaltquote gehabt habe.

Dreimal hat der Professor, mit dem ich heute gut befreundet bin, mich seitdem in Berlin zu politischen Gesprächen besucht, die mir persönlich sehr viel Wissen mitgegeben haben – auch darüber, was die seinerzeitige Hungersnot in Leningrad während der 900 Tage währenden deutschen Belagerung angeht. Denn bei seinem letzten Besuch schenkte er mir ein Buch seiner Mutter, ein Tagebuch, welches in einer unglaublich schönen und gestochenen Schreibschrift abgefaßt war, darin Fotos seiner Familie, seiner Eltern und Großeltern. Die Familie war eine Offiziersfamilie und brachte unter dem Zaren sogar einen General hervor. Während sein Vater in der Roten Armee kämpfte, versuchte seine Mutter im belagerten Leningrad irgendwie durchzukommen. Die Großmutter und der Großvater starben in der großen Hungersnot und wurden dann von der Tochter notdürftig begraben oder besser: vorläufig verscharrt. In ihrem Tagebuch hatte die Mutter genau

Vor dem Winterpalais in St. Petersburg

vermerkt, wo sie die Eltern begraben hatte, so daß man sie später auffinden und in ein ordentliches Grab umbetten konnte, das der Professor heute regelmäßig besucht. Nur das Grab seiner Mutter kennt er nicht, da die Aufzeichnungen des Tagebuchs irgendwann endeten, wohl kurz zuvor, als seine Mutter am Hunger starb.

Eine traurige, aber doch eine deutsch-russische Geschichte. Eine Geschichte zweier Völker, die einmal Freunde waren, dann zu Gegnern wurden und heute alles daran setzen sollten, die historische Chance zu nutzen, mit Deutschland und Rußland in einem Europa der Vaterländer die Geschicke ihrer Völker besser zu gestalten, als im Kampf gegeneinander verbluten zu müssen.

[6] Rußland und die Transatlantiker in den Medien

Wenn es US-amerikanischen und israelischen Interessen dient, übt sich die heute in erfreulichem Sinkflug befindliche *Bild*-Zeitung gern in purer Kriegsrhetorik: »‚Waren zu optimistisch‘. Merkel und US-General warnen vor Putin. Droht eine neue russische Invasion in Europa?«, lautete am 16. Oktober 2016 eine Schlagzeile der Boulevard-Gazette, deren Macher auch sonst nicht allzuviel von einer echten Verständigung mit dem Rußland Wladimir Putins halten: »Bild auf dem Gipfel der Putin-Versteher«, hieß es in demselben Blatt am 25. Mai 2016. Thema war der Rußland-Tag in der Hansestadt Rostock, auf dem Unternehmer nichts weiter taten, als erneut ihre Besorgnis über die anhaltenden und existenzbedrohenden Anti-Rußland-Sanktionen der EU kundzutun.

Überhaupt erleben wir mit Blick auf die BRD-Medienberichterstattung auch und gerade über Rußland eine neue Art von Gleichschaltung, die alles andere als zufällig ist. Gesamtherausgeber der *Bild*-Gruppe war bis Januar 2017 Kai Diekmann, der von 1998 bis Dezember 2015 die Chefredakteurs-Posten der *Welt am Sonntag* beziehungsweise bei *Bild* innehatte. Diekmann gehört dem Verein *Atlantik-Brücke* an, einer 1952 von den Bankiers Eric Warburg und Gotthard von Falkenhausen, den *ZEIT*-Journalisten Marion Gräfin Dönhoff und Ernst Friedländer, den Unternehmern Eric Blumenfeld und Hans-Karl von Börries gegründeten Organisation. Nicht zu vergessen ist dabei John McCloy, 1949 bis 1952 Hoher Kommissar für die BRD. Wie *lobbypedia* entnommen werden kann, handelt es sich bei der Brücke um einen »Verein, dem führende Persönlichkeiten aus Wirtschaft, Politik, den Streitkräften, der Wissenschaft, den Medien und der Kultur angehören, die über das gemeinsame Netzwerk gesellschaftspolitischen Einfluß nehmen und Kontakte pflegen.«

Laut der Netzseite *www.atlantik-bruecke.org* zählt Kai Diekmann zu den Vorstandsmitgliedern der Organisation, die unter anderem seit Anfang der Neunziger mit dem *Oberkommando der US-Armee in Europa* (*U. S. European Command*) alljährlich in Berlin Experten-Gespräche veranstaltet. Zudem bestehen strategische Kooperationen mit der Münchner Sicherheitskonferenz, dem wohl derzeit renommiertesten internationalen Forum, das der Diskussion und Propagierung von NATO-Strategien dient.

Mit im Boot sitzen auch die mit der Zwangsgebühr GEZ ausgesprochen großzügig gefütterten öffentlich-rechtlichen Fernsehanstalten. Da wären die Macher des *ZDF-heute-journals* zu nennen. Für Kritik – und das auch unter Journalisten-Kollegen – sorgte dabei Claus Kleber, der 2014 zeigte, »wie man den Regierungsauftrag erfüllt, ohne ihn bekommen zu haben«, wie Jakob Augstein seinerzeit auf *spiegel online* treffend feststellte. Kleber hatte Joe Kaeser, den Vorstands-Vorsitzenden der *Siemens-AG*, zu Gast. »Er verhörte den *Siemens*-Chef ..., der eine lange geplante Reise nach Moskau auch tatsächlich angetreten hatte. (...) *Siemens* hat in Rußland 800 Millionen Euro investiert und wird auch weiterhin mit der russischen Eisenbahn Geschäfte machen – obwohl deren Chef auf der amerikanischen Sanktionsliste steht«, verwies Augstein auf den Hintergrund, der Kleber offensichtlich völlig schnurz war: »Und Sie haben mit dem geredet! Als Repräsentant eines Unternehmens, das auch für Deutschland steht«, blaffte er den Wirtschaftsvertreter an, was die Frage nahelegt: Wird Kleber, ja wird die Redaktion des *heute journals* von außen gesteuert?

Auf der russischen Netzseite deutsch.rt.com wurde dazu unter dem 16. Dezember 2015 ein wenig lakonisch bemerkt: »Nun ja, wer ein wenig von Lobbying und davon, wie

Interessennetzwerke funktionieren, versteht, der weiß natürlich, daß es tatsächlich kein rotes Telefon gibt, mit dem das Kanzleramt oder die US-Botschaft in Berlin die Themenliste für das allabendliche *heute journal* einreicht. Um das gewünschte Narrativ - beispielsweise in Bezug auf den Ukraine-Konflikt - sicher auf der medialen Ebene zu verankern, gibt es vielmehr ein enges Geflecht«, das aus zahlreichen Denkfabriken (Think Tanks), Nicht-Regierungs-Organisationen (NGOs), Experten-Gruppen, Vereinen, Stiftungen oder auch Konferenzen bestehe. »Sprich: Es wird genetzwerkt.«

Lückenpresse: Die BRD-Medien legen für gewöhnlich die Schweigespirale über die Arbeit der NPD im Europa-Parlament.

Und Claus Kleber? Er wird in dem Beitrag, aber auch auf anderen Netzseiten (beispielsweise auf *www.homment.com*) als Kuratoriumsmitglied der mit der *Atlantik-Brücke* verbandelten Stiftung genannt. Die andere Flanke im öffentlich-rechtlichen Sektor ist aus Sicht der Transatlantiker offenbar gleichfalls bestens besetzt: Ingo Zamperoni arbeitete bis 2016 als Korrespondent für das ARD-Auslandsstudio in Washington, ehe er

– wie schon einmal von 2012 bis 2014 – Moderator der *Tagesthemen* wurde. Auch Zamperoni gehörte laut einer Ende November 2014 auf *www.homment.com* veröffentlichten Liste der *Atlantik-Brücke* an.

Doch ob nun Mitglied der »Brücke« oder auch nicht: Fest steht einmal mehr, daß die bundesdeutschen Leitmedien seit jeher transatlantisch orientiert sind und ihre Aufgabe offenbar darin sehen, dem Publikum die dem Völkerrecht zuwiderlaufenden US-Interventionen schmackhaft zu machen. Mit reißerischen Überschriften, purem Weglassen von Fakten sowie der Verdrehung von Ursache und Wirkung soll in der Bevölkerung eine militärischen Aktionen gegenüber aufgeschlossene Stimmung erzeugt werden. Der *Atlantik-Brücke* kommt unter dem Deckmantel der »Pflege der deutsch-amerikanischen Freundschaft« dabei eine wichtige Scharnier-Funktion zu: Sie erfaßt einen beträchtlichen Teil der bundesdeutschen Eliten und wirkt über diese in die Gesellschaft hinein, um dadurch unterstützend bei der Umsetzung US-amerikanischer Hegemonial-Interessen tätig zu sein.

Inmitten ferngesteuerter journalistischer Wüsteneien gibt es aber auch sattgrüne Oasen. Zu nennen wäre hier die Journalistin und Publizistin Gabriele Krone-Schmalz. In ihrem 2015 bei C. H. Beck erschienenen Buch Russland verstehen. Der Kampf um die Ukraine und die Arroganz des Westens erinnert die frühere langjährige Moskau-Korrespondentin der ARD an jenen Putin, der zunächst »eindeutig auf Integration in die euro-atlantische Staatengemeinschaft« setzte. Aus Moskau seien zudem Vorschläge für einen »gemeinsamen Wirtschaftsraum« von Wladiwostok bis Lissabon gekommen. Krone-Schmalz weiter: »Putin war einer der ersten, der von einer multipolaren Welt und einem ‚gemeinsamen Sicherheitsraum' von Wladiwostok bis Vancouver gesprochen hat. Weder das eine noch das andere rief eine Reaktion hervor, aus der er schließen konnte, ernstgenommen zu werden«, so die Publizistin, die sich in ihrem Buch auch mit Putins angeblich angespanntem Verhältnis zur Zivilgesellschaft auseinandersetzt: »Bezeichnenderweise wurden am 12. Juni 2001, also am zehnten Jahrestag der russischen Unabhängigkeit, dreißig Vertreter nicht-staatlicher Organisationen in den Kreml eingeladen, um über die Idee eines Bürgerforums zu debattieren. Als sich herausstellte, daß Themen wie Menschenrechte und Umweltschutz ... nicht vertreten waren, kam es zu innerrussischen Protesten, die sich in den Medien niederschlugen. Fünf Monate später folgte eine weitere Konferenz, diesmal mit 3.000 Teilnehmern aus dem gesamten Land und mit der kompletten thematischen Brandbreite inklusive kremlkritischer Gruppen, die sich vor allem mit Themen wie Tschetschenien und Menschenrechten befaßten. (...) Was für ein Signal! Haben Sie davon als Medienkonsument etwas mitbekommen?«

Ebenso wird den Menschen auch und gerade in der Bundesrepublik Deutschland der eigentliche Hintergrund der NATO-Ostexpansion verschwiegen. Entgegen allen ursprünglich gemachten Zusagen hat das westliche Bündnis in den 20 Jahren seit dem Ende der Sowjetunion seine Einflußsphäre bis vor Rußlands Haustür ausgedehnt. Insofern ist die 1904 von dem englischen Geographen und Geopolitiker Halford Mackinder geprägte Formel aktueller denn je: Die Voraussetzung für die Weltherrschaft ist die Herrschaft über die Weltinsel Eurasien, diese wiederum ist ohne die Herrschaft über das Herzland Osteuropa nicht zu erringen.

Zbigniew Brzezinski (1928 – 2017), langjähriger Sicherheits- und außenpolitischer Berater verschiedener US-Regierungen, übertrug Mackinders Formel vor zwei Jahrzehnten in die Jetztzeit, indem er schrieb: »Amerikas geopolitischer Hauptgewinn ist Eurasien. (...) Eurasien ist das Schachbrett, auf dem der Kampf um die globale Vorherrschaft auch in Zukunft ausgetragen wird«, heißt es in seinem 1997 erschienenen Buch Die einzige Weltmacht – Amerikas Strategie der Vorherrschaft. Daß sich in dem riesigen Landareal zwischen Ostsee und Pazifik unermeßliche Rohstoffvorkommen befinden, darf als bekannt vorausgesetzt werden.

Quasi als Begleitmusik zum brandgefährlichen Aggressionskurs der US-geführten NATO wurden in einer Reihe von an Rußland angrenzenden Regionen bzw. Ländern in den letzten zwanzig Jahren sogenannte »Farb-Revolutionen« gegen unerwünschte Regierungen in Szene gesetzt. Die finanzielle Unterstützung für die penibel geplanten und professionell umgesetzten Umstürze lieferte hierbei der Mega-Spekulant und »Philanthrop« George Soros. Dabei ging es bei den von ihm angezettelten Regimewechseln in Kirgistan, in Georgien oder auch in der Ukraine natürlich zu keiner Zeit um »Freiheit«, »Demokratie« und »Menschenrechte«, sondern um die Festigung der US-Hegemonie in einer hochsensiblen Region. Und wo kunterbunte »Revolutionen« allein nicht helfen, muß schon mal ein gewaltsamer Umsturz her, so wie bei dem von brutaler Gewalt begleiteten Maidan-Putsch in der Ukraine (2014), wo seither ein hochverschuldetes, grenzenlos korruptes, aber pro-westliches Marionetten-Regime im Sattel sitzt.

Derartige Zusammenhänge von weltpolitischer Bedeutung vermissen viele Deutsche in ihren generös mit Steuergeldern gemästeten Sendeanstalten. Hier bietet das Internet alle erdenkliche Information. Wer auf der Suche nach Fakten, Hintergründen und Zusammenhängen ist, der ist Anfang des 21. Jahrhunderts zum Glück nicht mehr auf die Lügenmedien angewiesen.

[7] Füreinander bestimmt: Deutschland und Rußland

Ein Schlüsseldokument zur Geopolitik der letzten eineinhalb Jahrhunderte stammt von George Friedman, dem Gründer und Direktor der führenden US-amerikanischen Denkfabrik STRATFOR (*Strategic Forecasting Inc.*). Im Rahmen eines Vortrages im Februar 2015 in Chicago erklärte Friedman unumwunden: »Das ursprüngliche Interesse der Vereinigten Staaten, wofür wir seit Jahrhunderten die Kriege führten – Erster und Zweiter Weltkrieg und Kalter Krieg – waren die Beziehungen zwischen Deutschland und Rußland. Weil vereint sind sie die einzige Macht, die uns bedrohen kann und unser Interesse war es, sicherzustellen, daß dies nicht geschieht«, lautet eine der Kernpassagen der Rede, die sich mit den geopolitischen Hintergründen der Ukraine-Krise sowie der Strategie und Taktik der USA in Eurasien befaßte.

Gemeinsam mit vielen friedliebenden Menschen in aller Welt bin ich in großer Sorge darüber, daß in den Monaten nach dem erfolgreichen Maidan-Putsch in der Ukraine ein neuerliches Kesseltreiben der USA, der NATO und der Europäischen Union gegen Rußland seinen Anfang genommen hat, das zu einem neuen Krieg auf europäischem Boden führen kann. Als ehemaliger Offizier der Bundeswehr und nunmehriger Abgeordneter des Europäischen Parlaments sehe ich mich in der Pflicht, alles mir Mögliche zu unternehmen, damit mein Land nicht zum dritten Mal innerhalb eines Jahrhunderts von raumfremden Mächten und falschen Ideologien in einen Krieg gegen Rußland gehetzt wird. Gemäß der Clausewitzschen Devise »Angriff ist die beste Verteidigung« sollten wir Bündnisse des Dialogs und des Friedens in Europa suchen. Als Beobachter an einer der Schaltstellen der Entscheidungen, im Europaparlament, kann ich im übrigen nur feststellen, daß die Stimmen des Kalten Krieges inzwischen wieder erwacht sind und durch militärische Drohgebärden gegenüber Moskau alles versucht wird, um durch eine voranschreitende Einkreisung Rußlands Öl ins Feuer zu gießen. Der von den USA künstlich angeheizte Ukraine-Konflikt hat Europa an den Rand eines Krieges gebracht.

Jene Stimmen, die in den siebziger Jahren noch von Entspannung und Frieden sprachen, sind weitestgehend verstummt. Was natürlich nicht überraschend ist, wenn man sich vor Augen führt, daß es ja ausgerechnet Grüne und Sozialdemokraten waren, die erstmals nach dem Zweiten Weltkrieg wieder deutsche Soldaten in einen Krieg geführt haben. Gegenwärtig ist die Kriegsgefahr in Europa so hoch wie zu Zeiten der früheren Blockkonfrontation. Ich werde auch den schlimmen Verdacht nicht los, daß neben den Interessen der USA, die ein Zusammengehen Europas und Rußlands fürchten wie der Teufel das Weihwasser, auch die Rüstungsindustrie hier gewaltig mitmischt. Schließlich hatte die Friedenspolitik der vorangegangenen Jahrzehnte, hatten Glasnost und Perestroika zu massiven Rückgängen in den Verteidigungshaushalten der NATO-Staaten geführt. Das ändert sich derzeit. Plötzlich ist Aufrüstung wieder wichtig geworden, und ein neues Feindbild wurde reaktiviert, das eigentlich ein uraltes ist. Plötzlich ist der »böse« Russe wieder da.

So sehen – alles in allem – einige zentrale Grundsätze aus, nach denen ich im Europaparlament mein Abstimmungsverhalten ausrichte. So wurde – nur ein Beispiel unter unzähligen – im Februar 2016 im Rahmen einer Generaldebatte über den »Prozeß der europäischen Integration des Kosovo« diskutiert. Unter anderem sollten die Parlamentarier das Kosovo ermahnen, »der allgemeinen Richtung der Gemeinsamen Außen- und Sicherheitspolitik zu folgen«. Hier war ein klares Nein geboten, da diese Politik erfahrungsgemäß klar gegen

Moskau gerichtet ist. Im Monat darauf stand der »Bericht 2015 über Montenegro« zur Abstimmung. Auch hier sah ich eine Ablehnung der Vorlage als zwingend geboten an, da deren Punkt 34 ebenfalls eine antirussische Stoßrichtung enthielt. So wurden die Abgeordneten aufgefordert, die Entscheidung der NATO zu begrüßen, Montenegro zu einem Beitritt einzuladen. Bereits im Januar 2016 ging es um die Assoziierungsabkommen sowie vertiefte und umfassende Freihandelsabkommen mit Georgien, der Republik Moldawien und der Ukraine. Auch hier war klare Kante angezeigt: »Alle hier zur Abstimmung vorgelegten Resolutionsentwürfe richten sich der Tendenz nach gegen Rußland. Alle drei genannten Länder ... sind Teil oder Objekt der NATO- und EU-Osterweiterungspolitik, die im Sinne einer vertrauensvollen und friedlichen Kooperation mit Rußland nicht im Sinne der Europäer sein kann«, machte ich meinen Standpunkt in einer Erklärung zur Abstimmung deutlich.

Wer an stabilen, verläßlichen und konstruktiven Beziehungen zu Moskau interessiert ist, der muß zwangsläufig auch die im Sommer 2014 verhängten und seither immer wieder verlängerten und verschärften Rußland-Sanktionen des Westens mit Nachdruck ablehnen. Erst Ende Juni 2017 hat die EU die gegen Rußland gerichteten Zwangsmaßnahmen um weitere sechs Monate verlängert (die EU erkennt bekanntlich den Anschluß der Krim durch Rußland im Frühjahr 2014 bis heute nicht an).

Die neuerliche Maßnahme begründeten die Staats- und Regierungschefs der EU auf ihrem Brüsseler Gipfel mit einem »Mangel bei der Umsetzung des Minsker Abkommens«. Der Friedensprozeß mit Blick auf den (vom Westen kräftig angeheizten) Ukraine-Konflikt mache nur unzureichende Fortschritte. Wenige Tage zuvor hatten die USA ihrerseits ihre gegen Rußland gerichteten Sanktionen erneuert. Für jeden Politiker und Abgeordneten müßte angesichts einer solcherart konzertierten Vorgehensweise – erst starteten die USA entsprechende Maßnahmen, dann folgte unmittelbar das Europaparlament – eigentlich sonnenklar zutageliegen, wer hier den Ton angibt. Die US-Hörigkeit der europäischen Eliten zieht sich wie ein roter Faden durch meine bisherige Zeit als Abgeordneter. Hier wird im übrigen deutlich, daß nicht nur die nichtsouveräne BRD nach der Pfeife der Amerikaner tanzt, sondern nahezu alle sogenannten westlichen Staaten und ganz besonders die Länder des ehemaligen Ostblocks, die meiner Meinung nach immer noch eine gehörige Portion Angst vor dem russischen Nachbarn haben. NATO und USA tun das Ihre dazu, Warschau, Riga oder Wilna ständig durch Propaganda in ihren Ängsten zu bestärken.

Was die jüngsten US-Sanktionen angeht, müssen übrigens – was einer besonders groben Zumutung gleichkommt – auch Unternehmen anderer Staaten mit Nachteilen rechnen, wenn sie dem US-Boykottkurs nicht folgen.

Zu den Betroffenen zählen zahlreiche europäische Unternehmen, in erster Linie Firmen des Energiesektors. Dahinter verbirgt sich ein knallhartes Kalkül: So ist beabsichtigt, den russischen Energie-Riesen *Gazprom*, der für die europäische Energieversorgung schon jetzt eine große Rolle spielt, aus dem Energie-Rennen um Europa herauszukegeln. Andererseits versucht sich die US-Energiewirtschaft den Europäern als Ersatzlieferant anzudienen. Dabei will die US-Seite den Europäern ausgerechnet das in der EU umstrittene »Fracking«-Gas verkaufen.

Treffenderweise kritisierte diesmal sogar die Bundesregierung zusammen mit anderen EU-Partnern die fortgesetzte Boykott-Politik der Amerikaner. Sie warnte vor den Folgen für die europäische Energieversorgung. Doch entpuppten sich die Äußerungen wieder einmal als der vielzitierte Sturm im Wasserglas. Denn schon wenige Tage nach den US-Sanktionen zog die EU nach und verhängte ihrerseits neue Zwangsmaßnahmen gegen Rußland. Betroffen waren drei russische Firmen – die Unternehmen hatten sich der sanktionswidrigen Lieferung mehrerer *Siemens*-Gasturbinen auf die Krim »schuldig« gemacht. Gegen die Firmenchefs wurde ein Einreiseverbot in die EU verhängt. Zudem wurden die Vermögenswerte der Betroffenen eingefroren. Darunter war auch der stellvertretende russische Energieminister Andrej Tscheresow – ein glatter Affront an die Adresse des Kreml.

Die EU gestattet zwar den Export von Kraftwerken nach Rußland, nicht aber auf die Krim. Die Schaffung einer unabhängigen Energieversorgung unterstütze die Trennung der Krim von der Ukraine, lautet die Brüsseler Begründung für die neuerlichen Sanktionen.

Nicht erst bei näherem Hinsehen, sondern für jeden klarblickenden Beobachter ist das inzwischen etablierte Boykott-Szenario der EU an Kurzsichtigkeit und Heuchelei nicht zu überbieten. Besonders peinlich nahm sich die Haltung der EU vor dem Hintergrund ihrer eigenen Kritik an den neuerlichen Boykott-Maßnahmen Washingtons aus. Diese an sich berechtigte Kritik konterkarierte Brüssel geradezu, indem es wenige Tage später selbst neue Sanktionen gegen russische Firmen verhängte.

Die EU, die schon aus ökonomischen Gründen nicht das geringste Interesse an vergifteten Beziehungen zu Rußland haben kann, hat sich mit ihrer unsinnigen Boykott-Politik einmal mehr zum transatlantischen Wurmfortsatz Washingtons degradiert. Besonders kontraproduktiv sind die Sanktionen, die sich unter anderem gegen die russische Öl- und Gasindustrie richten, aus nationaler deutscher Sicht, da sich die deutsch-russischen Handelsbeziehungen trotz der Boykott-Kulisse inzwischen wieder auf einem robusten Aufwärtskurs befinden. So etwas darf aus transatlantischer Sicht natürlich nicht sein.

Laut Statistischem Bundesamt stiegen die deutschen Rußland-Exporte im ersten Quartal 2017 um nahezu ein Drittel, wobei mit einem Jahreswachstum von mindestens zehn Prozent gerechnet wurde. Der russische Erdöl-Konzern *Ros-*

neft kündigte Investitionen in Höhe von 600 Millionen Euro in Deutschland an; schon 2017 stellte das Unternehmen ein Viertel der deutschen Rohölimporte.

Vor diesem Hintergrund kam die Verlängerung der EU-Sanktionen dem berühmten Schuß ins eigene Knie gleich. Es hätte den Europäern gut zu Gesicht gestanden, sich endlich auf die eigenen Füße zu stellen und die ramponierten Beziehungen zu Rußland wieder auf ein gesundes Fundament zu setzen. Leider reicht es zu soviel Souveränität bei der Brüsseler Marionetten-Riege nicht hin. Den Schaden haben europäische wie russische Wirtschaftsinteressen gleichermaßen.

Das Europa-Parlament war zur Verlängerung der Anti-Rußland-Sanktionen im übrigen nicht befragt worden. Das verwundert nicht unbedingt, hatte doch kein Geringerer als Kommissionschef Juncker das Gremium am 4. Juli 2017 als »lächerlich« bezeichnet. In der Tat ist es so, daß wir Abgeordnete meist einige Tage, bevor wir zur Plenarsitzung nach Straßburg oder Brüssel reisen, bereits den Medien entnehmen können, was das EU-Parlament in der kommenden Woche beschließen wird. So ist es kein Wunder, wenn viele Abgeordnete sich genau wie ich lediglich als »demokratisches« Aushängeschild fühlen, das für eine Politik mißbraucht wird, die andernorts, etwa in der Kommission oder im Europäischen Rat, beschlossen und umgesetzt wird. Leider lassen sich die Abgeordneten der Mehrheits-Fraktionen jedoch lieber von ihren Strippenziehern leiten, die Geld und gute Posten vergeben, als von ihrer demokratischen Gesinnung und dem Bewußtsein, an einem politischen Entscheidungsprozeß mitzuwirken, der diesen Namen verdient. Das Europäische Parlament ist heute wie seit Jahrzehnten im wesentlichen ein Abnick-Instrument, das die Entscheidungen der tatsächlichen Drahtzieher abzusegnen und so ein demokratisches Mäntelchen umzuhängen hat.

[8] Geopolitischer Exkurs

Der nachstehende Beitrag aus der Feder von Dr. Kersten Radzimanowski erschien in der Ausgabe Nr. 1/2014 von »Nation in Europa«, Informations-Bulletin des fraktionslosen Europa-Abgeordneten Udo Voigt.

Zug um Zug setzen die USA ihre Bauern, Läufer, Springer ein, um geographisch wichtige Positionen wie Meerengen, die Hauptschiffahrtswege, das Umland von potentiellen Rivalen in ihren Machtbereich zu bekommen.

Ob es sich bei diesen Schachfiguren um NATO, EU oder von ihnen selbst finanzierte Terrorgruppen oder Geheimarmeen handelt, spielt dabei keine Rolle. Worum es ihnen geht? Um nichts weniger als die Weltherrschaft. Die Richtschnur dazu bildet die Geopolitik – die Verbindung zwischen geographischen Gegebenheiten und der strategischen politischen Zielstellung. Was als Kampf um Menschenrechte, Verteidigung der Demokratie, Durchsetzung der Freiheit der Öffentlichkeit vorgegaukelt wird, ist in Wahrheit psychologische Kriegführung zur Legitimierung ihres Einsatzes aller Mittel zum Erreichen dieses einen Zieles – der Beherrschung der Welt. Heinrich Jordis von Lohausen hat es in seinem Buch Mut zur Macht vor Jahrzehnten prägnant auf den Punkt gebracht: »Psychologie erobert, Panzer besetzen.«

In diesem Schachspiel nahm Europa nach dem Zweiten Weltkrieg eine bedeutende Rolle sowohl für die USA wie auch für die damalige Sowjetunion ein, die in der Geopolitik als »Herzland« bezeichnet wurde. Das »Herzland« umfaßt den europäischen Teil Rußlands sowie Westsibirien und reicht im Süden bis ans Kaspische und Schwarze Meer. Zu den Begründern dieser Theorie gehörte Halford Mackinder (1861 – 1947), der dieses »Herzland« für Seemächte wie

Großbritannien, die Weltmacht vor dem Ersten Weltkrieg, uneinnehmbar hielt.

Mackinders Herzland-Theorie beinhaltete noch ein zweites Moment, den »inneren Halbmond«, der dem »Herzland« von Europa über Nordafrika, den Nahen und Mittleren Osten bis nach Indien und China als Vorfeld diene. Für Mackinder ergab sich aus dieser Konstellation vom Herzland mit dem zum inneren Halbmond zählenden wirtschaftlich wie technisch-wissenschaftlich fortschrittlichsten Land, dem Deutschen Reich, eine existentielle Bedrohung für die britische Vorherrschaft auf der Welt. Mackinder kam zu dem Schluß: Wer Osteuropa beherrscht, beherrscht das Herzland, wer über das Herzland herrscht, beherrscht die Weltinsel (nach Mackinders Paradigma umfaßte diese die Eurasische Landmasse zuzüglich Afrika), wer über die Weltinsel herrscht, herrscht über die Welt.

Seine Theorie trug wesentlich dazu bei, daß England nichts unversucht ließ, um die von Bismarck so gepflegten deutsch-russischen Beziehungen aufzubrechen und ein englisch-russisches Bündnis (unter Einschluß der kontinentalen deutschen Gegenmacht Frankreich) aufzubauen. 1907 unterzeichneten England und Rußland ein Abkommen, mit dem Einflußsphären festgelegt wurden und das gewissermaßen die Grundlage für das Dreier-Bündnis wurde. Die Triple-Entente zielte exakt auf das Deutsche Reich, den emporstrebenden Rivalen, der Englands Vorherrschaft zumindest punktuell in Frage stellte. Dieser britisch-russische Pakt war die Umsetzung von Mackinders Strategie und führte zielgerichtet zur Vernichtung des deutschen Kaiserreiches.

Zu den führenden Vertretern der Geopolitik in den USA zählte Nicholas J. Spykman, bekannt als geistiger Vater der Eindämmungspolitik (containment) gegenüber der Sowjetunion. Auch für ihn war nicht das eurasische »Herzland«, sondern das »Rimland«, welches in etwa Mackinders »innerem Halbmond« entspricht, von entscheidender Bedeutung für die US-Vorherrschaft: »Wer das Rimland kontrolliert, beherrscht Eurasien, wer Eurasien kontrolliert, kontrolliert die Geschicke der Welt.« Weitere namhafte US-Geopolitiker wie Henry Kissinger – ein in Fürth geborener Jude – und Zbigniew Brzezinski haben noch viel direkter auf die Weltgeschicke Einfluß genommen. Brzezinski, gebürtiger polnischer Jude, ist inspiriert von der sogenannten »Herzland«-Theorie, d. h. der Beherrschung des russischen Festlandes. Er gilt, einst Chef des Nationalen Sicherheitsrates unter US-Präsident Carter, auch als der führende außenpolitische Berater Obamas und ein überaus erfolgreicher Strippenzieher der US-Außen- und Militärpolitik.

Brzezinski fokussierte diese Politik auf die Niederringung des »Herzlandes« Sowjetunion, die auch nach deren Auflösung – wenn auch zunächst etwas gedämpft – ihre ungebrochene Fortsetzung fand. Nach dem Zerfall der Sowjetunion und der Unabhängigkeit der Ukraine konnte Brzezinski jubilieren: die Abspaltung der Ukraine bedeutete für Rußland bereits den Verlust von Odessa, dem »unersetzlichen Tor für den Handel mit dem Mittelmeerraum und der Welt jenseits davon«. Sein 1997 erschienenes Buch *The Grand Chessboard* (Titel der deutschen Ausgabe: *Die einzige Weltmacht*) offenbart die wahren Ziele der USA: »Der Wegfall der Ukraine« wirke als »geopolitischer Katalysator«. Ohne sie sei Rußland außerstande, ein eigenständiges eurasisches Reich aufzubauen.

In deutschen Lei(t)d-Medien wird ohne jede Hinterfragung die von den USA ausgehende Plutokratenaufteilung der Welt übernommen. Ihre Schwarz-Weiß-Schablone unterscheidet: Ist das jeweilige Land pro- oder anti-westlich. Dort, wo das US-Kapital das Sagen hat, sind die »Guten«, die Demokraten. Wo hingegen die Geldschneiderei von Hedgefonds oder die Einflußnahme durch die USA erschwert oder unmöglich gemacht wird, handelt es sich um »Terroristen«, Putschisten oder antiwestliche »Böse«.

Zum Glück greift diese Propaganda nur noch auf einem immer kleiner werdenden Teil unseres Globus. Um so aggressiver wird Geopolitik betrieben – etwa um jede strategisch wichtige Halbinsel, nehmen wir die Krim, oder um den Charakter von Gewässern – z. B. ob das Kaspische Meer ein Binnengewässer ist und dort raketenbestückte US-Kriegsschiffe eine weitere Front gegen Rußland und China eröffnen können.

Hier liegt auch der Schlüssel für die Frage, warum China und Rußland innerhalb der Shanghaier Organisation für Sicherheit (SOZ) ein besonders enges Verhältnis zur Mongolei entwickelt haben oder Kirgistan den 2001 errichteten US-Stützpunkt Manas nahe der Hauptstadt Bischkek 2014 wieder schließen ließ. Geopolitik ist von strategischer Bedeutung und nicht wie die Wochenzeitung *Die Zeit* 1995 (30/95) ihrer Leserschaft weismachen wollte: »Wissenschaftlich (ist) nichts ausgemacht außer der Banalität, daß einem Inselstaat am Äquator Schiffe wichtiger sind als wintertaugliche Kettenfahrzeuge.«

Trotzdem, nach dem Aufstieg Chinas ist es zwischen US-Geopolitikern zu einem Richtungsstreit über den Hauptfeind gekommen, so daß selbst Brzezinski laut seinem 2012 veröffentlichten Buch mit dem Titel *Strategic Vision – America and the Crisis of Global Power* China als die größte Gefahr für die US-Hegemonie ansieht, wenngleich er auch davor warnt, daß Deutschland und Italien von der russischen Regierung »herübergezogen« werden und somit eigene, vor allem Wirtschaftsinteressen umsetzen könnten.

Für diesen Fall hat der US-Geopolitiker und STRATFOR-Chef George Friedman in dem 2009 erschienenen Buch *Die nächsten hundert Jahre* schon sehr reale Vorstellungen entwickelt. Ein mit Rußland verbündetes Deutschland wird von den USA im Verbund mit dem Bündnispartner Polen durch weltraumgestützte Waffen vernichtet und große Teile der russischen Beute auf die Anrainer-Staaten verteilt. Hier offenbart sich zugleich eine ganz neue Perspektive. Die entscheidenden Kriege der Zukunft werden von im Weltall stationierten Waffen sowie durch elektronische Kriegführung (wie etwa »Stuxnet«) entschieden.

Friedman ist nicht irgendwer. Man kann davon ausgehen, daß der gebürtige ungarische Jude sein STRATFOR-Institut 1996 im Auftrag der CIA gründete und seit Jahren die westlichen Regierungen mit Dossiers, Hintergrundberichten und Zukunftsprognosen versorgt. Übrigens auch die Bundesregierung, die also ganz genau weiß, welches Schicksal ihr die Besatzungsmacht für den Fall der Unbotmäßigkeit zugedacht hat.

Es scheint ein wichtiges Kriterium der US-Geopolitik zu sein, für den Fall militärischer Konflikte den Kriegsschauplatz außerhalb der USA zu verlagern. Der Erste und Zweite Weltkrieg zeigen das ebenso wie die Zeit des »Kalten Krieges«, wie beispielsweise aus einer Nachrichtensendung des Österreichischen Rundfunks vom Abend des 26. Juli 1976 hervorgeht: »Der demokratische Präsidentschaftskandidat Jimmy Carter würde vor einem möglichen Kernwaffeneinsatz der Vereinigten Staaten in Europa die betroffenen Länder verständigen. In diesem Zusammenhang wurden von Carter die Bundesrepublik Deutschland und Österreich genannt. Diese beiden Staaten würden, durch ihre geographische Lage bedingt, wahrscheinlich Hauptkampflinie werden und somit der Vernichtung preisgegeben sein.«

Es stellt sich die Frage, wie sicher ist Europa heute, wie sicher ist die BRD? Wenn wir uns die gegenwärtige Lage in der Ukraine anschauen, wird Europa nicht von Rußland bedroht, sondern bedrohen die USA, die NATO und die EU massiv Rußland. Die von den USA erzwungene Sanktionspolitik ist de facto eine Kriegserklärung. Wenn es zu einem heißen Krieg kommt, würde Deutschland mit der Vielzahl US-amerikanischer Kommandostäbe, Hauptquartiere, mit Hunderten von US-Stützpunkten und nicht zuletzt den in der BRD stationierten US-Atomwaffen zum Hauptziel eines russischen Gegenschlages.

Wer wie die Bundesregierung die USA ihren Freund nennt, braucht keine Feinde mehr. Das deutsche Volk, die Völker Europas brauchen hingegen Rußland, um sich vom US-Diktat zu befreien. Es geht um nichts geringeres als unsere Souveränität, unser Recht, in Frieden zu leben und nicht für US-Interessen gegen unsere natürlichen Partner ins Feld zu ziehen.

Putins Angebot zu gleichberechtigter Zusammenarbeit steht trotz Washingtoner, Londoner und Warschauer Kriegstrommeln noch immer – nehmen wir die ausgestreckte Hand zu unserem eigenen Nutzen an.

[9] Gegen Einmischung in innerrussische Belange

Soweit der Exkurs aus der Feder meines langjährigen politischen Weggefährten und zeitweisen Beraters Dr. Kersten Radzimanowski, der umso gewichtiger ist, als der Autor dieser Überlegungen geschäftsführender letzter Außenminister der DDR war und schon von daher weiß, wovon er spricht.

In jüngster Zeit bot sich noch verschiedentlich die Gelegenheit, stellvertretend die Position der NPD und, wie ich meine, auch die der vielen Zeitgenossen darzulegen, die an guten Beziehungen zu Rußland interessiert sind. So beschäftigte sich das Straßburger Europaparlament am 6. April 2017 in einer Generaldebatte mit dem Thema »Rußland, die Festnahme von Alexander Nawalny und anderen Demonstranten«. Redner der etablierten Parteien nutzten, was nicht überraschen konnte, die Gelegenheit für neuerliche unerträgliche Attacken in Richtung des Kreml. Den Vogel schoß dabei die rumänische Abgeordnete Monica Macovei ab. Die frühere Präsidentschafts-Kandidatin unterstellte der Regierung Putin im Zusammenhang mit dem Bombenanschlag in St. Petersburg wenige Wochen zuvor allen Ernstes, dieser sei möglicherweise eine »false-flag«-Operation gewesen, um so von aktuellen regierungskritischen Protesten in Moskau abzulenken.

Wer sich der Angelegenheit weniger voreingenommen nähert, fühlt sich an die von westlichen Einflußorganisationen inszenierten und mit dem Etikett der »Revolution« versehenen Umsturzbewegungen in vielen Ländern des ehemaligen Ostblocks erinnert. Diese wurden zumeist mit Finanzspritzen des Mega-Spekulanten George Soros unterstützt und führten in mindestens einem Halbdutzend Länder zum Sturz nicht genehmer Regierungen, an deren Stelle pro-westliche Marionetten-Regime traten.

Erinnert sei an dieser Stelle an die „Rosen-Revolution“ des Jahres 2003 in Georgien, die „Orangene Revolution“ im Jahr darauf in der Ukraine oder auch an die „Tulpen-Revolution“ von 2005 in Kirgisien. Investigative Journalisten und Publizisten wie F. William Engdahl oder auch Udo Ulfkotte (1960 - 2017) wiesen in diesem Zusammenhang die Einflußnahme von US-amerikanischen Behörden, Sicherheitsdiensten und Nicht-Regierungs-Organisationen (NGOs) nach, wobei die Regimewechsel wichtige Etappen auf dem Weg hinzu einer von den USA bestimmten „Neuen Weltordnung“ sind.

Auch ich erinnerte in meinem Straßburger Redebeitrag im April 2017 an den vom Westen tatkräftig unterstützten Maidan-Putsch im Februar 2014. Wörtlich erklärte ich: »Noch immer versucht der Westen nach dem Muster der Farb-Revolutionen in den ehemaligen Ländern des Ostblocks, ihm genehme Systeme zu installieren. Wie wir bei der von außen gesteuerten Revolution auf dem Maidan-Platz sahen, tat dies der Korruption in der Ukraine keinerlei Abbruch. Dieses Parlament wäre gut beraten, jegliche Einmischung in die inneren Angelegenheiten Rußlands zu unterlassen.« Ich rief dann noch zahlreiche Hausaufgaben in Erinnerung, die von der EU zu erledigen seien. Unter Verweis auf die Zahl von jährlich etwa 12.000 Ermittlungsverfahren und über 1.000 Verurteilungen aufgrund von bloßen Meinungsdelikten und einer wachsenden Zahl von Strafverfahren wegen der angeblichen Bildung »terroristischer« Vereinigungen in der Bundesrepublik konnte ich mir den gutgemeinten Hinweis nicht ersparen: »Im Falle Alexej Nawalny sollten wir besser schweigen. Denn hinsichtlich Gesinnungsjustiz und Verfolgung politisch Andersdenkender ist die EU selbst kein Unschuldslamm.« Nur als ein Beispiel unter vielen nannte ich dann noch den Fall des 81jährigen politischen Gefangenen Horst Mahler, der nur wegen Meinungsdelikten in der BRD zu unglaublichen zwölfeinhalb Jahren Gefängnis verurteilt wurde und der nach einer Amputation des Unterschenkels und eines Schlaganfalles seine Reststrafe von viereinhalb Jahren in einem Brandenburger Gefängnis absitzen muß. Niemand aus der Riege der linksliberalen Meinungsführer in Sachen »Menschenrechte« war bislang dazu bereit, über diesen unerträglichen Fall im Europaparlament auch nur ansatzweise zu diskutieren. Erfreulicherweise bekomme ich immer dann, wenn ich das grausame Schicksal von Horst Mahler im Parlament anspreche, nachdrückliche Unterstützung von Bruno Gollnisch (*Front National*), der dann laut und vernehmlich in den Saal hineinruft: »Freiheit für Horst Mahler!« An solchen Solidaritätsbekundungen für einen prominenten politischen Gefangenen des angeblich »freiesten Staates« auf deutschem Boden merke ich dann immer wieder, wie sehr sich das politische Gefüge Europas in den letzten Jahrzehnten gewandelt hat. Nationale Solidarität ist heute längst eine europäische Angelegenheit geworden – eine, wie ich finde, rundum erfreuliche Entwicklung.

Bruno Gollnisch zählt zu den politischen Schwergewichten des *Front National*. Seit 1989 ist er Mitglied des Europäischen Parlaments, von Januar bis November 2007 war er Vorsitzender der Fraktion »Identität – Tradition – Souveränität« (ITS) und setzt sich leidenschaftlich für eine Zusammenarbeit rechter und patriotischer Kräfte auf europäischer Ebene ein. Dabei habe ich Gollnisch als kultivierten und belesenen Denker kennengelernt, der zudem fließend Japanisch spricht und in Lyon Professor für Japanologie ist. Mein Assistent Karl Richter, der Gollnisch bereits aus seiner ersten »Amtszeit« im Parlament kennt, führte 2016 für das NPD-Nachrichtenorgan *Deutsche Stimme* und den Medienkanal DS-TV in Straßburg ein Interview mit ihm, das mir wegen seiner luziden Gedankenfülle bis heute in Erinnerung ist.

Ich hatte Gollnisch, der zwei Jahre älter ist als ich und auf seine familiären Wurzeln im deutschen Osten besonders stolz ist, Ende der 90er Jahre bei Besuchen in Straßburg erstmalig kennengelernt und schätze seinen Rat und seine politische Erfahrung. Als schöne Laune des politischen Schicksals empfinde ich es heute, daß wir in diesen bewegten Tagen beide als fraktionslose Abgeordnete im Parlament nebeneinander sitzen und uns prächtig verstehen.

Bruno Gollnisch (Front National/ Frankreich)gehört bereits seit 28 Jahren dem EU-Parlament an.

Gollnisch ist mittlerweile ebenso wie sein langjähriger »Chef«, der frühere Präsident des *Front National*, Jean Marie Le Pen (der nur einen Platz weiter sitzt!), fraktionslos, weil die beiden alten Haudegen Le Pens Tochter Marine, die seit 2011 neue Parteichefin des FN und seit 2017 Fraktionsvorsitzende ist, als zu weit »rechts« erschienen. Sie hatte beide nicht mehr in ihre Fraktion der Freiheit und Nationen (*European National Front*, ENF) aufgenommen, obwohl sie noch Mitglieder des *Front National* sind. Der 1928 geborene Jean Marie Le Pen war Gründer des *Front National* und 39 Jahre Parteivorsitzender.

Daß die beiden politischen Hochkaräter heute als »rechtsradikal« von der eigenen Partei kaltgestellt sind, empfinde ich nicht nur als grob ungerecht, sondern darüber hinaus als echte Tragödie der europäischen Rechten. Leider ist der Fall symptomatisch für den Zustand vieler nationaler Parteien in Europa, die sich der Illusion hingeben, sich auf dem Wege solcher Distanzierungen »reinwaschen« zu können. Übertroffen wird dieses in meinen Augen unappetitliche und geradezu systemimmanente Gebaren vorgeblich »rechter« Parteien und ihrer Spitzenfunktionäre nur noch von denjenigen, die inzwischen auf strammem Pro-Israel-Kurs sind und sich nicht entblöden, sich an der Klagemauer in Jerusalem die Kippa aufs Haupt zu drücken...

Mit Blick auf die Diskriminierung mißliebiger politischer Gegner betreffen die weiter oben gemachten Feststellungen auch den vormaligen EU-Parlamentspräsident Martin Schulz (SPD). Im Juni 2015 hatte der spätere Kanzlerkandidat fünf russischen Politikern, die auf meine Einladung hin und gemeinsam mit Vertretern der europaweit aufgestellten *Alliance for Peace and Freedom* (APF) an einer gemeinsamen Pressekonferenz teilnehmen wollten, ein förmliches Hausverbot im Europaparlament erteilt. Auch eine parallel dazu anberaumte Pressekonferenz untersagte Schulz kurzerhand.

Meine Mitstreiter und ich sahen darin eine klare Diskriminierung mißliebiger Ausländer und zudem eine eklatante Verletzung von Abgeordnetenrechten. Eine diesbezügliche Nichtigkeitsklage gegen Schulz reichte Rechtsanwalt Dipl.-Jur. Peter Richter im Herbst 2015 beim Europäischen Gerichtshof ein (Az.: DC44772).

[10] Eine Note an den russischen Botschafter

Zu den wenigen bundesdeutschen Politikern, die sich vehement dagegen wehren, immerfort mit der Lunte am russischen Pulverfaß herumzuzündeln, gehört ohne Zweifel Sahra Wagenknecht. Die Bundestags-Abgeordnete der Linken, im unerquicklichen Gesamt-Spektrum der etablierten Parteien einer der wenigen klarblickenden Köpfe, fand gegenüber der Deutschen Presse-Agentur im Vorfeld des Berliner Putin-Besuchs im Oktober 2016 sehr deutliche Worte: »Ein Konfrontationskurs gegenüber Rußland schadet Deutschland und gefährdet den Weltfrieden.« Drohgebärden, Sanktionen, eine weitere Aufrüstung oder gar eine Ausweitung des militärischen Engagements lösten die Probleme nicht, sondern schafften nur neue. »Das gilt für die Ukraine wie für Syrien«, weshalb es richtig sei, den Gesprächsfaden wieder aufzunehmen.

Während die Bundeskanzlerin und der damalige französische Staatspräsident François Hollande es dann während des Treffens erneut für angebracht hielten, Kremlchef Putin wegen des russischen Engagements in Syrien schulmeistern zu müssen, distanzierte ich mich in meiner Eigenschaft als Europaabgeordneter mit einer offiziellen, an den russischen Botschafter überbrachten Note von der Politik der Merkel-Regierung – ein diplomatischer Schritt, den ich auch im Rückblick für richtig halte. Auch in Brüssel und Straßburg hatte sich der »Putin-Versteher« Voigt bekanntlich immer wieder gegen die ebenso verlogene wie destruktive Sanktions- und Eskalationspolitik des Westens positioniert.

In der an den russischen Botschafter gerichteten Note wird unter anderem Wert auf die Feststellung gelegt, »daß die

Sanktions- und Eskalationspolitik der Bundeskanzlerin *nicht* den Willen des deutschen Volkes widerspiegelt. Regelmäßigen Umfragen zufolge wünscht vielmehr eine Mehrheit des deutschen Volkes friedliche und konstruktive Beziehungen zum russischen Volk« (siehe auch Anhang, Dokument 2).

In einer kurzen Pressemitteilung betonte ich im Zusammenhang mit der Aktion darüber hinaus, »daß diese Geste auch im Ausland und insbesondere bei Vertretern der russischen Regierung wahrgenommen wird, um so dem Eindruck einer uniformen, transatlantischen Vorgaben unkritisch folgenden Politik der Bundesregierung entgegenzuwirken«.

Tatsächlich gelang es mit der Aktion, die ihren Niederschlag in der ausländischen Presse fand, maximale Wirkung auf dem diplomatischen Parkett zu erzielen und einen erfreulichen Kontrapunkt zur offiziellen Berliner (Anti-)Rußland-Politik zu setzen – sehr zum Verdruß eingefleischter Transatlantiker und unverbesserlicher Kalter Krieger wie beispielsweise Elmar Brok. Der CDU- und EVP-Mann, bis 2017 immerhin Vorsitzender des Ausschusses für Auswärtige Angelegenheiten des EU-Parlaments, reagiert geradezu allergisch auf alles, was auch nur im entferntesten national anmutet oder auch rußlandfreundlich ist. Schon ein nüchterner und ohne jeden Schaum vor dem Mund vorgetragener Wortbeitrag pro Rußland und gegen Sanktionen kann Brok völlig aus der Fassung bringen und bei ihm regelrecht cholerische Reaktionen auslösen.

[11] Zwei Tage in Brüssel

[Lutz Dessau]

Brüssel, Dienstag, 11. Juli 2017: In gespannter Erwartung nimmt eine gerade zu Besuch in Brüssel weilende NPD-Abordnung aus Sachsen-Anhalt in einem Raum des Besucherzentrums ihre Plätze ein. Um 10:00 Uhr betritt ein schlanker Herr um die 30 den Raum. Er stellt sich kurz vor: Albrecht John, geboren in Österreich und Mitarbeiter des Besucherdienstes im Brüsseler EU-Parlament. In einer Power-Point-Präsentation stellt John die verschiedenen Institutionen vor, zu deren Struktur auch der Rechnungshof zählt. Er kontrolliert die Verwendung der Mittel für EU-finanzierte Projekte, beispielsweise Autobahnen und Flughäfen. Wie viele Beanstandungen es denn gebe, will ein Besucher wissen. Gegenwärtig liege die Fehlerquote bei vier Prozent, antwortet John. Damit bewege sie sich über dem weltweiten Benchmarking von zwei Prozent, wobei für die höhere Quote im EU-Raum »eine Menge verwaltungstechnischer Mängel« verantwortlich sei.

Mit Blick auf die EU-Mitgliedsländer erklärt John, daß es sich um »souveräne Staaten« handle. »Souveränität« - für kritische Zeitgenossen ein Reizwort, das eine brandaktuelle Frage berührt und Emotionen auslöst. Ein Besucher erwähnt in diesem Zusammenhang die – im vorangehenden schon mehrmals erwähnten – Äußerungen des russischen Präsidenten Putin auf dem 21. Internationalen Wirtschaftsforum in St. Petersburg, wonach Deutschland nur über eine »beschränkte Souveränität« verfüge. Ein anderer schneidet das Problem des vor einem Vierteljahrhundert abgeschlossenen Zwei-plus-Vier-Vertrags an, der unserem Land nach wie vor erhebliche Beschränkungen in außen- und militärpolitischer Hinsicht auferlegt.

John hört sich die vorgebrachten Argumente ruhig an, um dann zu entgegnen: Diese Probleme betreffen nicht zuletzt die Beziehungen zu Drittstaaten, in diesem Fall zu den USA, und müßten mit diesen geklärt werden. Auch wenn sich die Unterhaltung um ein Thema dreht, das gehörigen Zündstoff birgt, bleibt sie doch auf freundlich-korrektem Niveau. Ein landläufiger BRD-Politiker vom Zuschnitt etwa Claudia Roths oder Sigmar Gabriels hätte vermutlich einen hysterischen Anfall bekommen.

Lutz Dessau

Darauf führt uns John in den Plenarsaal. Hier herrscht eine stickige Luft. »Wie halten das die Leute, die hier zehn Stunden oder noch mehr sitzen müssen, bloß aus?« meint eine Besucherin. »Ich kann Sie beruhigen – die Luft ist nicht immer so schlecht. Außerdem sitzt hier niemand zehn Stunden am Stück«, entgegnet John schmunzelnd.

Es geht zurück in den Besucherraum, wo Udo Voigt bereits wartet. Seine Mitarbeiterin Susann Starke, die für die Betreuung der Gruppe aus Sachsen-Anhalt verantwortlich zeichnet, bemerkt kurz: »Udo, bin mal kurz draußen in der Finanzabteilung.«

Udo Voigt legt ohne Umschweife los. Das 24 Jahre alte Plenargebäude »Paul Henri Spaak« in Brüssel gelte als sanierungsbedürftig. Ein Gutachten des TÜV beziffert die Kosten auf mindestens 30 Millionen Euro – es berücksichtigt jedoch nur die dringend erforderlichen Maßnahmen, vor allem jene, mit denen die Sicherheit für den Fall von Terroranschlägen gewährleistet werden soll.

Die Maximalvariante, errechnet von der Parlamentsverwaltung, sieht einen kompletten Neubau vor. Kosten: 430

Millionen Euro. Zutagegefördert hat die Angelegenheit das Nachrichtenportal *Politico*, dem ein Dokument aus der Parlamentsverwaltung zugespielt worden war.

80 Prozent der Abgeordneten, so Udo Voigt, seien für Brüssel als Parlaments-Standort, während der neugewählte französische Staatspräsident Emmanuel Macron und die französischen Abgeordneten auf Straßburg beharrten.

Eine Initiative von Parlamentariern kämpft seit rund einem Jahrzehnt gegen zwei Tagungsorte mit jeweils voll ausgestatteten Abgeordnetenbüros und Plenarsälen. Ihr Motto: *Single Seat*. Die Kosten für den Doppelstandort seien nicht mehr länger vertretbar; das ewige Hin und Her zwischen Brüssel und Straßburg wird nicht zu unrecht als unpraktisch bezeichnet. Die Initiative spricht sich dafür aus, Straßburg aufzugeben und sich auf Brüssel zu beschränken, wo auch Kommission und Rat ihre Sitze haben.

»Das Parlament«, fährt Udo Voigt fort, »ist nur zum Abnicken da. Der Europäische Rat, in dem die Ministerpräsidenten sitzen, hat das letzte Wort. Da kann das Parlament beschließen, was es will.«

Als Einzelabgeordneter gehört Udo Voigt dem wichtigen Ausschuß für Bürgerliche Freiheiten, Justiz und Inneres (LIBE) an. Dieses Gremium ist aus Sicht eines national ausgerichteten Politikers durchaus von Interesse, weil hier zum einen »Flüchtlings«-Fragen behandelt werden und zum zweiten die Gelegenheit besteht, der EU den Spiegel vorzuhalten: Denn immer wieder spielen die Eurokraten den Oberlehrer, indem sie Länder wie Rußland, Weißrußland, diverse EU-Beitrittskandidaten oder den Iran zur Einhaltung der Menschenrechte ermahnen. Doch zur gleichen Zeit werden in Deutschland oder Österreich Jahr für Jahr tausende Strafverfahren wegen sogenannter Meinungsdelikte geführt; ein markantes Beispiel der jüngeren Vergangenheit ist der Prozeß gegen das *Aktionsbüro Mittelrhein*. In Griechenland sieht sich die Partei *Goldene Morgenröte* massiver staatlicher

Verfolgung ausgesetzt. Motto also: Besser erst vor der eigenen Türe kehren!

Darüber hinaus ist Udo Voigt Mitglied der Iran-Delegation. Als Delegationen werden die derzeit 139 Auslands-Vertretungen der EU bei Drittstaaten und bei internationalen Organisationen wie der OSZE, den *Vereinten Nationen*, der UNESCO oder der *Afrikanischen Union* bezeichnet.

Udo Voigt erklärt seinen Besuchern, warum er sich gerade die Iran-Delegation auserkoren hat: »Meine Sympathien gelten einem Land, das sich seit Jahrzehnten dem US-Imperialismus entgegenstemmt und das einen eigenen Weg geht.«

Seine Beziehungen zu iranischen Vertretern stuft Udo Voigt als stabil und konstruktiv ein. So stattete ihm der iranische EU-Botschafter Mahmoud Barimani Anfang 2015 einen Besuch im Straßburger Büro ab, wobei der Vertreter aus Teheran sein Interesse an einer Verbesserung der Beziehungen zu den Europäern hervorhob. Außerdem kann der Beitrag, den der Iran in Syrien, aber auch im Irak im Kampf gegen die IS-Terrorbanden leistet, gar nicht hoch genug eingestuft werden.

Überhaupt sollten, führt Voigt aus, gute Beziehungen zum Iran auch im europäischen Interesse liegen – und das nicht allein in ökonomischer Hinsicht. Vor allem im syrischen Friedensprozeß und der damit zusammenhängenden Dauer-Flüchtlingskrise in Europa wäre der Einfluß Teherans in der Region von großem Vorteil.

Für die nationalen Sicherheitsinteressen des Iran als wichtiger Regionalmacht hat Voigt größtes Verständnis, doch seien die Einflußmöglichkeiten eines deutschen Europaabgeordneten hierbei begrenzt, ist Deutschland doch rund sieben Jahrzehnte nach Kriegsende de facto noch immer von den USA besetzt und alles andere als souverän. Darüber freilich ist man sich auch in Teheran völlig im klaren.

Noch ein weiterer Umstand kommt erschwerend hinzu: »In der Iran-Delegation«, so Voigt, »sitzen nur Linke, die ausschließlich ein Thema kennen - die ‚Menschenrechte': Zu einem Land, in dem die Todesstrafe für Drogendealer und Homosexuelle gelte, könne man keine normalen Beziehungen unterhalten; erst müsse der Iran in Vorleistung gehen und die Menschenrechte einhalten. Ich bin dann der einzige, der sagt: ‚Für mich gilt das Prinzip der Nichteinmischung, das meine Partei natürlich auch für Deutschland fordert'.« Für blankes Entsetzen in der Delegation sorgt dabei auch immer wieder Voigts Standpunkt, daß in der im Iran angewendeten Todesstrafe ja nicht per sei ein Makel gesehen werden müsse. So rege sich von den Kollegen nur selten jemand darüber auf, daß die Todesstrafe schließlich auch in den USA immer noch praktiziert werde und ja auch in Israel nach wie vor in Kraft sei. Bekanntlich träten er und seine Partei im Wiederholungsfall von Kindesmißbrauch und Kindstötung ebenfalls für die Wiedereinführung der Todesstrafe ein.

Erfreulich transparent geht Udo Voigt auch mit dem Thema der finanziellen Ausstattung seiner Tätigkeit um, bei dem viele Abgeordnete zu mauern beginnen: Demnach steht ihm eine monatliche Grundzuwendung in Höhe von rund 8.020 Euro zu. Davon fallen 2.000 Euro als sogenannte »Unionssteuer« an den belgischen Staat. 1.600 Euro spendet er pro Monat an die Bundes-NPD, 200 an deren Berliner Landesverband, 100 an seinen Kreisverband Treptow-Köpenick und 100 Euro an die Vertriebenen-Gedächtnisstätte im thüringischen Guthmannshausen. Das Sitzungsgeld beläuft sich auf exakt 308 Euro pro Tag, wovon freilich die Übernachtungskosten zu bestreiten sind. Für die Mitarbeiterinnen und Mitarbeiter – Udo Voigt hat acht – stehen noch einmal 23.000 Euro zur Verfügung.

Im Gespräch hält Udo Voigt nicht damit hinter dem Berg, daß er seit seinem Einzug ins EU-Parlament auch ernüchternde Momente erlebt hat. Dabei kreisen seine Erfahrungen nicht zuletzt um ein brisantes Thema: »Ich wußte, daß es im Lager der politischen Rechten eine Israel-Connection gibt - hier ist sie mir begegnet«, räumt er unumwunden ein. Und das kam so: 2016 legte die italienische EU-Außenbeauftragte Federica

Mogherini einen Antrag vor, mit dem für eine Anerkennung Palästinas geworben wurde und der in einen Zeitraum fiel, als Israel gerade wieder einmal den Gaza-Streifen bombardierte. Voigt forderte vor diesem Hintergrund in der Debatte die sofortige Aufkündigung der Mitgliedschaft Israels als assoziiertes EU-Mitglied und eine Untersuchung möglicher israelischer Kriegsverbrechen sowie gegebenenfalls Anklagen vor dem Internationalen Straf-Gerichtshof in Den Haag. Hierauf erhob sich nicht etwa vonseiten der Linken, sondern der vermeintlich »Rechten« wütendes Geschrei: Buh-Rufe, »Halts Maul!«, »Nazi!« – Voigt gesteht, daß er in diesem Moment im falschen Film zu sein glaubte. »Ich habe dann für den EU-Antrag zur Anerkennung eines Staates Palästina gestimmt«, erinnert er sich – der britische Abgeordnete Nigel Farage von der *UK Independence Party* (UKIP) dagegen beispielsweise nicht. Farage meldete sich nach der Abstimmung zur Geschäftsordnung zu Wort und äußerte sinngemäß: »Herr Präsident (gemeint war Martin Schulz) – Sie müssen diese Abstimmung annullieren und für ungültig erklären, denn das kann man Israel doch nicht antun.«

Viele Bürger und Parlamentsbesucher fragen den fraktionslosen deutschen NPD-Abgeordeten auch immer wieder, warum seit nunmehr 50 Jahren das Verbot der NPD gefordert werde und warum man NPD-Politiker nie in Fernseh-Diskussionen erleben könne. Bei der Beantwortung der ersten Frage kommt die AfD ins Spiel. Warum fordern die etablierten Parteien nicht deren Verbot? Udo Voigt hat darauf die Antwort parat: »Weil sie dem System nicht gefährlich wird, *nicht* die Systemfrage stellt, mithin selbst Teil des Systems ist. Darüber hinaus hilft diese Taktik den Etablierten, die Wut der Bürger von der NPD auf die systemkonforme und damit für sie ungefährlichere AfD umzuleiten, damit die politischen Idealisten der NPD nicht noch zusätzliche parlamentarische Verstärkung bekommen.«

Noch eine weitere Frage ist interessant: Warum können unter anderem die Vertreter der »Wilders-Partei«, der FPÖ, des *Vlaams Belang* und des *Front National* ständig im Fernsehen Präsenz zeigen und damit Millionen Wählern den Eindruck vermitteln, einen »geläutert«-nationalen Kurs zu vertreten, während die NPD, die *Goldene Morgenröte* und die *Jobbik-Partei* eine solche Vorzugsbehandlung nicht genießen? Die Antwort aus dem Munde des deutschen NPD-Abgeordneten Udo Voigt, der weiß, wovon er spricht: »Alle Parteien, die nach *Yad Vashem* pilgern, kommen in Fernseh-Shows: Strache, Wilders, Petry und Pretzell.« Udo Voigt verweist auf eine Art Türöffner-Funktion. »Der Schlüssel dazu liegt in Israel.« Und das müsse man wissen, »wenn man nationale Politik machen will, und dann für sich entscheiden, ob man ihn benutzen möchte.« Er habe diesen Schlüssel nie benutzt, meint Udo Voigt mit einem zwinkernden Auge, und er hoffe, daß NPD-Politiker ihn auch künftig nicht benutzen werden. Doch seit der turbulenten Parlamentssitzung im Jahr 2016 war ihm klar: Es ist keine Verschwörungs-Theorie, es gibt sie tatsächlich, die »Israel-Connection«.

Im übrigen machte sich die »Israel-Connection« gleich zu Anfang der laufenden Legislaturperiode, im Dezember 2014, deutlich genug bemerkbar, als im Straßburger Europa-Parlament über mehrere Resolutions-Entwürfe zugunsten der Anerkennung eines eigenständigen Palästinenser-Staates abgestimmt wurde. »Wandelt die europäische Rechte im Kielwasser Tel Avivs?« kommentierte damals Udo Voigts Informations-Bulletin Nation in Europa. Denn: Während sich eine deutliche Mehrheit für die Resolutions-Entwürfe aussprach, stimmten ausgerechnet 88 vermeintlich »rechte« Abgeordnete mit »Nein«, unter ihnen FPÖ, *Front National*, UKIP und die niederländische *Freiheits-Partei* von Geert Wilders. Für die – in diesem Fall unterstützenswerten – Beschlußvorlagen des Parlaments votierten dagegen unter anderem die ungarische *Jobbik*, das Trio der *Goldenen Morgenröte* und Udo Voigt. Nigel Farage hingegen wollte die Abstimmung gar für nichtig erklären lassen.

Die EU-Chef-Außenpolitikerin Federica Mogherini bekannte sich übrigens verschiedentlich zu einer Zwei-Staaten-Lösung, so auch im vergangenen Jahr; der Parlaments-Pressedienst zitiert sie mit den Worten: »Was wir wollen, ist der Aufbau eines unabhängigen und souveränen palästinensischen Staates, der in Frieden und Sicherheit Seite an Seite mit Israel und den anderen Nachbarstaaten existiert« (*ec.europa.eu/germany/news/eu-gibt-palaestinensern-erste-finanzhilfe-fuer-2016*; abgerufen am 15.07.2017).

Während an jenem Tag im Juli 2017 die Besuchergruppe aus dem Anhaltinischen mit Susi Starke zu einer Stadtbesichtigung aufbricht, nutze ich die Gelegenheit, um ein wenig in die parlamentarische Arbeit hineinzuschnuppern. Tags zuvor war der LIBE-Ausschuß zusammengekommen. Dabei stellte der estnische Innenminister das sicherheitspolitische Konzept seines Ratsvorsitzes vor (Estland übernahm zum 1. Juli 2017 erstmalig die EU-Ratspräsidentschaft). Udo Voigt berichtet mit knappen Worten über seine Stellungnahme: »Ich erklärte dem estnischen Innenminister: Es sei sehr schön zu hören, daß er die Sicherheit der Bürger der EU gewährleisten wolle. In diesem Zusammenhang verwies ich auf die Ereignisse während des G20-Gipfels in Hamburg, als 20.000 Beamte zwar die Sicherheit der Politiker, nicht aber die der Bürger Hamburgs gewährleisten konnten. Es wäre an der Zeit, die SIS-Datei, also die Datei des Schengener Informations-Systems, um linksextreme Gewalttäter zu erweitern, um Ausschreitungen und Zusammenrottungen bereits im Vorfeld entgegenzuwirken.«

Hierauf werden mir von Voigt und seinem parlamentarischen Assistenten Florian Stein einige markante Punkte des Parlamentsgebäudes gezeigt. Im Erdgeschoß befinden sich Banken, Geschäfte und sogar ein Fitneßstudio mit Saunabereich, zudem eine Reinigung. Es gibt sogar eine eigene, bestens ausgestattete medizinische Abteilung - es handelt sich in der Tat um eine Welt für sich. In der dritten Etage kommen wir an einem kreisrunden Tresen mit hochwertiger Aufnahmetechnik vorbei. Florian Stein erklärt: »Das ist die sogenannte Vox-Box. Hier gibt es für die Abgeordneten die Möglichkeit,

Filmaufnahmen zu erstellen. Diese werden von Mitarbeitern des Europaparlaments aufbereitet, und rund eine halbe Stunde nach der Filmaufnahme bekommst du dann einen Link auf deinen Rechner und kannst dir die Daten runterladen und sie für die politische Arbeit, auch für die Außendarstellung, verwenden.« Auch Udo Voigt und seine Mitstreiter von der APF machen von dieser Möglichkeit regen Gebrauch.

Schließlich gelangen wir zu den Büros von Udo Voigt und Florian Stein. In dessen Zimmer liegen auf einem schmalen, schwarzen Regal am Fenster Ausgaben von Udo Voigts Informations-Bulletin *Nation in Europa*, Broschüren der *Alliance for Peace and Freedom*, Werbematerial. Auf zwei hellbraunen Tischen stehen Rechner, dazu ein Drucker; blaue Bürostühle komplettieren das Ambiente. Auch in Udo Voigts Zimmer, ausgestattet mit Tisch und einem Besuchersofa, ist von anheimelnder Behaglichkeit, gar Luxus, nichts zu spüren. Aber schließlich soll hier ja auch politische Arbeit geleistet und nicht herumgedöst werden.

Bei Florian Stein macht sich inzwischen ein wenig Ungeduld breit. Er wartet auf Abstimmungsunterlagen, die schließlich doch noch halbwegs pünktlich eintreffen. Für die Sitzung, die um 17:30 Uhr beginnen soll, steht das Thema »Fight against Cybercrime«, sprich, Computer-Kriminalität, zur Abstimmung. Vorgelegt hat die Unterlagen die Fraktion der *Europäischen Volks-Partei* (EVP), das ist der EU-Zusammenschluß der christdemokratischen Parteien. Das Dokument umfaßt stattliche 41 Seiten mit 430 Abstimmungspunkten.

»Es können vor einer Ausschußsitzung zwei, drei Abstimmungsunterlagen sein, wobei auch schon einmal 1.600 Punkte möglich sind«, läßt Florian Stein durchblicken, welch immenser Arbeitsaufwand mit den Vorlagen verbunden sein kann. Dieser erhöht sich noch einmal, wenn die Unterlagen, was des öfteren vorkommt, nur in englischer oder französischer Sprache vorliegen. Dann ist zum Beispiel auch Karl Richters Unterstützung aus München gefragt, der als Sprachtalent in Udo Voigts Mannschaft gilt, oder auch die Zuarbeit von Uwe Meenen, Christian Schmidt und Susann Starke aus dem Berliner Bürgerbüro. Wenn es um Fragen wie den Fischereischutz, Walfangverbote und Quoten für Dorsche oder Heringe geht, muß Rainer Schütt im Wismarer Bürgerbüro »ran« und gegebenenfalls auch zu den Fischern fahren, um mit ihnen ihre Vorstellungen zu diskutieren und Meinungen einzuholen. Dank moderner Datenübertragung sind solche Arbeitsgänge schnell und verläßlich machbar – und so mancher Assistent hat dann schon einmal seinen Feierabend mit Nachteinsätzen im Büro vertauschen müssen.

Am späten Nachmittag kommt aus München von Karl Richter noch der Entwurf einer Pressemitteilung. Thema: der im Mai gegen den früheren ukrainischen Präsidenten Viktor Janukowytsch vor einem Kiewer Bezirksgericht eröffnete Prozeß. Der Vorwurf: angeblicher »Staatsverrat«. Janukowytsch war im Februar 2014 im Zuge des Maidan-Putsches von Umstürzlern, die massive finanzielle und personelle Unterstützung sowie Waffen aus dem Westen erhielten, gegen jedes Recht aus dem Amt geputscht worden und hatte das Land verlassen müssen.

Im bisherigen Verlauf des Prozesses wurde de facto gegen alle gängigen juristischen Standards verstoßen. So setzte sich der jetzige Präsident Petro Poroschenko für einen Gesetzentwurf ein, der Janukowytschs Verurteilung auch in Abwesenheit ermöglichen soll. Der Angeklagte wurde bislang noch kein einziges Mal vernommen, was im Wege einer Videokonferenz durchaus machbar wäre. Vor der Anklageerhebung erfolgte zudem keine Befragung durch die ukrainische Staatsanwaltschaft. Janukowytsch erklärte bereits, das Kiewer Verfahren wegen grundlegender Verstöße gegen rechtsstaatliche Prinzipien abzulehnen und ein Urteil vor dem *Europäischen Gerichtshof für Menschenrechte* in Straßburg anfechten zu wollen.

In der Pressemitteilung wird der EU erneut der Spiegel vorgehalten: »Wenn es um Menschenrechtsverletzungen oder Benachteiligungen etwa schwullesbischer Minderheiten geht, ist Brüssel auch in entfernten Weltteilen rasch mit dem erhobenen Zeigefinger zur Stelle, mahnt und klagt an. Nur im eigenen Beritt – das ist nichts Neues – nimmt es die EU mit ihren hohen Standards nicht so genau.«

»Gut, kann so raus«, bemerkt Udo Voigt nach eingehender Lektüre kurz. Nur unschwer ist zu merken: Hier greift ein Rädchen in das andere. Die Parlaments-Mannschaft des NPD-Europaabgeordneten ist ein eingespieltes Team.

Ihre politisch-parlamentarische Ergänzung erhält die Pressemitteilung im übrigen durch eine Anfrage an die EU-Kommission, zu der Richter ebenfalls gleich einen Entwurf mitgemailt hat. Darin erkundigt sich Udo Voigt, wie »die Kommission das Verfahren gegen den früheren ukrainischen Präsidenten unter rechtsstaatlichen Aspekten« bewertet. Auch möchte der Abgeordnete wissen, welche Anstrengungen die Kommission zu unternehmen gedenkt, »um auf die Einhaltung der üblichen Rechts- und Menschenrechtsstandards« bei dem erwähnten Prozeß hinzuwirken.

Für die Beantwortung hat die Kommission sechs Wochen Zeit. Frage und Antwort lassen sich nachlesen, indem man auf der Internet-Seite des Europaparlaments den Namen Udo Voigt eingibt und dann »Alle Aktivitäten« aufruft. Hier kann der Besucher nicht nur die gestellten Fragen und die Antworten einsehen, sondern auch die Redebeiträge des EU-Parlamentariers lesen, sehen und hören.

Brüssel, Mittwoch, 12. Juli 2017: Um 10:00 Uhr treffe ich mich mit Udo Voigt vor dem Eingang des Parlamentsgebäudes. Er kommt gerade aus einer Sitzung des LIBE-Ausschusses. Dort hat ein Offizier der europäischen Grenzschutz-Agentur Frontex über die derzeitige »Flüchtlings«-Situation im Mittelmeerraum referiert.

Demnach hat sich »die Situation mit den Schleppern noch einmal verschärft«, berichtet Voigt. »Mittlerweile werden 170 Leute in ein Schlauchboot gepfercht; vorher waren es 90, die zu essen und zu trinken erhielten. Darauf verzichten die

Schlepper jetzt. Die Boote werden sich selbst überlassen, zuvor funken die Schlepper die Frontex-Boote oder Boote zweifelhafter ‚Hilfsorganisationen', mit Steuergeldern und dubiosen Spenden finanzierter NGOs [Non Government Organisations], an. 80 Prozent der Migranten haben kein Anrecht auf Asyl, müßten also umgehend zurückgeschickt werden.« Aus welchen Ländern die Asylanten denn kämen, werfe ich eine Zwischenfrage ein. »Sie kommen beispielsweise aus Ghana und dem Senegal.«

»In Libyen«, so Voigt weiter, »wird der Versuch unternommen, eine neue Küstenwache aufzubauen. Erschwert wird das durch die zwei rivalisierenden Regierungen, wobei es nicht unsere Aufgabe sein kann, die dortigen Zustände zu regeln. Die frühere staatliche Ordnung ist von anderen zerstört worden«, spielt er auf die 2011 ins Land getragene Aggression des von den USA angeführten westlichen Bündnisses an. Bekanntlich unterstützte der Westen die »Rebellen« massiv mit Waffen und Logistik und verhängte überdies gegen jedes Völkerrecht ein Flugverbot für die libysche Regierungs-Luftwaffe. Das Ende ist bekannt: Staatschef Gaddafi wurde bei der Flucht in einem Autokonvoi von Rebellen gestellt und vor laufender Kamera massakriert. Seither toben in Libyen Unruhen und Bürgerkrieg; das Land ist inzwischen eines der wichtigsten Durchgangsländer für Illegale auf ihrem massenhaften Weg nach Europa. Gaddafi hatte den Europäern eine solche Entwicklung für den Fall seiner Entmachtung übrigens haarklein vorhergesagt.

»Werden wir in einem Europa der Vaterländer nicht auch einen europäisch organisierten Grenzschutz benötigen?«, lautet meine nächste Frage an Udo Voigt. »Ja, was wir aber derzeit haben, ist ein Fährdienst für Migranten, aber kein echter Grenzschutz. Die Seenotrettung müßte so aussehen, daß man sie am nächsten sicheren Platz absetzt, nicht aber in Europa.« So praktiziere das zum Beispiel Australien – auch gegen Kritik aus dem Ausland.

Am selben Tag findet noch eine Abstimmung über die Einreisebestimmungen der EU statt. Diese »werden immer liberaler, eben weil wenig überprüft wird. Da kann man als nationaler Abgeordneter nicht zustimmen. Eine Möglichkeit wäre, die Angelegenheit über das Schengener Informations-System abzufedern, wobei sich die Frage stellt, wer hier alles erfaßt ist. In Australien, Kanada oder den USA könnte ein großer Teil derer, die im EU-Raum eine Einreiseerlaubnis erhalten, nie und nimmer einreisen«, verweist Udo Voigt auf die Unterschiede. »Der beste Grenzschutz ist immer noch national«, sagt er noch beim Hinausgehen. Dies zeigten im übrigen auch EU-Staaten wie Ungarn, Polen, die Tschechische Republik und die Slowakei, die allesamt restriktive Grenzkontrollen durchführten, keine Islamisten ins Land ließen und infolgedessen auch keine Angst vor brutalen Terroranschlägen oder massenhaften sexuellen Übergriffen wie etwa in Köln in der Silvesternacht 2015 haben müßten.

Um 11:25 Uhr verlasse ich das Parlaments-Gebäude. Ein Taxi bringt mich zum Nordbahnhof, von wo ich ein paar Stunden später abfahre. Die verbleibende Zeit nutze ich für Recherchen. Gefühlte 50 Prozent der Personen, die sich im Bahnhofsbereich aufhalten, haben, wie es so schön heißt, einen Migrationshintergrund: Schwarz- und Nordafrikaner, Glücksritter aus Moldawien, die Wartende um Geld anschnorren, bettelnde Roma. Nahezu stündlich fahren Polizei-Fahrzeuge mit Sirenengeheul durch die Straßen.

Soldaten mit Maschinenpistolen stehen vor dem Bahnhofsgebäude. Ich bin erleichtert, als endlich der Bus eintrifft. Während der Fahrt gehe ich nochmals meine während des Brüssel-Aufenthaltes gemachten Aufzeichnungen aufmerksam durch und komme zu dem Schluß, daß es ein rundum gelungener Kurztrip war - dank Udo Voigt und seiner Mannschaft konnten einige gute Einblicke gewonnen werden. Am nächsten Tag, nach einer schier endlosen Busfahrt, hat mich Rostock wieder.

[12] Die syrische Tragödie

Zum Zeitpunkt der letzten Europawahl, im Mai 2014, war der Krieg in Syrien bereits seit mehr als drei Jahren im Gange. Den Menschen im Westen verschweigen die Lügen- und Lücken-Medien bis zum heutigen Tag die entscheidenden Hintergründe und Fakten. Das bietet Gelegenheit, sich zunächst einige Tatsachen ins Gedächtnis zu rufen.

Im März 2012 legten Rußland und die Arabische Liga zur Lösung der Syrien-Krise einen Fünf-Punkte-Plan vor. Gefordert wurden neben einem sofortigen Ende der Gewalt und der Schaffung eines Überwachungs-Mechanismus die Unterstützung der UN-Vermittlungs-Kommission unter Kofi Annan und die Gewährleistung reibungsloser Hilfstransporte. Punkt 5 betraf die strikte Ablehnung jedweder Einmischung von außen.

Syriens Präsident Baschar al-Assad brachte seinerzeit während eines Treffens mit dem UN-Sonderbeauftragten starke Zweifel an der Wirksamkeit der politischen Anstrengungen um eine Lösung der Krise zum Ausdruck. Laut der staatlichen Nachrichten-Agentur Sana erklärte er: »Ein politischer Dialog oder politische Anstrengungen können nicht erfolgreich sein, solange bewaffnete Terroristengruppen Chaos säen und die Situation destabilisieren.« Trotzdem wolle die Regierung alle ernstgemeinten Anstrengungen um eine Beilegung des Konflikts unterstützen.

Und die Vereinigten Staaten? Deren damalige Außenministerin Hillary Clinton, der Weltöffentlichkeit während des jüngsten US-Präsidentschaftswahlkampfes als wahrer Friedensengel verkauft, posaunte im Februar 2012 in die Welt hinaus: »Moskau und Peking sollten sich darüber klar werden, daß sie nicht nur dem Sinnen und Trachten des syrischen

Volkes, sondern auch dem gesamten Arabischen Frühling im Wege stehen«, erklärte sie zum Abschluß der internationalen Konferenz der sogenannten »Freunde Syriens«, eines Treffens von etwa 60 Staaten und Organisationen, die unverhohlen auf eine Beseitigung der legitimen Regierung al-Assad hinarbeiteten. Die spätere Präsidentschaftskandidatin sagte dies in Anspielung auf das Bestreben Rußlands und Chinas, den syrischen Konflikt unter Beteiligung aller Seiten zu lösen. Im Gegensatz dazu bezeichnete Clinton den oppositionellen Syrischen Nationalrat, einen Zusammenschluß aus Anhängern der Muslimbrüder sowie von Liberalen und Nationalisten, als »glaubwürdigen Repräsentanten« des Landes. Weiter sagte die vormalige US-Außenamtschefin: »Wir müssen beginnen, im Sicherheitsrat sehr energisch auf eine Resolution nach Kapitel VII hinzuarbeiten« – das schließt den Einsatz militärischer Zwangsmittel gemäß Artikel 42 der UNO-Charta mit ein. Auch für Unbeteiligte mußte spätestens hier deutlich werden, daß die UN wieder einmal nur als Feigenblatt für die Durchsetzung imperialer US-Ziele herhalten sollten. In Syrien ging es um nichts Geringeres als eine Neuauflage des Libyen-Szenarios.

Die Pläne al-Assads zur Umgestaltung seines Landes wurden von der vorgeblichen »Weltgemeinschaft« im übrigen geflissentlich ignoriert. Bereits im Januar 2011 verwies das syrische Staatsoberhaupt in einem Gespräch mit dem Wall Street Journal auf die Notwendigkeit politischer Reformen in seinem Land. Am 26. Februar 2012 begann eine Volksabstimmung über eine Verfassung, durch die das Monopol der regierenden *Baath-Partei* abgeschafft und durch ein Mehrparteien-System ersetzt werden sollte. Vorgesehen waren Präsidentschafts- und Parlamentswahlen. Washington nannte das Referendum einen »sinnlosen Schritt« und entlarvte sich damit einmal mehr selbst: Denn nach wie vor geht es den US-Regierungen trotz aller vollmundigen Bekundungen zu »Freiheit« und »Demokratie« vor allem um eins: die Herstellung der vollständigen Kontrolle über den Nahen und Mittleren Osten mitsamt den dort lagernden reichhaltigen Rohstoffvorkommen; selbstbewußte Staaten wie Syrien unter al-Assad oder auch der Iran stehen diesem Ansinnen im Wege. Um dem Ziel, der flächendeckenden Installierung von Vasallen-Regierungen, näherzukommen, müssen die berechtigten Forderungen der Araber nach mehr politischer Teilhabe und größerer sozialer Gerechtigkeit entschärft bzw. in genehme Bahnen gelenkt werden. Dazu benötigt man Organisationen wie den Syrischen Nationalrat, denen die Aufgabe zufällt, als scheinbare »Opposition« die Rolle nützlicher Handlanger auszufüllen. Im Falle Syriens ist es dabei keine Übertreibung, von einer »nationalen Tragödie« zu sprechen.

Die EU goß Anfang 2012 noch eine große Kanne Öl ins Feuer, indem sie dem Syrischen Nationalrat einen Blankoscheck ausstellte: Sie bezeichnete den SNC als legitimen Vertreter des Landes. Einmal mehr spielte die EU somit die Rolle einer Fünften Kolonne zur Durchsetzung globaler und US-amerikanischer Interessen. Burhan Ghalioun, der Vorsitzende des Nationalrates, lehnte Verhandlungen mit dem damaligen UN-Sondergesandten Annan ebenso ab wie ein Treffen mit russischen Vertretern. Eine politische Lösung werde nur gelingen, wenn sie von einer militärischen Intervention begleitet werde, erklärte Ghalioun in Paris.

Bereits zu diesem Zeitpunkt sickerten über Länder wie Saudi-Arabien, Katar oder auch Bahrein – die traditionell willigen Handlanger der USA in der Region -, aber auch über den Südanker der NATO, die Türkei, Waffen und Söldner in Syrien ein. Längst weiß man, daß westliche – vor allem britische und amerikanische – Geheimdienste damals einen regelrechten Transfer von Waffen und Kämpfern, die eben noch bei der Beseitigung Gaddafis in Libyen mitgewirkt hatten, in den nächsten Konfliktherd Syrien organisierten.

Im März 2012 berichtete die freie Journalistin Karin Leukefeld von gehackten vertraulichen Informationen der US-Denkfabrik STRATFOR, aus denen unzweideutig hervorging, daß geheime Spezial-Kommandos von NATO-Staaten zwischen Idlib und Homs operierten. STRATFOR, 1996 von George Friedman als Privatunternehmen gegründet, bekam vom US-Magazin *Barron's* aufgrund seiner nachrichtendienstlichen Eigenschaften kurzerhand die Bezeichnung »Schatten-CIA« verliehen. Zum Leistungsspektrum der Denkfabrik gehören Analysen, Berichte und Zukunftsprojektionen über geopolitische Fragen, wobei im Mittelpunkt der Untersuchungen die außenpolitischen Spielräume Washingtons stehen. Auch diese Organisation erfüllt letztlich Aufgaben, die sich mit Sabotage und Zersetzung (in diesem Fall des »Systems al-Assad«) umschreiben lassen.

Wie Karin Leukefeld damals weiter in Erfahrung brachte, sei der bewaffnete Aufstand gegen al-Assad als »zu 80 Prozent als religiös- fundamentalistisch« einzustufen. So jedenfalls berichteten es ihr seinerzeit diplomatische und humanitäre Kreise in Damaskus – heute, angesichts der Bluttaten der IS-Kopfabschneider-Kommandos, wissen wir, wie zutreffend diese Analyse war. Nicht zum ersten Mal bedient sich der Westen, allen voran die USA, streng-islamisch ausgerichteter, terroristischer Kräfte, wenn es den eigenen Zielen dienlich ist.

Um in der westlichen Öffentlichkeit eine Militärinterventionen bejahende Stimmung zu erzeugen, greifen die vorgeblich unabhängigen Medien tief in die Mottenkiste der psychologischen Kriegführung. Im Falle Syriens beziehungsweise des »al-Assad-Regimes« gehörten zu den beliebtesten Propaganda-Vehikeln die berüchtigten »Faßbomben«, außerdem »Giftgaseinsätze« und selbstverständlich Menschenrechts-Verletzungen.

Der Duktus erinnerte stark an die hetzerische Berichterstattung gegen den Irak Saddam Husseins und Gaddafis Libyen. Nachdem eine westliche Allianz die Staatschefs beseitigt und ihre Länder mit Bomben und Raketen für die westliche »Demokratie« gewonnen hatte, stellten sich alle Horrorgeschichten bekanntlich als Märchen – Kriegspropaganda

– heraus. Millionen Menschen sind seitdem auf der Flucht und überschwemmen Europa. Es war naheliegend, sich als Europaabgeordneter selbst ein Bild von der tatsächlichen Situation zu machen.

Die schon länger mit Kameraden der APF geplante Reise nach Syrien wurde nun – im Frühjahr 2015 – in Angriff genommen, wobei mir mein politisches Mandat bei der Herstellung der erforderlichen Kontakte sehr hilfreich war. Als Europaabgeordneter wollte ich mich nicht länger auf Berichte der Lügenmedien verlassen, sondern mir ein persönliches Bild von der wirklichen Lage vor Ort machen.

Daß die bundesdeutsche Medien-Mafia, wenn es um meine Partei, die NPD, oder um nationale Politik an sich geht, schlicht und ergreifend lügt, daß sich die Balken nur so biegen, war mir seit Jahrzehnten bewußt. Daß die gleichen Medien allerdings in der Berichterstattung über andere Länder, deren Politik, Krieg und Frieden noch viel unverschämter lügen könnten, das hätte ich nicht für möglich gehalten, sollte aber bald genug eines schlechteren belehrt werden.

Übrigens: Wenige Tage vor unserem Abflug berichteten die ARD-Tagesthemen über den angeblich bevorstehenden Fall der syrischen Stadt Latakia und von fliehenden Elite-Soldaten der 4. syrischen Division, die sich in den benachbarten Libanon absetzten und unterwegs Zivilisten ausraubten. Der ARD-Reporter erklärte, dies alles mit eigenen Augen gesehen zu haben. Bildaufnahmen? Fehlanzeige!

Einige Tage, nachdem dieser Bericht in Deutschland über die Bildschirme geflimmert war, fuhren wir die gleiche Strecke. Was wir sahen, waren friedliche Dörfer, wenig Verkehr und außer an den Kontrollstellen keine Soldaten. An der Grenze standen viele große Zelte der Vereinten Nationen, in denen Flüchtlinge gesammelt wurden. Einen ausgeraubten Eindruck machten sie nicht. Wir landeten in Latakia – dort war nichts von einem Krieg zu sehen.

[13] Unsere Syrien-Mission 2015

Wenn ich heute, aus dem Abstand weniger Jahre, an unsere Syrien-Mission 2015 zurückdenke, kommen mir Szenen wie aus einem Film in den Sinn: Nach einer etwa 20minütigen Fahrt durch die Stadt erreicht die Wagenkolonne, vier baugleiche schwarze Limousinen, das Parlamentsgebäude im Herzen der syrischen Hauptstadt Damaskus. Jeder Fahrer trägt eine Pistole, und zwischen den vorderen Sitzen liegt eine geladene und feuerbereite Kalaschnikow. Uns wird angeraten, daß nie drei Delegationsmitglieder aus einem Land zusammen in ein Auto steigen sollen, falls wir unter Beschuß geraten würden. Wir schauen uns an: Angst vor Terroristen in Damaskus? Der Kommandoführer erklärt es schnell und einleuchtend: Im syrischen Luftraum hielten sich ständig israelische und US-amerikanische Kampfdrohnen auf, die weniger den IS als vielmehr syrische Truppen oder Regierungs-Kolonnen beobachteten und angriffen. Aus diesem Grund sollen wir auch unser Funktelefon deaktivieren, um den »Luft-Terroristen«, die ständig die Souveränität Syriens verletzten, die Zielortung zu erschweren. Unterdessen hat der PKW-Konvoi mehrere Checkpoints passiert, die einem sofort die ernste Situation ins Gedächtnis rufen, in der sich das gesamte Land befindet.

Es ist eine Premiere: Erstmals seit der Ära Adolf von Thadden hat die NPD mit mir als fraktionslosem Europaabgeordneten eine Einladung auf Regierungsebene - Gastgeber ist die in Syrien regierende *Baath-Partei* - erhalten. Allerdings bin ich nicht als Parteimitglied unterwegs, sondern im Rahmen einer Delegation der zur Jahreswende gegründeten gesamteuropäischen Rechtspartei *Alliance for Peace and Freedom*. Gute Beziehungen nach Damaskus haben für die APF allein schon vor dem Hintergrund der gemeinsamen Abwehr der islamistischen Bedrohung einen hohen Stellenwert. Begleitet werde ich von meinem parlamentarischen Assistenten Florian Stein, dem APF-Vorsitzenden Roberto Fiore, Hervé van Laethem, Mitbegründer und Vorsitzender der wallonischen volkstreuen Partei *NATION*, dem früheren britischen Europaabgeordneten Nick Griffin, dem damaligen NPD-Auslandsbeauftragten Jens Pühse sowie einigen italienischen Journalisten.

Faisal Mekdad ist stellvertretender Außenminister Syriens.

Vor dem Parlamentsgebäude wird die kleine Delegation aus dem Westen in den ersten Junitagen 2015 mit allen Ehren empfangen. Rechts und links stehen Soldaten in weißen Uniformen stramm. Empfangen werden die Gäste in einem prunkvollen Saal, an dessen hinterem Ende sich eine goldverzierte Wand befindet, deren Mitte das Bild des Präsidenten ziert.

Muhammad Jihad al-Lahham, seit 2012 Parlamentspräsident im syrischen Volksrat, begrüßt die Anwesenden und kommt dann schnell auf den Punkt: Syrien befindet sich nicht, wie vom Westen behauptet, in einem »Bürgerkrieg«. Vielmehr werden, finanziert durch die Golfstaaten Saudi-Arabien und Katar sowie logistisch unterstützt durch Israel und NATO-Mitgliedsländer wie die USA, Türkei, Belgien, England, BRD-Deutschland u. a., die ausländischen Extremisten tatkräftig dazu ermuntert, den Krieg gegen die Stabilität des Landes und der Region zu führen.

Im syrischen Parlament mit Parlaments-Präsident Muhammad Jihad al-Lahham (6. v.l.) und Abgeordneten mehrerer Parteien

Diese Feststellung untermauert Informationsminister Omram al-Zoubi später auf eindrucksvolle Weise, indem er den Gästen nach Herkunftsländern sortierte Namenslisten von tausenden Kämpfern präsentiert, die für den IS, al-Nusra und andere Terror-Organisationen kämpfen. Auf die Frage, ob diese Listen den europäischen Staaten bekannt seien, kann al-Zoubi seine Enttäuschung nicht verbergen: Selbstverständlich habe die syrische Regierung die Listen angeboten, doch scheinen die westlichen Geheimdienste kein Interesse daran zu haben, wer radikalisiert und damit brandgefährlich in die Länder Europas und Nordamerikas zurückreist.

In rasantem Tempo geht es in jenen Juni-Tagen weiter. Hilal al-Hilal, Generalsekretär der *Arabisch-Sozialistischen Baath-Partei,* tritt mit dem Wunsch an die APF-Delegation heran, daß in Europa endlich die tatsächliche syrische Position bekanntgemacht werden müsse: Syrien verteidige mit seinem Kampf gegen den Terrorismus letztenendes auch Europa. In diesem Punkt vereinbar[t]en die Gesprächspartner künftig eine engere Zusammenarbeit zwischen der syrischen *Baath-Partei* und der europäischen APF.

Ich stelle noch die Frage nach den berüchtigten »Faßbomben«-Angriffen und nach den angeblich »1.500 durch Gas getöteten« Kindern in den Raum, die als Begründung für die westlichen Sanktionen herhalten müssen. Mit Spannung warten wir auf die Antworten, die kurz und knapp ausfallen. »Faßbomben«? So ein Unsinn, lacht der stellvertretende syrische Außenminister Faisal Mekdad; man habe schließlich eine moderne Luftwaffe mit Raketen, die Punktziele angreifen und vernichten können. Welchen Sinn solle es da haben, mittelalterliche »Faßbomben«, gefüllt mit Sprengstoff und Nägeln, abzuwerfen und den Tod hunderter Zivilisten in Kauf zu nehmen? »Unsere Armee tötet Angreifer und bewaffnete Terroristen, nicht aber unsere eigene Zivilbevölkerung«, stellt unser Gesprächspartner klar.

Dann meint er, daß wir uns bei unserer Rückkehr die angeblichen Beweisfotos oder Videos in den westlichen Medien einmal genauer ansehen sollen. Immer wieder seien es die gleichen Aufnahmen: Man sieht einen Hubschrauber in großer Höhe fliegen, bei dem so natürlich keine Hoheitszeichen erkannt werden können. Dann löst sich von dort ein dunkler Punkt, der auf die Erde zurast; schließlich ist eine Rauch- und Explosionswolke zu sehen, auf die dann die angeblichen »Zivilisten« zulaufen, sowie Trümmer und Tote. Diese Bilder können überall in Syrien, im Irak oder in Libyen aufgenommen worden sein. Als Beweis taugen sie nicht. Wir können nicht widersprechen.

Und das Giftgas? Ja, Syrien habe Giftgas produziert, um sich vor möglichen Angriffen aus Israel schützen zu können, nachdem die Sowjetunion zusammengebrochen war und keine Schutzgarantien mehr für Syrien abgegeben habe. Diese Bestände seien aber niemals von der syrischen Armee eingesetzt worden und zuletzt unter internationaler Kontrolle vernichtet worden.

Hassan Sakr ist verantwortlich für die auswärtigen Beziehungen der SSNP.

Der Vize-Außenminister stellt dann die Gegenfrage, wo auf der Welt denn 1.500 Kinder allein lebten? Wenn diese durch den Einsatz von Giftgas ums Leben gekommen wären, müßte es doch irgendwo noch 10.000 Erwachsene geben, die mit ihren Kindern umgekommen seien ... oder sollte das Giftgas nur bei Kindern seine tödliche Wirkung entfalten? – Das ist völliger Unsinn, Propaganda, ein klarer Fall von Fake-News, denn tausende Eltern würden danach die Täter, die ihre Kinder getötet hätten, als solche bezichtigen. Richtig ist dagegen, daß es Giftgaseinsätze von seiten der Terroristen gegeben habe, die auch durch die Inspekteure der UN festgestellt worden seien, was die westlichen Medien jedoch hartnäckig verschwiegen. Zudem habe die syrische Armee immer wieder Terroristen mit Kanistern von Chlorin und/oder Sarin aufgegriffen und alle entsprechenden Vorkommnisse den Vereinten Nationen gemeldet. Doch dort werde alles unter den Teppich gekehrt und nichts unternommen.

Um ein umfassendes Bild zu erhalten, suchen wir auch den Kontakt zu Gruppen der Opposition und der syrischen Zivilgesellschaft. So treffen wir uns mit Vertretern der größten Oppositionspartei des Landes, der *Syrischen Sozialen Nationalistischen Partei* (SSNP), mit der eine enge Kooperation beschlossen wird.

Schließlich nehmen wir an einer Zusammenkunft mit den Vertretern der christlichen Kirchen des Landes teil. Dabei lernen wir Seine Heiligkeit Ignatius Aphrem II., den syrisch-orthodoxen Patriarchen von Antiochien, kennen. Er gilt als Sprachrohr aller Christen in Syrien und dem Nahen Osten. Auch der Patriarch nimmt kein Blatt vor den Mund und schildert die Situation ungeschminkt. Wörtlich sagt er: »Wenn dieser Krieg vorbei ist, wird Syrien anders sein, das ist sicher. Aber Sie sollten wissen, daß Syrien vor dem Ausbruch des Krieges einer der sichersten Orte für Christen auf der Welt war. Schließlich leben Christen hier seit Tausenden von Jahren. Mehr als alles andere hat mich die Gleichgültigkeit der christlichen Gemeinschaft gegenüber der europäischen und internationalen islamistischen Aggression in Syrien betroffen gemacht.«

Auf die Frage, wie Europa die Christen Syriens unterstützen kann, antwortet der Patriarch ohne Umschweife: »Helfen Sie uns, hierzubleiben; bitten Sie die Europäer und besonders die Deutschen, die Türen für Christen aus Syrien zu schließen, statt mit einer ‚Politik der offenen Türen' diejenigen zu unterstützen, die die Heimat Jesu Christi von Christen säubern wollen!«

Mit solchen Ausführungen findet der Kirchenmann bei uns ein offenes Ohr. Selbstverständlich sind auch wir der Meinung, daß syrische Christen und syrische Patrioten in ihrer Heimat besser aufgehoben sind, denn als entwurzelte Flüchtlinge in aller Welt. Schon aus diesem Grund gebietet es die politische Vernunft, der legitimen syrischen Regierung den Rücken in ihrem Kampf gegen den Terror im eigenen Land zu stärken, wo immer es möglich ist. Bricht in Syrien die staatliche Ordnung zusammen, haben wir die Terroristen in Deutschland und Europa. Vermutlich ist das auch das Ziel der USA: durch Destabilisierung der arabischen Länder Europa mit gewaltigen Flüchtlingsströmen ins Desaster zu stürzen, um selbst die unangefochtene Nummer eins in der Welt zu bleiben. Unsere Antwort kann daher nur lauten, eine Festung Europa zu schaffen und durch außenpolitische und Infrastruktur-Maßnahmen diese Länder wieder so zu stabilisieren, daß die Menschen dort wieder eine Perspektive haben und in ihrer angestammten Heimat bleiben können.

Besonders beeindruckend ist für die Delegation aus Europa dann noch der Besuch eines vor den Toren von Damaskus gelegenen syrischen Lazaretts, des Alazmeh-Militärkrankenhauses, in dem über tausend verwundete Zivilisten und Soldaten untergebracht sind und verpflegt werden. Ich selbst war ja zwölf Jahre Offizier und Luftwaffen-Soldat, hatte bisher aber lediglich bei Unglücken verletzte Kameraden gesehen, nie aber die brutalen Auswirkungen eines Krieges. Die verstümmelten Körper junger Männer zeigen überdeutlich, wozu die Terroristen des Islamischen Staates und leider auch NATO-Mitgliedstaaten und Israel fähig sind.

Als dann noch Unterlagen übergeben werden, aus denen eindeutig hervorgeht, daß diese Terroristen aus Saudi-Arabien, Katar, Israel und verschiedenen NATO-Ländern unterstützt werden, wird uns klar, wie sehr wir in der BRD und in Europa von den Massenmedien über die wahre Situation in Syrien getäuscht werden, damit die Sanktionen gegen dieses geschundene Land aufrechterhalten werden können. Erschütternd ist in diesem Zusammenhang auch der Anblick der vielen modernen medizinischen Spezialgeräte, die im Keller des Lazaretts stehen, die aber wegen fehlender Ersatzteile - eine Folge der Sanktionen - nicht mehr verwendet werden können. Die Leidtragenden solcher Sanktionen sind die verletzten und verwundeten Soldaten und Zivilisten - das bekamen wir auf erschütternde Art und Weise vermittelt.

Pressekonferenz im syrischen Informationsministerium

Und noch etwas sehr Aufschlußreiches erfahren wir während unserer Syrien-Mission: Entgegen den Berichten in europäischen Mainstream-Medien gibt es im Land des »Diktators« al-Assad sehr wohl die Möglichkeit, sich außerhalb der Regierungspartei politisch zu betätigen. Es gibt 22 Parteien, und im Parlament erhielten wir die Gelegenheit, mit Vertretern von acht Oppositionsparteien zusammenzutreffen.

Am Ende eines an Eindrücken und Informationen überreichen Tages bringt uns ein Autokonvoi der Regierung bis zur libanesischen Grenze, wo wir von unseren Freunden von der SSNP mit libanesischen Fahrzeugen in Empfang genommen werden. Das Ziel ist Beirut. Erwähnenswert in diesem Zusammenhang: Eine gute Woche zuvor hatte der Sprecher der *Tagesthemen* den Untergang al-Assads, seiner Regierung und seiner Armee prophezeit. Doch nichts davon nehmen wir wahr: überall vollbesetzte PKW, Kleinbusse und LKW in beiden Fahrtrichtungen, freundlich winkende Zivilisten sowie korrekt gekleidete und auftretende Soldaten an den Kontrollpunkten. Von der »Endzeitstimmung«, von der der Reporter gesprochen hatte, ist nirgendwo etwas zu sehen oder zu spüren.

Wir müssen wieder in den Libanon, um von Beirut aus unsere Länder in Europa wieder anfliegen zu können, da den westlichen Fluggesellschaften der Direktflug nach Damaskus sanktionsbedingt verboten ist.

In Beirut steht dann noch ein Zusammentreffen mit dem ehemaligen Ministerpräsidenten und jetzt wiedergewählten libanesischen Präsidenten Michel Aoun auf dem Programm, der bisher in kritischer Distanz zur Regierung al-Assad steht. Er empfängt uns in seiner streng bewachten Villa und läßt während des etwa zweistündigen Gesprächs keinen Zweifel daran, daß er in Israel den Hauptverursacher der Kämpfe in Syrien sieht.

Udo Voigt im Gespräch mit Michel Aoun, der kurz darauf zum Präsidenten des Libanon gewählt wurde.

[14] Die unerträgliche Wahrheit ...

Nachdem wir, wieder zurück in Europa, die Fülle an Eindrücken und neuen Einsichten ein wenig sortiert haben, kristallisiert sich eine Idee heraus, wir wir auch unsererseits mit unseren Informationen ein wenig Breitenwirkung erzielen können: rasch ist der Entschluß gefaßt, mit einer Fotoausstellung im Europaparlament über die tatsächliche Lage in Syrien aufzuklären. Allerdings war dabei die »Rechnung ohne den Wirt« in Gestalt des damaligen EU-Parlamentspräsidenten Martin Schulz gemacht.

Dieser »regierte« in Straßburg und Brüssel gern nach Gutsherrenart. So sprach er allein 2015 in drei Fällen Hausverbote für das Parlament aus. Zwei davon betrafen – im Juni 2015 – russische Politiker, was natürlich im größeren Zusammenhang der westlichen Boykott- und Sanktionspolitik zu sehen ist. Appelle von EU-Repräsentanten zur Beachtung demokratischer Rechte in anderen Weltteilen wirken vor diesem Hintergrund ausgesprochen heuchlerisch.

Im Winter 2016 sorgte dann ein weiterer Fall von politischer Willkür durch die Parlaments-Verwaltung für Aufsehen. Eigentlich hätte am 16. Februar im Brüsseler Parlamentsgebäude die von mir konzipierte und verantwortete Bilderschau unter dem Titel »Syriens Vermächtnis – die Wiege der Zivilisation« im Beisein geladener Gäste, darunter auch zahlreicher Diplomaten, eröffnet und bis Ende der Woche gezeigt werden sollen. Den EU-Parlamentariern steht die Abhaltung solcher Ausstellungen aus Mitteln ihres Abgeordneten-Budgets routinemäßig zu. Die einschlägigen Bestimmungen der Geschäftsordnung sehen dabei vor, daß keine politischen Themen behandelt werden dürfen – für eine politische Institution wie das Europäische Parlament eine allerdings bemerkenswerte Vorschrift.

Diesen Vorgaben trug ich durch das kulturelle Sujet der Fotoschau Rechnung, wobei ich es mir aber nicht nehmen ließ, einige besonders plakative Verwüstungen zu dokumentieren, die syrische »Rebellen«- und Terrormilizen wie der »Islamische Staat« am jahrtausendealten Kulturerbe des seit 2011 vom Krieg heimgesuchten Landes anrichteten. Im Rahmen unserer diplomatischen Syrien-Mission im Juni 2015 konnte nicht zuletzt einprägsames Bildmaterial gesammelt werden, das die Berichterstattung westlicher Medien vielfach konterkariert. So genau aber wollte man es im Brüsseler Parlament offenbar gar nicht wissen. Die Wahrheit war der Parlamentsverwaltung, die mit geradezu bluttriefenden Propaganda-Ausstellungen anderer politischer Akteure in den Räumlichkeiten des Parlaments in der Vergangenheit nie ein Problem hatte, augenscheinlich zu viel. Mit einer knappen Verfügung untersagten die zuständigen Quästoren die Bilderschau kurzerhand im letzten Moment – nachdem ich im Oktober 2015 zunächst grünes Licht erhalten hatte. Die nunmehrige Begründung: Die Schau sei »zu politisch«.

Mit dieser Willkürmaßnahme gab ich mich natürlich nicht zufrieden. Ersatzweise wurde die Bilderschau nun als Wanderausstellung an verschiedenen Orten Europas gezeigt. Zu sehen war sie zum Beispiel auch am 22. Juli 2017 zum Bundestags-Wahlkampfauftakt der NPD in der Stadthalle in Riesa.

[15] 2016: Zum zweiten Mal in Syrien

Es blieb nicht bei unserer Syrien-Mission im Juni 2015. Schon ein Jahr später ergab sich die Möglichkeit einer neuerlichen Reise. Diesmal erfolgte die Einladung direkt auf Veranlassung des syrischen Parlamentspräsidenten Mohammed al-Laham, der de jure zweitmächtigster Mann im Staat ist. Die Anzahl der zur Delegation gehörenden Personen wurde diesmal auf sechs beschränkt: Die Leitung der Abordnung oblag dem APF-Vorsitzenden Roberto Fiore. In seiner Begleitung sollten Hervé van Laethem, ein syrischer Kontaktmann, der griechische Europaabgeordnete General Synadinos von der *Goldenen Morgenröte* mit seinem Assistenten, Major Malandris Ioannis, sowie ich selbst die Reise antreten.

Durch die anhaltenden Sanktionen bedingt, konnten wir auch bei unserer zweiten Syrien-Mission nicht direkt von Europa nach Damaskus fliegen, sondern mußten zunächst nach Beirut. Von dort aus brachten uns Kameraden der befreundeten *Syrischen Sozialen Nationalistischen Partei* (SSNP) an die syrische Grenze, wo uns ein im wahrsten Wortsinn »Großer Bahnhof« mit Staatskarossen, Fahrern und Sicherheitspersonal empfing. Um der Bedeutung des Besuches Ausdruck zu verleihen, waren gleich zwei neugewählte Abgeordnete des syrischen Parlaments zugegen.

Beim Passieren der Grenze fiel uns sofort auf, daß die meisten UN-Zelte für Flüchtlinge – und auch diese selbst – verschwunden waren. Lediglich zwei große Zelte standen noch dort. Des weiteren ließ der gut 60 Zentimeter hohe Gras- und Unkrautbewuchs im Inneren darauf schließen, daß die Zelte schon längere Zeit nicht mehr benutzt wurden. Der Flüchtlingsstrom in den Libanon schien versiegt zu sein. Immerhin nahm das kleine Land 1,1 Millionen Flüchtlinge aus Syrien auf, was angesichts von 4,5 Millionen Einwohnern einem stattlichen Viertel der Bevölkerung entspricht.

Nach gut einer Stunde hatten wir unser Hotel in Damaskus erreicht. Auf der Fahrt dorthin waren uns der rege Verkehr auf der Autobahn und die an Lichtmasten befestigte Massenwerbung für »Whatsapp« aufgefallen. Daraus konnten wir schließen, daß in Syrien der freie Zugang zum Internet offensichtlich nicht bedroht ist. Neben privaten PKW, einigen Armee-Fahrzeugen und Kleinlastern waren allenthalben vor allem große Sattelschlepper mit Zement und Baumaterialien zu sehen.

Durch zahlreiche Dörfer entlang der Autobahn, die sich in einem wesentlich besseren Zustand befand als die zum Grenzübergang führende holprige Straße auf libanesischer Seite, ging es unserem ersten Ziel entgegen. Inmitten des dichten Berufsverkehrs erreichten wir am Nachmittag unser erstklassiges, im Zentrum von Damaskus gelegenes Hotel. In dessen Halle herrschte – ganz im Gegensatz zu unserem letzten Syrien-Besuch –hektisches Treiben; die Geschäfte, Bars und Cafés waren gut gefüllt. Das Bild wurde von Offizieren und Soldaten, aber auch Geschäftsleuten und Touristen bestimmt – und unsere kleine Delegation mittendrin.

Am folgenden Morgen stand zunächst der Besuch beim Patriarchen der syrisch-orthodoxen Kirche, Ignatius Aphrem II., auf dem Programm. Der Kirchenmann begrüßte uns herzlich wie gute alte Bekannte. Er erneuerte seine dringende Empfehlung an die Adresse der Europäer, besser darauf zu achten, wer als »Flüchtling« komme, und in diesem Zusammenhang die Sonderbehandlung für Christen zu beenden. Denn: Der Patriarch befürchtete nicht von ungefähr ein Verschwinden des Christentums im Mittleren Osten. Zudem äußerte er die inzwischen auch von vielen Geheimdiensten bestätigte Vermutung, daß sich unter den nach Europa strömenden Massen auch IS-Kämpfer und andere Extremisten befänden. Diese Befürchtungen haben sich, wie wir mittlerweile wissen, als nur allzu berechtigt erwiesen.

Ignatius Aphrem II. Karim ist Patriarch (Oberhaupt) der Syrisch-Orthodoxen Kirche von Antiochien.

Die Sprache kam auch auf die europäischen Medien: Berichteten diese jetzt objektiver über sein Land und dessen Präsidenten Baschar al-Assad? Die syrischen Christen stünden jedenfalls loyal zur legitimen Regierung al-Assad und einem säkularen Staat, »der uns beschützt«. Das andauernde Schwadronieren über eine angeblich verfolgte innersyrische Opposition bezeichnete Ignatius Aphrem als unredlich, wobei er eine mehr als einleuchtende Frage in den Raum stellte: »Nennen Sie mir ein Land auf der Welt, das eine bewaffnete Opposition akzeptiert.« Er jedenfalls habe volles Verständnis für die syrische Regierung mit ihrer während der Friedensverhandlungen aufgestellten Forderung, daß sie die Opposition erst dann anerkennen könne, wenn diese ihren bewaffneten Kampf eingestellt und ihre Waffen den Regierungs-Soldaten übergeben hätte. Für diesen Fall biete die syrische Regierung eine Generalamnestie an.

Syrien sei ein säkulares, also weltlich orientiertes Land, in dem die Menschen friedlich zusammenlebten. Niemals habe sich die christliche Gemeinschaft hier diskriminiert oder bedroht gefühlt – bis zum Ausbruch des Konfliktes, als plötzlich immer mehr aus dem Ausland unterstützte Extremisten auftauchten, um Syrien zuerst in ein Schlachtfeld und dann in ein radikalislamisches Kalifat zu verwandeln.

Mit großem Interesse nahm der Kirchenmann dann unsere Begleitbroschüre zur Fotoausstellung unter dem Titel »Syriens Erbe« entgegen, die zahlreiche während unserer ersten Syrien-Reise entstandene Fotos enthält. Sehr verwundert zeigte sich Ignatius Aphrem über das erwähnte Verbot der Bilderschau durch den ihm persönlich bekannten EU-Parlamentspräsidenten Martin Schulz. Kein Wunder – wer das Ausmaß an Doppelzüngigkeit und Heuchelei, das unter den Brüsseler Eurokraten gang und gäbe ist, nicht selbst erlebt hat, der vermag es sich nur schwer vorzustellen. Leider wußten wir nur allzu gut, wovon wir dem syrischen Kirchenmann berichteten.

Hierauf ging es zur »Konkurrenz«. Der aus Aleppo stammende Großmufti von Syrien, Ahmad Badr ad-Din Hassun, gab uns die Ehre eines Empfangs. Hassun, der an der Al-Azhar-Universität in Kairo in islamischer Rechtswissenschaft promovierte, war von 1990 bis 1998 Mitglied des vom Volk gewählten syrischen Parlaments, obwohl er keiner Partei angehörte. 2007 sprach Hassun auch im Deutschen Bundestag, im Jahr darauf vor dem Europäischen Parlament. Auch dort vertrat er als liberal wahrgenommene Positionen. So verurteilt er die im islamischen Kulturkreis weitverbreiteten Ehrenmorde als schwere Verbrechen, die wie jeder andere Mord geahndet werden müßten. Auffassungen wie diese gingen einigen Islamisten zu weit: 2011 wurde einer der Söhne Hassuns Opfer eines Attentates von Extremisten. Vielleicht auch vor diesem Hintergrund erließt der Großmufti im März 2013 ein religiöses Dekret, in dem er »alle Mütter und Väter im Heimatland«

dazu aufrief, ihre Kinder in die syrischen Streitkräfte eintreten zu lassen, um die Verschwörung ausländischer Feinde, unter ihnen verräterische Araber, Zionisten und Westler, gegen sein Land zu zerschlagen.

Nach einer sehr eingehenden und intensiven Aussprache mit unserer Delegation warnte Hassun vor Moscheen in Europa, die von Saudis oder der Türkei finanziert werden. Wörtlich: »Jede dieser Moscheen ist eine tickende Zeitbombe, und die dort predigenden Imame sind Haßprediger.«

Noch am gleichen Tag besuchten wir die quirlige Altstadt von Damaskus. Allenthalben hupende Autos, Menschenmassen, offene Läden mit vollen Schaufenstern und viel Kundschaft: Mit Befriedigung stellten wir fest, daß das das Leben im Vergleich zum Vorjahr wieder in die Metropole zurückgekehrt war. Der Krieg mit seinen Schrecken befand sich augenscheinlich auf dem Rückzug.

Tags darauf stand ein Treffen mit unserem Gastgeber, dem gerade wiedergewählten Parlaments-Präsidenten Muhammad Jihad al-Lahham, auf dem Programm. Vorab an dieser Stelle ein paar Worte über die syrische Volksvertretung: In das Parlament in der Hauptstadt Damaskus werden 250 Abgeordnete für jeweils vier Jahre gewählt. Der Volksrat ist das Parlament der Arabischen Republik Syrien; er tritt in Damaskus zusammen. In der Landesverfassung sind 127 Sitze für jene Partei vorgesehen, die die »Interessen der Arbeiterklasse« vertritt – diesen Anspruch erhebt die *Baath-Partei*. Damit setzt sich das Parlament zu 51 Prozent aus Vertretern der *Baath-Partei* und zu 49 Prozent aus unabhängigen und freigewählten Abgeordneten zusammen. Im Parlament dominiert die Nationale Progressive Front als Koalition der Baath mit Vertretern von acht Oppositionsparteien, wozu auch die mit uns befreundete SSNP zählt; letztere stellt sogar zwei Minister.

Mit dem Präsidenten und einigen Abgeordneten des Volksrates diskutierten wir fast zwei Stunden über die aktuelle politische Lage und die neue Zusammensetzung des gerade gewählten Parlaments. Jetzt soll geprüft werden, ob vielleicht ein Austauschprogramm für Assistenten von Abgeordneten des Europaparlaments und Angestellten des syrischen Volksrates ins Leben gerufen werden kann. Nach der Rückkehr ins Straßburger Parlament ließ ich es mir nicht nehmen, meine Mitarbeiter testhalber mit der Aussicht auf einen mehrmonaten Aufenthalt in Damaskus zu konfrontieren. Das Echo fiel unterschiedlich aus. Lebhaftes Interesse zeigte allerdings Karl Richter, der freilich wie ich in seiner Jugend durch die Schule Karl Mays und seiner Orient-Abenteuer gegangen war...

Am Nachmittag besuchte die APF-Delegation das Internat der Töchter der Gefallenen in Damaskus. Hier werden 730 Mädchen, darunter 23 Vollwaisen, von 130 Erzieherinnen liebevoll betreut, erzogen und ausgebildet. Außerdem gibt es noch ein Internat für die Söhne der Gefallenen, das mit 530 Jungen belegt ist.

Voller Stolz berichtete die Internatsleiterin, daß sie ihr Handwerk in Jugendeinrichtungen der früheren DDR erlernt habe. Zur Einrichtung für die Betreuung der Töchter der Gefallenen gehören neben gut geführten Bildungsstätten ein eigenes Krankenhaus, ein Zahnarzt sowie eine Apotheke. Die Kosten trägt das syrische Verteidigungsministerium. Schirmherrin ist die Landesmutter, die Frau des Präsidenten, die an der Seite ihres Mannes oft die Kinder besucht und mit ihnen spielt. Im Sommer fährt das Präsidenten-Ehepaar mit den Kindern sogar für einige Tage ins Ferienlager. Die Botschaft, die von der Einrichtung ausgeht, ist unmißverständlich: Syrien vergißt seine Soldaten und deren Angehörige nicht.

In einem Militärkrankenhaus begegneten wir weiteren Opfern des syrischen Stellvertreterkrieges. Seit dem Inkrafttreten des Waffenstillstandes sei die Zahl der neuen Verwundeten um mehr als die Hälfte zurückgegangen, berichtete uns der zuständige Chefarzt, um das Gespräch dann schnell auf das Hauptproblem zu bringen: Infolge der von der EU verhängten Sanktionen kann ein großer Teil moderner medizinisch-technischer Geräte wegen Mangels an Ersatzteilen nicht mehr genutzt werden. Die Sanktionen, das wurde einmal mehr deutlich, treffen zumeist unschuldige Menschen. Ich erinnere mich noch in der Rückschau an bewegende Momente hier im Lazarett, wo teilweise stark verletzte und verstümmelte Opfer des vom Ausland angezettelten Krieges lagen. Ich stellte mir natürlich die Frage: Was sagt ein Europaabgeordneter den dort oft um ihr nacktes Überleben ringenden Soldaten? Unsere Delegation berichtete ihrerseits zunächst über die mit faustdicken Lügen nur so gespickte Berichterstattung der europäischen Medien und daß sie angereist sei, um sich ein Bild von der tatsächlichen Lage zu machen.

Ich erwähnte dann, daß ich selbst einst Offizier in der deutschen Luftwaffe gewesen sei und mir als Abgeordneter des Europäischen Parlamentes einen persönlichen Eindruck von alledem machen wolle, was sich hier in Syrien abspielt. Ich dankte den Soldaten dann für ihr Opfer im Kampf gegen den Terrorismus und versprach ihnen, nach meiner Rückkehr öffentlich darüber zu berichten, welch aufopferungsvollen Kampf sie als reguläre Soldaten der syrischen Armee gegen den internationalen Terrorismus führten. Ich dankte ihnen persönlich mit den Worten: »Wenn Ihr den Kampf nicht führen und Euer Opfer nicht bringen würdet, würde der Terrorismus nicht nur von Syrien Besitz ergreifen, sondern dann ungehindert auf Europa übergreifen. Durch Euren Kampf schützt Ihr Eure Familien und unsere in Europa!«

Wir machten sodann deutlich, daß wir der europäischen Öffentlichkeit klarmachen würden, wer die Unterstützer und Financiers der Terrorbanden sind: allen voran die USA, des weiteren Saudi-Arabien, Katar, die Türkei und Israel. Von den Verwundeten ernteten wir für diese Worte dankbare Blicke. Ein junger Soldat, der beide Beine verloren hatte, erklärte spontan: »Ich habe es für mein Land Syrien und seinen Präsidenten al-Assad getan!« Solche Worte prägen sich für immer ein.

Bereits bei unserem vorangegangenen Besuch wurde viel über die durch Verbände der syrisch-arabischen Armee befreite Stadt Maalula gesprochen. Aus Sicherheitsgründen konnten wir Maalula 2015 noch nicht besuchen, da dort, wie es hieß, noch Scharfschützen der Terroristen umherstreiften. Die aramäisch-christlich geprägte Stadt liegt gut 65 Kilometer nordöstlich von Damaskus im Qalamun-Gebirge. Hier hatten die Mordbanden des IS eine Blutspur der Verwüstung hinterlassen: Nonnen wurden verschleppt und Kirchen zerstört. Mit Einwohnern, die dem Christentum nicht abschwören wollten, machten die IS-Henker meist kurzen Prozeß, entweder durch gezielte Schüsse in den Rücken oder in den Kopf oder durch das hinlänglich bekannte grausige Kopfabschneiden. Ein Arzt, der während der Besatzung Maalulas nicht geflohen war, weil er sich der Illusion hingab, er habe als Arzt nichts zu befürchten, da schließlich auch die Terroristen Ärzte bräuchten, erzählte uns von den unvorstellbaren Grausamkeiten der Terroristen. Diese stellten die noch in der Stadt zurückgebliebenen Einwohner vor die Wahl, entweder dem Christentum abzuschwören und zum Islam überzutreten – dann könnten sie weiter in der Stadt bleiben. Die übrigen Bewohner hatten unverzüglich die Stadt zu verlassen, ihnen wurde gesagt, sie könnten frei nach Damaskus ziehen. Wer von diesem Angebot Gebrauch machte, wurde einige Kilometer hinter der Stadt von hinten mit Maschinengewehren niedergemäht. 1.500 Einwohner wurden auf diese Weise ermordet – und das nur, weil sie Christen bleiben wollten.

Von gut 7.000 vertriebenen Einwohnern waren zum Zeitpunkt unserer zweiten Syrien-Mission 1.500 inzwischen wieder zurückgekehrt. Ihre Häuser und Kirchen bauen sie unter dem Schutz der syrischen Armee wieder auf.

Zum Abschluß unseres Informationsbesuches bekamen Roberto Fiore und ich die Gelegenheit, einem syrischen Nachrichtensender ein 45minütiges Interview zur Situation im Nahen Osten zu geben, wie diese sich aus nationaler Sicht darstellt. Das Gespräch wurde im syrischen Fernsehen zur besten Sendezeit ausgestrahlt. Ich mußte ein wenig an die Lügenmedien in der Heimat denken, an all die Greuelgeschichten über Faßbomben und al-Assads »Terror-Regime«, und sagte mir, Slomka, Kleber und Konsorten könnten sich in Sachen Meinungsvielfalt ein Beispiel an ihren Kollegen hier in Syrien nehmen.

Assad Halim – damaliger Vorsitzender der Syrischen Sozialen Nationalistischen Partei (SSNP)

Auf der Rückfahrt trafen wir uns in Beirut – wie schon zuvor in Damaskus – mit Vertretern der befreundeten SSNP, der *Syrischen Sozialen Nationalistischen Partei*. Das zunächst wichtigste Ziel, darin waren wir uns rasch einig, muß darin bestehen, die Sanktionen und Medienlügen gegen Syrien so rasch als möglich zu beenden, um so auch die Flüchtlingsströme in Richtung Europa endlich zu stoppen.

Roberto Fiore empfahl zudem, die an die Türkei gezahlte »Flüchtlingshilfe« in Höhe von sechs Milliarden Euro besser Syrien zukommen zu lassen. Es sei immer besser, den Menschen wieder eine Perspektive in ihrer Heimat zu bieten, als Zeltlager in fremden Ländern zu finanzieren – ein Wink mit dem Zaunpfahl in Richtung EU-Parlament und »Willkommens«-Kanzlerin Merkel. Ich überbrachte Grüße und Solidaritätsbekundungen des NPD-Parteivorsitzenden Frank Franz und überreichte dem Vorstand der SSNP Informationsmaterial über den politischen Kampf der NPD in Deutschland, das noch immer fremdbesetzt und auch sonst in keiner Weise souverän ist, und dazu mein erstes Buch *Der Deutschen Zwietracht mitten ins Herz*, in dem ich mich ausführlich mit der Nicht-Souveränität der BRD auseinandergesetzt hatte. Mir war es wichtig, unseren neuen Freunden klarzumachen, daß die Bundesrepublik nicht gleichbedeutend mit Deutschland ist, sondern ein besetztes, von Feinden kontrolliertes Land. Schließlich verspielt die US-hörige BRD-Regierung derzeit alle noch aus der Vergangenheit herrührenden guten Kontakte des Deutschen Reiches in den Nahen und Mittleren Osten. Leider kann sich dieser verheerenden Tendenz der bundesdeutschen Außenpolitik ein einzelner Europaabgeordneter nur in sehr begrenztem Maße entgegenstellen. Ich bin mir aber sicher, daß unsere syrischen Gesprächspartner unseren Einsatz registriert haben und richtig einzuschätzen wissen.

Auch beim neuerlichen Syrien-Besuch wurde uns eines wieder überdeutlich vor Augen geführt: Der Kampf um dieses Land ist auch ein Kampf gegen die unmenschliche Barbarei des IS-Terrors und um den Erhalt der Zivilisation in dieser Wiege der Menschheit. Er wird letztlich die allesentscheidende Frage beantworten, ob der Terrorismus endgültig besiegt werden kann oder nicht. Denn über eines kann kein Zweifel bestehen: sollte die derzeitige säkulare Ordnung Syriens fallen und an ihrer Stelle ein islamistisches Terror-Kalifat aufgerichtet werden, stünden dem Terrorismus alle Wege nach Europa offen. Es zeugt von der unglaublichen Kurzsichtigkeit der westlichen und insbesondere der europäischen Politik, daß sie diesen völlig unstrittigen Zusammenhang auszublenden versucht. Das könnte sich als tödlicher Fehler erweisen.

Kongreßteilnehmer (v.l.n.r.): Hervé van Laethem, Lahoud Lahdo, Georgios Epitideios, Lampros Fountoulis, Udo Voigt, Ayman Raad, Eleftherios Synadinos

Wenige Tage nach der Rückkehr aus Syrien lud die APF auf meine Initiative hin zu einem hochkarätig besetzten internationalen Kongreß ins Europaparlament ein, der vor allem der Nachlese und Vertiefung der Syrien-Mission diente. Im Mittelpunkt der Veranstaltung unter dem Motto »Syrien zwischen Toleranz und Terrorismus« (»Syria: Tolerance and Terrorism«) stand dabei die Information über die Hintergründe und die aktuelle Entwicklung im seit 2011 währenden Konflikt.

In einem zentralen Punkt herrschte bei allen Teilnehmern, unter denen der syrische EU-Botschafter Ayman Raad und APF-Chef Roberto Fiore besonders hervorzuheben sind, Einigkeit: Der anhaltende Krieg in Syrien ist vor allem das Ergebnis anhaltender Einmischung von außen; die »Partner« des Westens wie die USA, die Türkei sowie arabische Staaten wie Katar und Saudi-Arabien betreiben dabei ein Spiel mit gezinkten Karten. Die Befriedung des Landes, vorangetrieben durch das russische Syrien-Engagement seit Oktober 2015, und die Herstellung einer stabilen Friedensordnung sind ausschließlich eine Angelegenheit des syrischen Volkes. Wie der syrische EU-Botschafter Ayman Raad unterstrich, seien jedwede Diskussionen über eine Abtretung von Teilen des Landes und die dauerhafte Präsenz einer bewaffneten »Opposition« völlig indiskutabel und stellten für die Regierung in Damaskus eine »rote Linie« dar.

Zum besonderen Ereignis wurde der Kongreß im übrigen auch deshalb, weil am Rande auch die Schautafeln unserer »umstrittenen« Bilderschau präsentiert werden konnten, die Parlamentspräsident Schulz durch seine Intervention zunächst abgeblockt hatte. Zumindest in diesem Fall hatte Schulz nicht das letzte Wort.

Weitere Referenten waren Hervé van Laethem, der belgische Priester Herman Maes aus dem syrischen Kloster Mar Yacub, der aus erster Hand über die Entwicklung vor Ort berichtete, der Europaabgeordnete Georgios Epitideios von der griechischen *Goldenen Morgenröte* sowie der Sprecher der syrischen Gemeinschaft in Belgien, Lahoud Lahdo.

Hervé van Laethem leitet auch das Brüsseler Büro der APF.

Der flämische Pater Daniel Maes lebt seit 2010 in einem syrischen Kloster.

[16] Syrien-Sanktionen: Die EU als ökonomischer Rammbock

Im Juni 2016 verlängerte die EU die Sanktionen gegen Syrien um ein weiteres Jahr, womit sie sich zum wiederholten Male als ökonomischer Rammbock zur Durchsetzung geostrategischer Zielstellungen der USA betätigte. Bis zum 1. Juni 2017 blieben damit ein Öl-Embargo, Investitions-Beschränkungen und die Blockade von Vermögen der syrischen Zentralbank in Kraft.

Auch diese EU-Entscheidung kann nicht anders denn als zynisch, menschenverachtend und verheerend angesprochen werden. Denn offiziell sollen die 2011 von den USA und der EU verhängten Sanktionen die Regierung von Staatspräsident al-Assad schwächen; de facto treffen sie aber die Zivilbevölkerung, wovon ich mich während der neuerlichen Syrien-Mission 2016 selbst überzeugen konnte; oben war bereits eingehender die Rede davon.

Internationale Beobachter und Institutionen haben die katastrophalen Folgen der Repressalien in den letzten Jahren immer wieder mit Zahlenmaterial untermauert. So hieß es 2016 etwa auf der Netzseite *End the Sanctions on Syria*: »701 von 1921 syrischen Gesundheitszentren wurden durch Terroranschläge komplett zerstört. Der Wiederaufbau dieser Zentren wurde durch die Sanktionen der EU und der USA verzögert. Die Sanktionen hatten ohnehin ‚tiefe Spuren im Gesundheitssystem' hinterlassen. (...) Das beinhaltet die Blockade des Zugangs zu Arzneimitteln, medizinischen Geräten und zum Verkehr und zur Kommunikation.«

Im Jahr zuvor bestätigte das internationale Gesundheitsportal The Lancet diesen Befund mit weiteren Fakten: »Die Kosten für Grundnahrungsmittel sind seit 2010 um das Sechsfache gestiegen, obwohl es Abweichungen in einzelnen Regionen gibt. Mit Ausnahme von Arzneimitteln für Krebs und Diabetes war Syrien vor dem Krieg in Bezug auf die Medizinproduktion zu 95 Prozent autark. Dies ist praktisch wie alle Krankenhäuser und primären Gesundheitszentren zusammengebrochen.«

Man sieht: Einseitigkeit und Parteilichkeit in Sachen Syrien-Berichterstattung sind vor allem ein Defizit der westlichen, vorgeblich so »pluralistischen« Medien. International sieht die Sache schon ganz anders aus, und man kommt der hierzulande feinsäuberlich ausgeblendeten Wahrheit sehr viel näher. So konnte etwa Bouthania Shaaban, immerhin politischer Berater al-Assads, in einem Interview mit dem australischen Fernsehsender ABC feststellen: »Das erste, was der Westen im Kampf gegen den Terrorismus tun muß, ist, die Sanktionen gegen das syrische Volk aufzuheben. Die Sanktionen helfen den Terroristen gegen das syrische Volk. Das syrische Volk leidet in doppelter Hinsicht, nämlich sowohl durch die westlichen Maßnahmen als auch durch die Terroristen.« Und weiter: »Niemand spricht über die Granaten, die unsere Städte und Zivilisten treffen. Diese Raketen treffen unsere Schulen, unsere Krankenhäuser und Menschen auf der Straße. Sie zielen nicht auf die Armee. Viele Länder besitzen die Technologie, die diese Granaten und Raketen aufspüren und Menschenleben retten könnten. Doch aufgrund der Sanktionen gegen Syrien wird uns niemand diese Technologie geben.«

Geht es um die mit verlogenem propagandistischen Trommelfeuer (»Freiheit« und »Menschenrechte«) orchestrierte Durchsetzung geostrategischer Interessen, dann nehmen westliche »Demokraten« schon einmal Leichenberge in Kauf. Unvergessen bleibt in diesem Zusammenhang jene berüchtigte Äußerung der früheren US-Außenministerin Madeleine Albright, die in einer CBS-Sendung gefragt wurde, ob der Tod von 567.000 irakischen Kindern infolge anhaltender internationaler Sanktionen zu rechtfertigen sei. »Es ist eine sehr schwierige Entscheidung, aber der Preis, wir denken, der Preis ist es wert«, lautete die zynische Antwort der US-Chefdiplomatin.

Dies und vieles andere beschäftigte mich, als ich während der Syrien-Debatte im Europaparlament im Mai 2016 erneut den Finger in die Wunde legte. Ich führte aus: »Die Sanktionspolitik der vorgeblichen westlichen ‚Demokratien' trifft auch in Syrien vor allem Unschuldige, nämlich einfache Bürger, Familien, Kinder, Alte und vor allem Hilfsbedürftige. (...) Der Westen macht sich in Syrien eines weiteren Menschheitsverbrechens im Zeichen der sogenannten ‚demokratischen Werte' schuldig.«

In diesem Zusammenhang würdigte ich auch ausdrücklich den Beitrag Rußlands und des Iran zu einer dauerhaften Friedenslösung in Syrien. Denn unter dem Strich kann es doch keinen Zweifel daran geben, daß die handfeste militärische Unterstützung der syrisch-arabischen Armee durch die russische Luftwaffe für die Befriedung des kriegsgeschüttelten Landes tausendmal mehr bewirkt hat als die jahrelange Sanktionspolitik des Westens und die hilflosen Operationen der von den USA geführten Allianz. Das Eingreifen Rußlands im September 2015 führte dazu, daß die vordem demoralisierte und auf dem Rückzug befindliche syrische Armee inzwischen wieder auf dem Vormarsch ist und erfreuliche Erfolge bei der Rückeroberung immer neuer Landesteile verbuchen kann.

Syrien brauche jetzt konkrete Hilfe beim Wiederaufbau in den vom IS befreiten Gebieten und keine neuen Sanktionen, machte ich meinen Standpunkt im Mai 2016 einmal mehr deutlich. »Die EU wäre gut beraten, auch in ihrer Syrien-Politik den Schulterschluß mit Moskau zu suchen, anstatt im Kielwasser Washingtons das Leiden der Bevölkerung unnötig zu verlängern«, erklärte ich.

In einer weiteren Aussprache kritisierte ich die Flüchtlingspolitik der EU. Zwar wird der Zusammenhang zwischen Flüchtlingskrise und Nahost-Politik auch im Straßburger Europaparlament gesehen. Doch wehren sich die etablierten Fraktionen hartnäckig dagegen, die richtigen Konsequenzen zu ziehen.

Treffen mit Ayman Raad, Syriens EU-Botschafter

Im April 2016 stand im Straßburger Parlament eine General-Debatte über die »Unterstützung der EU für den Libanon und Jordanien angesichts der Auswirkungen der Syrien-Krise« auf der Tagesordnung. In der Tat leisten die beiden Nachbarländer Syriens bei der Aufnahme von Kriegsflüchtlingen seit Jahren Beachtliches – ganz im Gegensatz zu den Drahtziehern und Finanziers des Konflikts, die zwar Waffen, Geld und Terroristen auf syrisches Hoheitsgebiet schleusen, gleichzeitig aber keinerlei Verantwortung für das von ihnen angerichtete Chaos übernehmen wollen. Neben dem saudischen Wahhabiten-Regime und anderen Golfstaaten trifft dies in erster Linie auf die

USA zu, die seit 2011 gegen jedes Völkerrecht auf den Sturz der legitimen Regierung in Damaskus hinarbeiten und dafür den Tod hunderttausender Menschen in Kauf nehmen.

In meinem Debattenbeitrag verwies ich auf die jüngsten Erfolge bei der Befriedung zurückeroberter Gebiete; daher sprach ich mich dafür aus, besser vor Ort in konkrete Wiederaufbauhilfe zu investieren, als sich auf dauerhafte Bleibeperspektiven von »Flüchtlingen« in Europa zu versteifen. »Ich verstehe nicht, warum Sie immer über den Verbleib der Flüchtlinge reden, ohne gleichzeitig zu berücksichtigen, daß sich die Lage in Syrien völlig verändert hat. 62 Städte, Dörfer und Gemeinden sind in den letzten sechs Wochen von der syrisch-arabischen Armee zurückerobert worden. Ich bin in Maalula gewesen und habe gesehen, wie dort von 7.000 Einwohnern 1.500 zurückgekommen sind. 5.500 Wohnungen stehen dort leer, und so sieht es in anderen Dörfern und Städten auch aus. Man könnte einiges tun, wenn man, statt Integration zu finanzieren, sich darum kümmerte, die Rückkehr der Flüchtlinge in sichere Gebiete zu fördern. Ich denke, daß dort einiges möglich ist.«

Nota bene: dies war der Sachstand im Mai 2016. Seither hat die Rückeroberung vormals vom IS besetzter Landesteile weitere große Fortschritte gemacht. Beobachter des syrischen Kriegsschauplatzes sind sich heute einig in ihrer Beurteilung, daß das militärische Ende des IS sowohl in Syrien als auch im benachbarten Irak nur noch eine Frage der Zeit ist. Die syrische Regierung vertritt offiziell die Position, daß ihre Streitkräfte 80 Prozent des zeitweise verlorenen Territoriums mittlerweile (Stand: Oktober 2017; UV) wieder unter Kontrolle haben.

Als einziger Debattenredner wollte ich auch die USA als maßgeblichen Verursacher der Krise in die Pflicht genommen sehen: »Ich vermisse auch, daß Sie die Frage stellen und diejenigen miteinbeziehen, die Hauptverursacher der Flüchtlingskrise sind, nämlich die Vereinigten Staaten von Amerika – wie viele Flüchtlinge nehmen die eigentlich auf?«

Und das Europaparlament? Es spielt auch im Zusammenhang mit dem Syrien-Konflikt eine unrühmliche Rolle, oder treffender ausgedrückt: es übernimmt bereitwilligst den Part eines Vollzugsorgans US-amerikanischer Interessen, womit die immer gern wieder herausgestrichene Rolle der EU als Friedensengel eigentlich schon ad absurdum geführt wird. Man muß sich vor Augen führen, daß das Europaparlament seit 2011 noch jede Verschärfung der letztlich gegen das syrische Volk gerichteten Sanktionen mittrug.

Nicht zuletzt wegen meiner Syrien-Aufenthalte gehöre ich heute zu den vehementesten Kritikern der westlichen Syrien-Sanktionen. Stattdessen kann es nur eine konstruktive Friedenslösung geben – und das unter Einbeziehung Rußlands und der legitimen syrischen Regierung.

Dem vormaligen Parlamentspräsidenten Martin Schulz waren solche Friedensbemühungen offenbar ein kräftiger Dorn im Auge. Schulz erteilte mir – sozusagen als vergiftetes Abschiedsgeschenk vor seinem Wechsel in die Bundespolitik – eine Rüge wegen meiner ersten Syrien-Reise im Juni 2015. Im Dezember-Plenum 2016 des Straßburger Parlaments ließ er seinen Rüffel offiziell verkünden, womit sich Schulz einmal mehr als stromlinienförmiger Erfüllungsgehilfe einer zunehmend aggressiven EU-Außen- und Weltpolitik profilierte.

Im Falle Syriens wäre eine Zusammenarbeit mit offiziellen Stellen in Damaskus aber sehr zweckmäßig. Ich denke hier vor allem an die Bekämpfung des Terrors. So haben syrische Geheimdienste den Europäern wiederholt umfangreiche Datensätze angeboten, die Angaben zu in Syrien identifizierten Terroristen enthalten. Doch zeigte sich die EU demonstrativ desinteressiert. Stattdessen setzt sie weiter auf die Unterstützung ausländischer Terrorbanden.

Damit nicht genug der Entgleisungen: Anfang 2017 tagte in Brüssel die für die Beziehungen zu den sogenannten Maschrek-Ländern zuständige EU-Delegation. Dabei handelt es sich um die Staaten mit arabischsprachigen Bevölkerungsmehrheiten östlich von Libyen und nördlich von Saudi-Arabien, konkret also um Ägypten, Palästina, Israel, Jordanien, Libanon, Syrien und den Irak. 90 Minuten lang debattierte die EU-Delegation während des Treffens über die Ergebnisse der kurz zuvor stattgefundenen Astana-Konferenz. Dort hatten Rußland, die Türkei und der Iran über eine dauerhafte Waffenruhe für Syrien verhandelt.

Das Parlament hatte sogar den ständigen Vertreter Rußlands bei der Europäischen Union, Sergej Kopyrkin, geladen und den Mann aus Moskau nicht, wie der frühere Parlamentspräsident Schulz dies gehandhabt hatte, mit einem Hausverbot belegt.

Auf die Idee, beim Treffen in Brüssel auch den im Plenarsaal anwesenden syrischen Botschafter Ayman Raad zu Wort kommen zu lassen und ihn den Standpunkt der syrischen Seite darlegen zu lassen, kamen die Abgeordneten allerdings nicht. Deshalb schlug ich in der Aussprache vor, Raad die Möglichkeit zu geben, die Position seiner Regierung darzulegen, ein Vorstoß, der zahlreichen Abgeordneten der etablierten Parteien das blanke Entsetzen ins Gesicht trieb – und der kurzerhand abgebügelt wurde. »Fremde Mächte reden über Syrien und lassen die Syrer nicht zu Wort kommen – so wird der Friedensprozeß wohl noch lange dauern«, lautete mein kurzer Kommentar.

Was in den Parlamenten und Ausschüssen nicht möglich ist, fand dann Ende April 2017 in sehr anregenden Gesprächen auf anderer Ebene statt. Ayman Raad mit einigen Mitarbeitern sowie die Europaabgeordneten der *Goldenen Morgenröte* folgten meiner Einladung zu einem Arbeitsessen im Brüsseler Europaparlament. Erfreulich war dabei auch, daß sich im Laufe der Debatte weitere Abgeordnete spontan an der Diskussion beteiligten. Konkret ging es zum Beispiel um die durchaus fragwürdige Tätigkeit der Medien, die – darin waren sich alle Beteiligten einig – mit »Fake News« die öffentliche Meinung manipulieren. So wurde aus dem bis 2010 vielgepriesenen

»Sunnyboy« und Hoffungsträger al-Assad in wenigen Monaten der berüchtigte »Giftgasmörder«. Und obwohl heute längst bekannt ist, wie US-Propagandisten etwa die amerikanischen Irak-Interventionen 1991 und 2003 mit haarsträubenden Lügen-Geschichten über angebliche, in Wahrheit niemals existierende »Massenvernichtungswaffen« und brutale »Brutkastenmorde« förmlich herbeilogen, läßt sich die Weltöffentlichkeit ein Vierteljahrhundert später immer noch von den gleichen Lügenmedien nach Strich und Faden einseifen.

Damit die Syrer nicht das gleiche grausame Schicksal erfahren wie die Menschen in Afghanistan, dem Irak oder Libyen, sollen solche Treffen zum Meinungsaustausch künftig möglichst auch in einem größeren Rahmen stattfinden und die Ergebnisse öffentlich gemacht werden.

Wenngleich sich der Sieg im Syrien-Krieg nicht zuletzt dank russischer Waffenhilfe immer deutlicher der Regierungsseite zuneigt, geht das Morden in anderen Landesteilen munter weiter – und das trotz einer von Rußland, der Türkei und Syrien vereinbarten Waffenruhe. Die Hand mit im Spiel haben wiederum die USA, wovon die Weltöffentlichkeit aus den gleichgeschalteten Mainstream-Medien kein Sterbenswörtchen erfährt.

Wer sich einigermaßen objektiv über die Wahrheit auf dem syrischen Kriegsschauplatz informieren möchte, muß auf ausländische, insbesondere russische Medienplattformen ausweichen. Diese berichten auch über die fortgesetzten Verbrechen der US-Streitkräfte, die – nebenbei bemerkt – den Islamischen Staat zwar offiziell seit dem Sommer 2014 bekämpfen, paradoxerweise aber dafür sorgten, daß sich das vom IS beherrschte Territorium exakt ab diesem Zeitpunkt massiv vergrößerte – ein Schelm, der Böses dabei denkt. Die Frage ist heute so aktuell wie in den letzten drei Jahren, wen die US-Luftwaffe in Syrien eigentlich bombardiert – den IS oder nicht vielmehr diejenigen, die ihn bekämpfen. Unabhängige Medienplattformen haben in den letzten Jahren eine schiere Fülle an hochbrisanten Informationen über das doppelte Spiel der USA im Syrienkonflikt publik gemacht. Wer all diese Fakten ausblendet, muß sich wohl oder übel den Vorwurf der Realitätsverweigerung gefallen lassen.

Die US-Streitkräfte sind bekanntlich gegen juristische Nachstellungen geschützt und werden sich niemals vor dem Internationalen Gerichtshof in Den Haag verantworten müssen. Journalisten, die über brisante Fakten Bescheid wissen, diese aber der Öffentlichkeit vorenthalten, sind für mich zugleich Täter. Statt ständig die in den medialen Giftküchen Englands oder der USA produzierten Falschmeldungen zu verbreiten, könnten sie hier zeigen, wie ernst sie ihr angebliches Berufsethos nehmen.

Im übrigen habe ich Journalisten im Vorfeld unserer Syrien-Reisen immer wieder angeboten, unsere Delegation zu begleiten und sich so aus erster Hand zu informieren. Es lief dann aber immer nach dem gleichen Strickmuster ab: Zunächst schien großes Interesse zu bestehen, doch dann folgten Absagen. Die häufigste Begründung lautete, die Redaktionen wollten nicht für die Reisekosten aufkommen, weil sie kein Interesse an einer Berichterstattung von Ort hätten. Da frage ich mich ernsthaft: Gibt es ein größeres Armutszeugnis für Journalisten?

Mitte Mai 2017 beschäftigte sich das Europäische Parlament in Straßburg erneut mit der Lage in Syrien. Dabei ließen die meisten Debattenredner der etablierte Parteien ihrer Realitätsblindheit freien Lauf – in einer beachtlichen Mischung aus Ignoranz und Unbelehrbarkeit ergingen sie sich in den sattsam bekannten Vorwürfen an die Adresse der Regierung al-Assad. Ich hingegen blieb bei meiner schon zuvor des öfteren geäußerten Lageeinschätzung und ergänzte sie um die neueste Entwicklung. So wurde im Redebeitrag auf die insgesamt über 1.000 von den syrischen Regierungstruppen zurückeroberten Städte, Dörfer und Gemeinden verwiesen. »Von Latakia bis Damaskus, von Aleppo bis Palmyra und Homs herrscht heute

Frieden.« Vor diesem Hintergrund, so führte ich aus, sei die Rückkehr der ins Ausland geflüchteten Syrer nunmehr zwingend geboten. In diesem Zusammenhang regte ich einen koordinierten Umsiedlungsplan an – allerdings anders als die üblichen Projekte der EU. Wörtlich heißt es im Redebeitrag: »Wie wäre es denn, einmal einen neuen Ansatz der EU zu wählen, einen Umsiedlungsplan, nur umgekehrt? Jetzt die Millionen Flüchtlinge aufzufordern, zurückzugehen in ihre Heimat, und die Länder mit einer Quotenregelung zu versehen, die viele Flüchtlinge haben, und für jeden Flüchtling, der nicht zurückgeht, eine entsprechende Sonderzahlung vorzusehen, damit man dort, in Syrien, den Menschen beim Wiederaufbau hilft, statt ständig Waffen in diese Gebiete zu liefern?«

Mit der Forderung nach einem konzertierten Rückkehr-Programm stehe ich im übrigen nicht allein. Wenige Tage vor der Debatte warb Syriens Präsident al-Assad in einem Gespräch, das er dem weißrussischen Fernsehsender ONT gewährte, für eine Heimkehr ins Ausland geflüchteter Landsleute, denen er größtmögliche Unterstützung seitens der Regierung zusagte. Außerdem lobte er den von seinem russischen Verbündeten vermittelten Vorschlag, in Syrien Schutzzonen einzurichten. Derartige »Deeskalationszonen« böten Kämpfern die Möglichkeit, ihre Waffen niederzulegen. Gleichzeitig sicherte al-Assad jedem, der sich ergeben würde, eine Amnestie zu.

[17] Türkiye Türklerindir – und Europa den Europäern!

Mitunter kann man sich des Eindrucks nicht erwehren, die bundesdeutsche Welt- und Außenpolitik sei noch immer der alten wilhelminischen – und zurecht umstrittenen! – Parole verhaftet, wonach am deutschen Wesen die Welt genesen solle. Denn ob China, Iran oder Weißrußland – das wichtigste Instrument deutscher Politiker im Ausland ist der erhobene Zeigefinger. Daß man sich mit der Attitüde des weltweiten Besserwissers nicht nur Freunde macht, ist nachvollziehbar.

Die EU-Oberen und ihre bundesdeutschen Musterschüler bringen es hier zu wahren Höchstleistungen. Ob Gauck, Merkel, Steinmeier oder Juncker: die Liste derjenigen, die sich nach Lust und Laune (und in der Regel im Kielwasser Washingtons) in die Angelegenheiten anderer Staaten einmischen – stellvertretend seien der Iran, Rußland oder auch die Türkei genannt –, ist lang, wobei Namen, Verlautbarungen und hochtrabende Ermahnungen Schall und Rauch sind.

Wie lernunwillig und borniert auch die offiziöse EU-Politik ist, wurde am 5. Juli 2017 wieder einmal überdeutlich, als sich das Straßburger Europaparlament anhand eines Berichts der EU-Kommission mit der Lage in der Türkei und in der Folge auch mit den Perspektiven eines türkischen EU-Beitritts beschäftigte. Das kann nur erstaunen, befindet sich die Türkei doch seit dem Putsch im Sommer des vergangenen Jahres auf dem besten Weg in eine Präsidial-Diktatur. Doch alle vollmundigen Drohungen etablierter Polit-Größen, die Beitrittsverhandlungen mit der Türkei nun endlich für beendet zu erklären, entpuppten sich einmal mehr als heiße Luft. Es bedurfte am Ende der erschöpften Geduld der Erdogan-Regierung, die ihrerseits das Interesse an einem EU-Beitritt verloren zu haben scheint, um der europäisch-türkischen Dauerfarce zuguterletzt doch noch den Garaus zu machen.

Andererseits bot sich für mich hier eine willkommene Gelegenheit, die Position des nationalen Deutschlands darzulegen. Die Türkei ist nun einmal kein europäisches Land und hat schon aus diesem Grunde nichts in der EU verloren. Ich äußerte deshalb mein Unverständnis über die Absicht, im Europaparlament noch länger über einen türkischen EU-Beitritt zu debattieren, zumal im Orient nun einmal andere Vorstellungen über Gender-Politik, Menschenrechte, Tierschutz und Religion herrschten.

Deshalb ist es für mich nur konsequent, Ankara nicht mit gebetsmühenhaft wiederholten Belehrungen und Einmischungsversuchen zu düpieren, sondern endlich die Finger von der Türkei zu lassen. Halten wir uns also heraus aus den innenpolitischen Angelegenheiten der Türkei und sagen wir den Türken unmißverständlich, daß sie in der EU nichts zu suchen haben – sie sollen ihre Truppen aus Zypern abziehen und die Souveränitätsrechte ihrer Nachbarstaaten, auch und gerade Syriens, akzeptieren. Was sie hingegen in der Türkei machen, geht uns nichts an.

Mit dieser Position stand ich erfreulicherweise nicht allein: zahlreiche andere Debattenredner aus dem patriotischen und rechtskonservativen Lager erneuerten in Straßburg ihre Forderung nach dem klaren Ende aller Beitrittsverhandlungen. Es steht zu hoffen, daß sich auch die Brüsseler Kommission dem wachsenden Druck nicht ewig wird widersetzen können und der Realität, wenn auch spät, endlich ins Auge sieht.

Überhaupt sind die Beziehungen zwischen Brüssel und Ankara seit geraumer Zeit eine einzige Farce. Ich denke dabei zunächst an den sogenannten Türkei-Deal. Mitte März 2016 hatten sich EU-Ratspräsident Donald Tusk und Kommissionschef

Jean-Claude Juncker mit dem damaligen türkischen Ministerpräsidenten Ahmet Davutoğlu auf einen Kuhhandel geeinigt: Er sollte Ankara dazu verpflichten, ab dem 20. März 2016 alle illegal nach Griechenland eingereisten »Flüchtlinge« wieder zurückzunehmen. Im Gegenzug erklärte sich die EU-Spitze bereit, legal eingereiste Syrer zu übernehmen und auf die EU-Staaten zu verteilen. Diese Regelung war Teil einer bereits zuvor eingegangenen Verpflichtung, 22.000 Flüchtlinge direkt aus den Syrien-Anrainer-Ländern wie Libanon, Jordanien oder eben der Türkei aufzunehmen.

Darüber hinaus sollten die schon zugesagten drei Milliarden Euro für geflüchtete Syrer in der Türkei schneller zur Verfügung gestellt werden. Gleichzeitig ebnete die EU die Bahn für neuerliche Beitrittsverhandlungen. Und nicht zuletzt sollte im Juni die bisher für Türken geltende Visumspflicht entfallen – was faktisch einer Einladung an weitere Millionen von Türken gleichkommen mußte, ganz legal nach Europa zu kommen und hier die bereits vorhandenen Parallel-Gesellschaften zu verstärken.

Einige europäische Staatschefs, unter ihnen Bundeskanzlerin Angela Merkel, der vormalige Premier des Vereinigten Königreichs, David Cameron, und der frühere französische Staatspräsident François Hollande, schlugen sich gegenseitig auf die Schulter. Dabei hatte sich die EU gerade selbst in die Rolle eines schmächtigen Zwergs hineinmanövriert, während sich die Türkei in der komfortablen Rolle eines handfesten Erpressers sonnen kann.

Doch wer sich in einer Art Rauschzustand befindet, verabschiedet sich gleichzeitig vom gesunden Menschenverstand – so wie Günther Oettinger, bis Ende 2016 EU-»Digital-Kommissar«. Er empfahl den Unionsstaaten vor dem Hintergrund des »Türkei-Deals« allen Ernstes die Selbst-Kastration: »Wenn das Abkommen mit der Türkei greift, werden die Zäune und nationalen Grenzkontrollen in den nächsten Monaten nicht mehr nötig sein.«

Im Straßburger Europaparlament war der Türkei-Gipfel natürlich ein zentrales Thema, wobei ich die vielen kritischen und ablehnenden Stimmen als Balsam für die Seele empfand. So warnten viele Debattenredner schon im März-Plenum 2016 vor den von türkischer Seite verlangten Gegenleistungen. Die Vorsitzende des *Front National*, Marine Le Pen, warf dem türkischen Präsidenten Erdoğan unumwunden vor, Europa am Nasenring vorzuführen; die Türkei könne kein Partner für die EU sein. Doch die Realität belegt geau das Gegenteil – die Union läßt sich von Ankara wie der hundsbrave Bär am Nasenring durch die Manege führen.

In diesem Sinne äußerte sich etwa mein Kollege Elfetherios Synadinos von der griechischen *Goldenen Morgenröte* – und erhielt für seinen Wortbeitrag prompt einen Saalverweis von Parlamentspräsident Schulz. Was war geschehen? Synadinos hatte in seine Wortmeldung das Zitat eines historischen osmanischen Schriftstellers über den türkischen Volkscharakter eingeflochten. Mit vor Erregung bebender Stimme interpretierte Schulz die Bemerkung Synadinos‘ als »rassistisch«. Obschon der griechische Parlamentarier den Satz als Zitat kenntlich gemacht hatte, verwies ihn Schulz mit sofortiger Wirkung des Saales – immerhin ein klarer Verstoß gegen die Geschäftsordnung und eine Verletzung der parlamentarischen Indemnität, war Synadinos doch zuvor weder mit einem Ordnungsruf verwarnt noch angehört worden. Nicht verwundern kann hingegen, daß die BRD-Lügenmedien in ihrer »Berichterstattung« das entscheidende Detail unterschlugen: Der Grieche hatte lediglich aus einer historischen Quelle zitiert.

Ich prognostizierte in meinem Debattenbeitrag ein krachendes Scheitern der EU infolge der anhaltenden Massenzuwanderung und erklärte: »Ein Pakt mit der Türkei, die von der Bundeswehr ausgebildete Kurden bombardiert, russische Flugzeuge attackiert und abschießt, den Flüchtlingsstrom zum Verhandlungsdruck mißbraucht, aber die Invasoren nicht am Verlassen der Türkei hindert, ist ein Pakt mit dem Teufel. Das christliche Abendland wird nicht durch die Türkei verteidigt oder gerettet werden. Mit einem EU-Beitritt der Türkei würde sich der Islam endgültig in Europa festsetzen.«

Im übrigen ist der »Türkei-Deal« alles andere als ein Bollwerk gegen die Massenzuwanderung, weil sich gerade in der wärmeren Jahreszeit die »Flüchtlings«-Ströme wieder auf die altbewährte Mittelmeer-Route verlagern. Wer partout nach Europa will, ist dazu nicht auf die Türkei angewiesen.

In diesem Zusammenhang muß auch daran erinnert werden, daß ein türkischer EU-Beitritt demokratischen Prinzipien zuwiderlaufen würde, aus dem einfachen Grund, weil ihn die weit überwiegende Mehrheit der Europäer nicht will. Auch in der Bundesrepublik ist die Ablehnung groß, dokumentierte der ARD-Deutschlandtrend Anfang April 2016: Demnach sprachen sich 68 Prozent der Befragten gegen einen türkischen EU-Beitritt aus; nur 27 Prozent waren dafür, die Türkei mittel- bis langfristig in die Union zu integrieren. Nahezu 80 Prozent vertraten zudem die Meinung, daß Ankara kein vertrauenswürdiger Partner für Deutschland ist.

Im April-Plenum 2016 machte ich mit Blick auf die Türkei noch weitere Aspekte geltend, die gegen eine Partnerschaft mit Ankara sprechen, und konnte es mir nicht verkneifen, einmal mehr die Doppelzüngigkeit der offiziellen Brüsseler Politik zu kritisieren: »Was hat die Türkei eigentlich, daß sie die EU in dieser Art erpressen kann? Sie haben selbst einen Grundrechtskatalog aufgestellt – bei der Türkei gilt das alles nicht mehr. In der Türkei ist es an der Tagesordnung, daß christliche Kirchen geschändet werden, daß Gebäude christlicher Gemeinden beschlagnahmt werden. Die Ermordung von Christen in Malatya 2007 ist bis heute nicht geahndet worden, obwohl die fünf Täter bekannt sind. Die Türkei bekämpft die Kurden auf syrischem Gebiet, dies verletzt die syrische Hoheit. Staaten Europas bilden Peschmerga-Kämpfer der Kurden aus – die gleichen Kurden werden von der türkischen Luftwaffe wieder getötet. Kann ein solches Land künftig Partner der EU sein?«

Tatsächlich stellt sich die Situation doch mittlerweile ganz unzweideutig dar: Statt der Türkei Milliarden in den Rachen zu werfen, ist der Zeitpunkt gekommen, der Vernunft zu folgen: die sich abzeichnende Befriedung Syriens bietet die Möglichkeit, Millionen von Flüchtlingen eine klare Rückkehrperspektive zu eröffnen. Das Problem der syrischen Flüchtlinge kann dabei weder in Flüchtlingslagern in der Türkei noch in der BRD gelöst werden, wobei eine klare Schlußfolgerung naheliegt: Stoppt endlich die Syrien-Sanktionen, damit die Menschen wieder eine Perspektive in ihrem Heimatland haben. Das ist kostengünstiger und vor allem menschlicher, als Milliarden für ihren Verbleib in Flüchtlingslagern zu investieren.

Wer sich mit der Türkei auf der Grundlage von Fakten, nicht von Illusionen befassen möchte, kommt an einem weiteren Gesichtspunkt nicht vorbei: am diskreten und seit dem Beginn des »Bürgerkrieges« 2011 währenden Zusammenspiel zwischen Ankara und »Rebellen«-Gruppen im Nachbarland Syrien.

Dieses ist seit langem ein offenes Geheimnis. Auf dem G-20-Gipfel 2015 in Antalya kritisierte kein geringerer als der russische Präsident Putin die internationale Finanzierung der Kopfabschneider-Miliz IS – auch durch G-20-Mitglieder. Diese Feststellung vor den laufenden Kameras der internationalen Medien war eine Bombe, weil der Kremlchef damit das weltweite Schweigekartell über Hintergründe und Drahtzieher des IS-Terrors demonstrativ durchbrach. Zugleich schlug Putin vor, die laufenden Öltransporte, mit denen der IS gigantische Gewinne erzielt, zu bombardieren. Das Öl stammt aus den von der Terrormiliz damals noch kontrollierten Ölfeldern im Irak und wurde lange Zeit über die türkische Grenze gebracht. Dort wurde es – mit Wissen der türkischen Regierung und unter Beteiligung westlicher Ölfirmen – über Mittelsmänner weiterverkauft.

Der russische Präsident ist, was ihn erfreulich von westlichen Politik-Simulanten unterscheidet, kein Mann der Halbheiten: Einen Tag nach seinem Auftritt beim G20-Gipfel erteilte er der in Syrien operierenden Luftwaffe den Befehl, auch die IS-Tanklastzüge zu bombardieren. Binnen weniger Tage wurden so nach Angaben des russischen Generalstabs Hunderte von Tanklastzügen vernichtet. Dann, am 24. November 2015, eine weitere Bombe, diesmal allerdings eine reale: der Abschuß eines russischen SU-24-Kampfjets über syrischem Territorium (!) durch die türkische Luftwaffe – ganz offensichtlich eine Vergeltungsaktion, verdienten sich doch auch türkische Kreise bis hinein in den Erdogan-Clan an den Ölverkäufen des IS eine goldene Nase.

Der Abschuß der russischen Maschine, der, soviel sickerte bald an die Öffentlichkeit durch, von den Türken regelrecht in einem Hinterhalt aufgelauert worden war, war eine unglaubliche Provokation Moskaus. Die *Alliance for Peace and Freedom* (APF) hielt daraufhin vor der türkischen Botschaft in Brüssel eine Protestkundgebung ab und rief zu Boykott-Maßnahmen gegen Ankara auf. Die offizielle EU hingegen blieb stumm wie ein Fisch.

Es dauerte lange, ein Jahr, bis auch Brüssel endlich Position beziehen mußte. Allerdings erinnerten die EU-Etablierten eher an kleine Kinder, die trotz vorheriger Warnungen in eine prekäre Situation geraten waren und sich nun kleinlaut nach Hause flüchteten. Zur Abstimmung stand im Straßburger Parlament ein Entschließungsantrag, eingereicht von allen größeren Fraktionen, der nunmehr ebenfalls den Abbruch aller Beitrittsverhandlungen mit Ankara forderte.

Begründet wurde der fraglos richtige Vorstoß mit den zahlreichen und anhaltenden Menschenrechtsverletzungen, die im Gefolge des gescheiterten Putschversuches im Juli 2016 in der Türkei vorgefallen waren. Auch die von Ankara forcierte Diskussion um die Wiedereinführung der Todesstrafe ließ viele jetzt aufgeregt nach einem Ende der Beitrittsverhandlungen rufen, die diese Forderung viele Jahre lang entrüstet von sich gewiesen hatten.

Für Christ- und Sozialdemokraten, Grüne, Linke und Liberale kam die Abstimmung über den Antrag, für den sich eine große Mehrheit fand, einem Offenbarungseid gleich. Denn genau jene Kräfte, die sich entgegen aller Vernunft bislang mit Vehemenz für einen türkischen EU-Beitritt starkgemacht hatten, schlüpften nun in die Rolle des Saulus - wobei sie es noch nicht einmal richtig taten: Im Entschließungsantrag wurde ausdrücklich dazu aufgefordert, die Beitritts-Verhandlungen nur »vorübergehend« auszusetzen. Schlimmer noch: Im Resolutionstext erging an die Mitgliedsländer die unverhohlene Aufforderung, sich dafür stark zu machen, »daß sich die Türkei der EU verbunden fühlt«.

Ich stimmte selbstverständlich für den Vorstoß, konnte es mir aber nicht verkneifen, der EU ihre Scheinheiligkeit vorzuhalten: »Wenn man sich ansieht, wofür die EU Rußland und Syrien seit Jahren mit Sanktionen belegt, wundert man sich, warum die Türkei wegen ihrer permanenten Menschenrechtsverletzungen, der anhaltenden Aggressionen gegen die Kurden und ihrer zwielichtigen Rolle bei der Unterstützung des Terrors in Syrien jetzt nicht ebenfalls mit Sanktionen belegt wird. Solange sich die EU dazu nicht durchringt, ist jede weitere Fortsetzung der Sanktionspolitik gegenüber Rußland und Syrien der blanke Hohn. Zu fordern ist deshalb nicht nur das Ende aller weiteren EU-Beitrittsverhandlungen mit der Türkei, sondern darüber hinaus die unverzügliche Einstellung aller Sanktionen gegen Rußland und Syrien.«

[18] »Eingeschränkte Souveränität«

Der russische Präsident Putin ist bekanntlich ein versierter Schachspieler. Genau so agiert er auch auf dem Parkett der internationalen Politik – klug, überlegt, nie überstürzt. Bewegt er dann seine Figuren auf dem Brett, können tödlich präzise Züge daraus werden. Gerade die russische Syrien-Politik, die die USA in den letzten Jahren Zug um Zug ausmanövrierte, belegt dies auf eindrucksvolle Weise.

Anfang Juni 2017 zündete der Kremlchef wieder eine seiner Bomben. Während der Plenarsitzung des 21. Internationalen Wirtschaftsforums in St. Petersburg wartete er vor der versammelten internationalen Medienöffentlichkeit mit der verstörenden Feststellung auf, daß Deutschland nur über eine »eingeschränkte Souveränität« verfüge. In seiner gewohnt ruhigen, aber entwaffnend bestimmten Art erklärte Putin, umgeben von Blitzlichtgewitter und jeder Menge laufender Kameras: »In der Welt gibt es nicht so viele Länder, die das Privileg der Souveränität genießen. Ich will keinen beleidigen, aber was Frau Merkel [in einer Bierzeltrede in München kurz zuvor; UV] gesagt hat, ist Ausdruck eines Unmuts über eine beschränkte Souveränität, der sich seit langem angestaut hat.« Ganz offiziell sei die deutsche Souveränität dabei auf dem militärischem Sektor eingeschränkt: »Dort ist festgelegt, was erlaubt ist und was nicht. Und in der Praxis ist es noch härter: Man darf nichts tun, was nicht erlaubt ist. Wer erlaubt es? Die Führung! Wo ist die Führung? Sie ist weit weg«, feixte der Kremlchef unter Anspielung auf die transatlantische Führungsmacht USA, die Deutschland fest im Griff habe.

Jeder, der eins und eins zusammenzählen kann, weiß, was Putin meinte: Die Bundesrepublik wird seit Jahrzehnten ferngelenkt, und die Fernsteuerung hat ihren Sitz in Washington. Das ist allen klar, die sich in der kunterbunten Berliner Heloten- und Spaß-Republik das Interesse für die politischen Realitäten bewahrt haben. Auch viele Polit-Schwergewichte wissen es natürlich, fassen das heiße Eisen aber nicht einmal mit der Kneifzange an. Denn: bei diesem Thema wird die Axt ans Fundament der Bundesrepublik gelegt.

Ich nahm den millimetergenau geschlagenen Steilpaß aus St. Petersburg natürlich dankbar auf und bemerkte in einer ersten Stellungnahme, daß der russische Präsident »mit seiner erfreulich deutlichen Klarstellung alle diejenigen« bestätigte, »die von jeher die staatliche Souveränität der Bundesrepublik Deutschland bestreiten und sich dabei auf bis heute geltende Bestimmungen des alliierten Nachkriegs-Besatzungsrechts berufen können. Diese Bestimmungen – etwa im sogenannten ‚Überleitungsvertrag von 1954 – wurden im Zwei-Plus-Vier-Vertrag von 1990 ausdrücklich bestätigt und begründen weitestgehende Vorbehaltsrechte der Siegermächte des Zweiten Weltkriegs, die heute allerdings nur noch von den Westmächten, in erster Linie den USA, wahrgenommen werden.« Putin liegt deshalb natürlich völlig richtig mit seiner Feststellung, daß insbesondere im militärischen Bereich alle Vorgaben aus Washington kommen und der Bundesrepublik damit bestenfalls Vasallenstatus zukommt. Deutsche Patrioten haben nie etwas anderes behauptet.

Als ich von Putins Aussage hörte, dachte ich unwillkürlich an meine 1987 eingereichte Diplomarbeit, die sich mit Souveränitätsdefekten der Bundesrepublik Deutschland befaßte. Meine wohl wichtigste Erkenntnis lautete damals: Eine »beschränkte« oder Teilsouveränität kann es nicht geben – entweder ist ein Staat souverän, oder er ist es nicht.

Politischen Sprengstoff birgt die Stellungnahme des Kremlchefs auch deshalb, weil es die Richter des Karlsruher

Bundesverfassungsgerichts erst im Januar 2017 im Urteil zum NPD-Verbotsverfahren für angebracht erachtet hatten, der *Nationaldemokratischen Partei Deutschlands* »Verfassungswidrigkeit« attestieren zu müssen. Vor dem Hintergrund der fehlenden Souveränität der Bundesrepublik gerät der Richter-Spruch allerdings zur Farce. Drehen wir den Spieß doch einmal herum und stellen die ketzerische Frage, wie legitim die vielbeschworene »freiheitlich-demokratische Grundordnung« und ihre Institutionen – einschließlich des Karlsruher Höchstgerichts – sowie ihr »Grundgesetz« eigentlich sind?

Udo Voigt im Verhandlungssaal des Karlsruher Bundesverfassungsgerichts

Für deutsche Patrioten bietet sich hier einmal mehr die Gelegenheit, die Gretchenfrage der deutschen Souveränität mit intelligenter Propaganda ins Volk zu tragen, was umso wichtiger ist, weil viele Deutsche die BRD noch immer für einen ganz »normalen« Staat halten. Das ist sie aber nicht – und alle, auf die es ankommt, wissen das seit Jahrzehnten.

Auch die russische Seite befaßt sich übrigens nicht erst seit heute mit der Frage der (fehlenden) deutschen Souveränität. Erst im Mai 2016 führte ein Moskauer Radiosender ein Gespräch mit dem Historiker und Politologen Prof. Alexej Fenenko, der als Dozent an der Fakultät für Weltpolitik an der Moskauer Staatsuniversität lehrt und zum Kreis der Präsidentenberater zählt.

Auch Fenenko spricht von einer eingeschränkten deutschen Souveränität, wobei er zudem mehrfach den bis heute fehlenden Friedensvertrag der Siegermächte des Zweiten Weltkrieges mit Deutschland erwähnt.

Auf den ersten Blick ist Deutschland durch den Zwei-Plus-Vier-Vertrag von 1990 wieder zum eigenständigen Subjekt auf der internationalen Bühne geworden. Wie Fenenko allerdings betont, blieben dennoch vier Einschränkungen in Kraft, die im »Deutschland-Vertrag« von 1952 durch die Westalliierten festgelegt worden waren.

Erste Einschränkung: Volksentscheide über militärpolitische Fragen des Landes bleiben untersagt. Das deutsche Volk hat beispielsweise kein Recht, darüber zu entscheiden, ob im Land US-Militärbasen bestehen sollen oder auch nicht – Entscheidungen zu dieser Frage trifft allein Washington. Dasselbe betrifft die Frage nach dem Aufbau einer strategischen Luftwaffe und die eventuelle Vergrößerung der Armee.

Zweite Einschränkung: Sie ergibt sich unmittelbar aus der ersten. So wird Deutschland das Recht vorenthalten, den Abzug der ausländischen Truppen von seinem Territorium zu verlangen (Die Sowjetunion hat ihre Besatzungstruppen bereits in der ersten Hälfte der neunziger Jahre freiwillig abgezogen).

Dritte Einschränkung: Deutschland wird verboten, außenpolitische Entscheidungen zu treffen, ohne sie zuvor mit den Siegermächten abgesprochen zu haben.

Vierte Einschränkung: Die Stärke der Bundeswehr wird auf 370.000 Soldaten beschränkt (Vor 1990 waren es 500.000 Mann). Auch bestimmte Arten von Militärtechnik bleiben infolge des Zwei-Plus-Vier-Vertrages verboten – wie zum Beispiel die eigenständige deutsche Entwicklung von Flugzeugen oder Raketen mit Strahlantrieb sowie die Konstruktion und Entwicklung von Düsentriebwerken. Das ist alles für deutsche Firmen nur in internationaler Zusammenarbeit möglich.

Erwähnen muß ich hier auch deutlich den Sonderstatus, der alliierten Soldaten und ihren Angehörigen bis heute zugestanden werden muß. So dürfen diese niemals einer deutschen Gerichtsbarkeit überstellt werden. Zudem genießen sie Steuerfreiheit. Kasernen der Alliierten sind exterritoriale Gebiete wie Botschaften – sie dürfen von der deutschen Polizei nicht ohne Genehmigung des Kasernen-Kommandanten betreten werden u.v.a.m.

Diese vier Beschränkungen bleiben bis zum Abschluß eines Friedensvertrages in Kraft, über den laut Prof. Fenenko keine Verhandlungen geführt würden. Sobald ein deutscher Verteidigungsminister dieses Thema auch nur zur Sprache bringe, bleibe er nicht lange im Amt. Sieht so jene volle Souveränität aus, die die Deutschen nach offizieller bundesdeutscher Lesart doch mit dem Zwei-Plus-Vier-Vertrag 1990 angeblich wiedererlangt haben?

Nach 1990, genauer gesagt 2009, habe die Bundesrepublik einen kleinen Aufstand gegen die USA gewagt. Auslöser sei Obamas Prager Rede vom 5. April jenes Jahres gewesen, als dieser sich für eine atomwaffenfreie Welt ausgesprochen hatte. »Die Deutschen haben darin sofort ihre Chance erkannt, und der Bundestag hat eine Resolution verabschiedet, die die Empfehlung beinhaltete, die Atomwaffen der USA aus Deutschland zu entfernen. Ein solcher Schritt würde die Situation der Deutschen grundlegend verändern«, verdeutlicht Fenenko die Brisanz des Vorstoßes. Doch habe die US-Seite rasch begriffen, wohin der Hase zu laufen drohte: Im Falle eines Abzugs der US-Atomwaffen hätten die Deutschen erklären können, nunmehr über keinen atomaren »Schutz« seitens der USA mehr zu verfügen, womit sich – schlimmstensfalls für die Siegermächte – der Aufbau einer eigenen, vollwertigen Armee hätte begründen lassen. Und so wurden London und Warschau mobilisiert, die einen möglichen Abzug der US-Atomwaffen aus Deutschland für nicht hinnehmbar erklärten.

Im Ergebnis des Berliner Strohfeuer-Aufstandes haben die USA die Kontrolle über Deutschland sogar noch einmal verstärkt. So wurde auf dem NATO-Gipfel vom 22. April 2010 in Reval der Beschluß gefaßt, wonach der Abzug von US-Atomwaffen aus einem beliebigen Mitgliedsland der NATO nur noch nach einstimmigem Beschluß erfolgen könne. Das ist laut Fenenko de facto eine fünfte Einschränkung der deutschen Souveränität.

Aus der Sicht des renommierten Historikers und Politologen gibt es bezüglich der deutschen Souveränitäts-Frage zwei Lager. Das eine strebe eine Neuverhandlung des Zwei-Plus-Vier-Vertrages an, plädiere für den längst überfälligen Abschluß eines Friedensvertrages und setze sich für ein freundschaftliches Verhältnis zu Rußland ein. Als beispielgebend wird hier der frühere Bundeskanzler Gerhard Schröder genannt.

Die andere Strömung bezeichnet Fenenko als »kleinkariert« oder auch »provinziell«. Sie erkenne den Zwei-Plus-Vier-Vertrag als für alle Ewigkeit gültig an und unterstütze die Osterweiterung von EU und NATO, was sie automatisch in einen Konflikt mit Rußland bringe. Als typische Vertreterin wird Angela Merkel betrachtet. Sie stehe stellvertretend für dieses Lager, das für die USA äußerst nützlich sei.

Ich nahm nun im Juni 2017 die Äußerungen Putins zur fehlenden deutschen Souveränität zum Anlaß, um unter der Überschrift »Souveränitätsdefizite der Bundesrepublik Deutschland« noch im gleichen Monat einige Fragen an die EU-Kommission zu richten. So erkundigte ich mich zum einen nach der Einschätzung des deutschen Souveränitätsstatus durch die Kommission. Außerdem wollte ich wissen, welche Auswirkungen »eine ‚eingeschränkte' oder nicht vorhandene staatliche Souveränität Deutschlands auf die Gültigkeit des Beitritts der Bundesrepublik zu den Römischen Verträgen, zur Europäischen Gemeinschaft bzw. zur Europäischen Union, zum Vertrag von Lissabon, zur Euro-Zone und zum Europäischen Stabilitäts-Mechanismus haben« könnte.

Denn wenn sich herausstellen sollte, daß die Bundesrepublik überhaupt nicht souverän ist, läge eine knallharte Konsequenz auf der Hand: Die von ihr getätigten Rechtsakte – etwa der Beitritt zu den genannten europäischen Institutionen – sind dann nicht rechtsgültig. Ist dann auch die deutsche EU-Mitgliedschaft womöglich illegal?

Eine weitere Frage hatte den 1990 abgeschlossenen Zwei-plus-Vier-Vertrages zum Gegenstand: »Wie beurteilt die Kommission die Gültigkeit des ‚Zwei-plus-Vier-Vertrages' von 1990, der nach offizieller Lesart die Entlassung des wiedervereinigten Deutschlands in die staatliche Souveränität regelt, der allerdings ausdrücklich das Fortbestehen zahlreicher alliierter Vorbehaltsrechte aus der Besatzungszeit festlegt, die im ‚Überleitungsvertrag' von 1954 kodifiziert wurden?«

Bei näherem Hinsehen legen diese Fragen die Axt an die bundesdeutsche Nachkriegsordnung. Es kann deshalb auch nicht weiters wunder nehmen, daß die Lücken- und Lügenmedien der BRD weder über die Putin-Äußerungen noch über unsere Anfrage an die Kommission auch nur ein Sterbenswörtchen verloren.

Mitte August 2017 erhielt ich dann endlich eine offizielle Antwort auf meine brisanten Fragen. Sie fiel schmalbrüstig aus, wobei nicht weniger bemerkenswert ist, daß sie quasi von »ganz oben«, nämlich von Kommissionschef Jean-Claude Juncker höchstpersönlich kam. Mit Datum vom 16. August schrieb er mir: »Es ist nicht Sache der Kommission, zu Fragen des völkerrechtlichen Status eines Mitgliedsstaats der Europäischen Union Stellung zu nehmen.«

Das mag sogar sein, denn dann hätte die Kommission vermutlich Farbe bekennen und Punkt für Punkt erläutern müssen, wie es um die angebliche Souveränität der Bundesrepublik Deutschland tatsächlich bestellt ist. So aber ist die Antwort Junckers an Dürftigkeit kaum zu überbieten. Erwähnt er doch noch nicht einmal die zentrale Frage nach der Rechtsgültigkeit von Verträgen, die mit einem nichtsouveränen Deutschland abgeschlossen worden sind. Ein verantwortungsbewußter Kommissionschef hätte allerspätestens nach der Putin-Erklärung vom Juni 2017 der Wahrheit auf den Grund gehen und die sich aus der »eingeschränkten« Souveränität Deutschlands ergebenden Rechtsfolgen überprüfen lassen müssen.

Übrigens: Die sogenannte *Alternative für Deutschland*, im Europaparlament durch die Fraktion *Europa der Freiheit und der Nationen* durchaus solide vernetzt, blieb bei diesem Thema stumm wie ein Fisch. Für solche »Hämmer« ist offenbar nur die NPD gut. Am Ende weiß man eben doch, auf wen man zählen kann. Meine Mannschaft und ich werden mit Blick auf die Souveränitäts-Thematik auch weiterhin am Ball bleiben.

Während meiner bisherigen Tätigkeit als Europaabgeordneter wurde ich im übrigen schon einmal sehr direkt mit dem Souveränitäts-Thema konfrontiert. Es war 2015, als sich der LIBE-Ausschuß in Brüssel in einer interparlamentarischen Sitzung mit dem brisanten Thema »Demokratische Kontrolle der Nachrichtendienste in Europa« befaßte. Anwesend war dabei eine Reihe hochkarätiger Experten, unter ihnen der frühere Justitiar der britischen Sicherheits- und Nachrichtendienste MI5 und MI6, David Bickford, der in seinem Referat wörtlich erklärte: »Manche Informationen werden über heikle Kanäle eingeholt, die man nicht öffentlich erörtern kann.«

Damit hatte Bickford einen Paß geliefert, der sich relativ leicht in einen Treffer verwandeln ließ: »Sie meinen damit sicherlich die Informationsbeschaffung durch Sonderrechte der Alliierten in Deutschland. Wie vielleicht einige Kollegen hier nicht wissen, ist Deutschland ja verpflichtet, Ihnen, den Briten, und den US-Amerikanern, jederzeit Zugänge zu allen deutschen Telekommunikations-Einrichtungen zur Verfügung zu stellen. Wer kontrolliert Sie denn, wenn Sie aufgrund dieser Sonderrechte Daten in Deutschland abschöpfen? Wie wir von deutschen Parlamentariern wissen, geben Sie diesen keine Auskunft darüber«, benannte ich in meinem Wortbeitrag Roß und Reiter.

Bemerkenswerterweise schloß sich die niederländische Abgeordnete Sophia in `t Veld von der *Allianz der Liberalen und Demokraten in Europa* diesen Ausführungen an, und der gleichfalls anwesende *Grünen*-Bundestagsabgeordnete Hans-Christian Ströbele, zugleich dienstältestes Mitglied des Parlamentarischen Kontrollgremiums (PKG) zur Beobachtung der Geheimdienste, bestätigte meine Stellungnahme indirekt: Es sei »doch kein akzeptabler Zustand, daß die Briten grundsätzlich jegliche Auskünfte gegenüber Untersuchungs-Kommissionen des Bundestages verweigern und sogar mit Abbruch der Beziehungen und der Zusammenarbeit drohen, wenn weitergefragt werden sollte«.

Hierauf verwies ich noch einmal auf die Tatsache, daß in der Bundesrepublik Millionen von Telekommunikations- und Datenverbindungen zu europäischen Bürgern und Unternehmen bestehen, die von den Briten unkontrolliert überwacht werden können.

Offensichtlich hatte ich den Finger genau in die klaffende Wunde gelegt – Bickford erwies sich plötzlich als äußerst zugeknöpft und entgegnete nur: »Ich will hier keine politischen Fragen diskutieren. Wenn Sie mit unserer Vorgehensweise in Deutschland Probleme haben, können Sie sich ja an den Europäischen Gerichtshof wenden.«

Für mich stand einmal mehr fest: Solange sich unsere »Partner« – wie im LIBE-Ausschuß geschehen – sogar vor klaren Auskünften über das Ausmaß ihrer Überwachungstätigkeit drücken können, gehört alles Gerede über eine angebliche deutsche Souveränität in das Reich der Fabel.

[19] Vorrang für das Gemeinwohl!

Nicht nur in der Frage der deutschen Souveränität und der unverändert fortbestehenden alliierten Sonderrechte in Deutschland bleibt die Öffentlichkeit konsequent ausgeschlossen (in der Regel, ohne daß sie es auch nur weiß). Es gibt aber noch weitere wichtige Themenfelder, bei denen die Öffentlichkeit nicht einmal als Zaungast erwünscht ist.

Stichwort CETA und TiSA: Jahrelang verhandelten Politiker und Lobbyisten hinter verschlossenen Türen über zwei Abkommen, mit denen die Rechtsstaatlichkeit außer Kraft gesetzt werden kann, die nicht zuletzt hochsensible Bereiche der Daseinsvorsorge betreffen und die insgesamt einem Generalangriff auf bewährte europäische Standards gleichkommen.

Hinter dem Kürzel CETA verbirgt sich ein Freihandelsabkommen mit Kanada. TiSA (Trade in Services Agreement) steht für ein Abkommen über den Handel mit Dienstleistungen.

Mit beiden Verträgen schleudern demokratiefeindliche Handlanger multinationaler Konzerne die Abrißbirne mit voller Wucht auf halbwegs funktionierende Strukturen und Standards, über die Vater Staat (noch) schützend seine Hände hält.

Nehmen wir nur das TiSA-Abkommen. Es betrifft unmittelbar auch hochsensible Bereiche der öffentlichen Daseinsvorsorge wie Gesundheit, Verkehr und Bildung. Klassische Staatsdomänen wie Post und Eisenbahnen sollen unter den Hammer kommen, sprich: gewinnbringend verscherbelt werden.

Der Staat – und das ist das eigentliche Ziel – soll aus seiner Verantwortlichkeit für lebenswichtige Sektoren des öffentlichen Lebens herausgedrängt werden, um so der Profitmaximierung Tür und Tor zu öffnen.

Dabei gibt es bereits jetzt genügend abschreckende Beispiele für den Liberalisierungs-Kahlschlag an vormals öffentlicher Infrastruktur und öffentlichen Dienstleistungen. So hat sich der *Nestlé*-Konzern in weiten Teilen Afrikas und Südamerikas das Recht am Wasser gekrallt – und auf diese Weise die von Gegnern, aber auch von Politikern in Sonntagsreden aufgestellte Forderung nach einem Grundrecht auf Wasser hintertrieben.

Klare Kante auch gegen das CETA-Freihandels-Abkommen mit Kanada

Geradezu ein Schulbeispiel ist die Bahn-Privatisierung in England. Sie führte unter anderem zu einer stiefmütterlichen Behandlung des Schienennetzes; in der Folge kam es zu einer Reihe schwerster Zugunglücke, so daß sich die britische Regierung erst vor wenigen Jahren gezwungen sah, die Eisenbahnen auf der Insel wieder unter die Fittiche des Staates zu nehmen.

Während der Mitarbeiter-Besprechungen unserer Mannschaft spielte auch das TiSA-Abkommen immer wieder eine

Rolle. Die Sprache kam dabei auch auf eine mögliche umfassende Privatisierung des Bildungssektors und nicht zuletzt des Gesundheitssektors, mithin Szenarien, vor denen ganz einfach gewarnt werden muß: Denn welcher normaltickende Mensch kann überhaupt wollen, daß künftig über Lehrpläne und Bildungsinhalte allgewaltige Konzerne wie AOL oder Facebook entscheiden? Oder wollen wir ernsthaft ein privatisiertes Gesundheitswesen? Ein solches kann per se kein Interesse an gesunden Bürgern haben. Denn nur mit kranken und möglichst lange dahinsiechenden Patienten kann man größtmöglichen Reibach erzielen.

Wie groß der Wille der etablierten Spießgesellen profitgieriger Globalisierer dabei war, TiSA mit aller Wucht am Souverän vorbei durchzupeitschen, zeigte eine Aussage des Vorsitzenden der christdemokratischen EVP-Fraktion, Manfred Weber (CSU). Gleich zum Auftakt der Straßburger Februar-Plenardebatte 2016 kanzelte er die zahlreichen Änderungsanträge besorgter Fraktionen als reine »Verzögerungstaktik« ab.

Pikanterie am Rande: Als Befürworter der weltweiten Liberalisierung von Dienstleistungen offenbarte sich auch der Europaabgeordnete Prof. Joachim Starbatty von der vorgeblichen *Alternative für Deutschland* (AfD). Alternative sieht anders aus.

Aus meiner Sicht war es dagegen angezeigt, einmal mehr klare Kante zu zeigen: »Öffentliche Dienste müssen eine grundlegende soziale Daseinsvorsorge leisten, die bezahlbar, für alle Bürger verfügbar und nicht gewinnorientiert ist«, brachte ich stellvertretend für die vielen Gegner des Kahlschlag-Abkommens meine Position zum Ausdruck. »Öffentliche Dienste sind dann notwendig, wenn die Regeln des Marktes die Anforderungen nicht mehr erfüllen. Mehr noch: Öffentliche Infrastruktur-Einrichtungen, Einrichtungen der Daseinsvorsorge gehören grundsätzlich nicht in private Hand. Die Versuchung, den eigenen Unternehmensprofit über das Allgemeinwohl zu stellen, ist einfach zu groß.«

Ich lehnte das TiSA-Abkommen selbstverständlich mit derselben Überzeugung ab, wie ich auch das Europa der Banken und Spekulanten grundsätzlich ablehne.

Heftig umstritten war und ist auch das CETA-Freihandelsabkommen mit Kanada. Am 15. Februar 2017 kam es darüber in Straßburg zur Abstimmung, wobei der Tagesablauf vieler Europaparlamentarier schon frühzeitig gestört worden war: Vor dem Parlamentsgebäude brachten CETA-Gegner ihren Unmut über das Abkommen zum Ausdruck, weshalb viele Abgeordnete nicht wie gewohnt die Parkgarage nutzen konnten – Protest muß eben zu spüren sein, dachte ich mir mit einem inneren Schmunzeln. Zugleich erklärte ich mich spontan mit den Protestierenden solidarisch, denn es ist nun einmal eine Tatsache, daß hart erkämpfte Arbeits-, Umwelt- und Gesundheitsrechte durch CETA akut bedroht sind.

Hinzu kommt, daß der im CETA-Rahmen ausgehandelte internationale Investorenschutz mit seinen geplanten internationalen Schiedsgerichten die Rechtsstaatlichkeit in den einzelnen EU-Ländern außer Kraft zu setzen, nationale Gesetze auszuhebeln und damit eine Senkung von Verbraucher- und Umweltstandards herbeizuführen droht, weshalb ich gegen das undemokratische Handelsabkommen stimmte.

Die jahrelangen Proteste waren letzten Endes (scheinbar) umsonst: stimmte doch, als es darauf ankam, dem Abkommen eine Mehrheit aus Liberalen, Konservativen und der Mehrzahl der sozialdemokratischen Fraktion zu, womit Teile des Vertrages nun bereits vor seiner Ratifizierung durch die nationalen und regionalen Parlamente vorläufig angewendet werden können. Aber wo Schatten ist, da ist auch Licht: Denn diesmal stimmten nahezu alle rechten und EU-kritischen Abgeordneten mit »Nein«.

Die Anhänger von CETA, das letztlich die Interessen der Großkonzerne bedient, erklären mit Vorliebe, das Abkommen solle den Handel zwischen dem EU-Raum und Kanada erleichtern; es gehe auch darum, Qualitäts- und Sicherheitsstandards zu »harmonisieren«, womit Erzeugnisse ohne weitere Überprüfung auf den Markt gebracht werden können. Von mehr Schutz und Qualität kann hier aber keine Rede sein – ehrlicher wäre es, vom kleinsten gemeinsamen Nenner zu sprechen. Und daß CETA für die multinationalen Großunternehmen die bestmögliche Lösung darstellt, ist ein offenes Geheimnis.

Auf der Verliererseite stehen wieder einmal die Bürger. So beruht die kanadische Fleischproduktion auf einem massiven Einsatz von Hormonen. Rund 80 Prozent des Antibiotika-Verbrauchs finden Eingang in die Fleischproduktion. Und es kommt noch viel dicker: Denn vieles von dem, was die EU bislang noch mit Mühe verhindern konnte, poltert nun dank CETA geradewegs in unser Haus. Ich nenne stellvertretend nur Gentechnik und das hochriskante Fracking-Verfahren zum Abbau sogenannter Schiefergase.

Doch ist der Kampf um CETA wirklich verloren? Er ist dann verloren, wenn wir klein beigeben. Ich jedenfalls werde auch weiterhin den Widerstand gegen beide Abkommen, CETA wie TiSA, die zudem einer Paralleljustiz Tür und Tor öffnen, unterstützen. Eine Zustimmung, noch dazu sehenden Auges, käme einem vorsätzlichen Verrat an unseren nationalen Interessen gleich.

[20] Der »Flüchtlings«-Tsunami

Auf Europa wälzt sich spätestens seit 2015 eine gigantische menschliche Flutwelle zu. Die Frage drängt sich ganz zwangsläufig auf, wie unser Kontinent, seine Nationen und seine Ballungszentren in zehn, 15 oder 20 Jahren aussehen werden, wenn dem Ansturm von Wirtschafts-Flüchtlingen, sonstigen Glücksrittern und durch US-Stellvertreterkriege Entwurzelten aus einst gut funktionierenden Staaten nicht endlich Einhalt geboten wird.

Die Politik und ihre Miethirne in den Redaktionsstuben verabreichen Beruhigungspillen: Die »Flüchtlings«-Welle ebbe doch längst wieder ab; nicht jeder könne und werde eine Bleibeperspektive erhalten – und viele Menschen lassen sich von diesen Beschwichtigungs-Mantras leider noch immer einlullen.

Doch lassen wir die Zahlen sprechen: Innerhalb eines Jahrzehnts sind nach Angaben des Bundesinstituts für Bevölkerungsforschung (BiB) 3,8 Millionen Ausländer in die Bundesrepublik Deutschland gekommen. Allein 2015 reisten 1,2 Millionen Asylanten – durch die Politik der sperrangelweit offenen Grenzen in der willkommensbesoffenen BRD noch befördert – zumeist illegal in unser Land ein; insgesamt betrug die Zuwanderung 2015 zwei Millionen Menschen. Gerade bei den in den letzten zwei Jahren Zugewanderten handelt es sich zu einem Gutteil um Nicht-Europäer, um Muslime, Schwarz- und Nordafrikaner. Auch ohne explizit Fragen der Kriminalitätsentwicklung oder der Terrorbedrohung anzusprechen: Man muß in diesem Personenkreis nicht zwanghaft eine »Bereicherung« für unseren Erdteil sehen.

Die Bevölkerungsexplosion auf dem afrikanischen Kontinent wird weitere Zuwanderungswellen nach sich ziehen: Lebten in Afrika 2015 1,2 Milliarden Menschen, werden es 2.050 rund 2,4 Milliarden sein – wohlgemerkt: Milliarden, nicht Millionen.

Glücksritter aus Afrika auf dem Weg nach Europa. Foto: Irish Defence Forces, CC BY 2.0, Wikimedia Commons

Geradezu dramatische Züge nimmt der Ausblick an, wenn die Entwicklung bei den jüngeren Alterskohorten betrachtet wird, so wie es der Sozial- und Wirtschaftswissenschaftler Prof. Gunnar Heinsohn getan hat: »Europa bis zum Ural barg 2015 rund 140 Millionen Menschen unter 18 Jahren. Sie sind die Zukunft. Für 2050 werden nur noch 130 Millionen erwartet. Gesamt-Afrika hat heute 540 und 2050 rund 1.000 Millionen Einwohner im selben Alter.« Vor uns die Sintflut?

Im Gefolge der beispiellosen Bevölkerungsexplosion im Nahen Osten und in Afrika wird der Asylantenzustrom nach Europa seine Fortsetzung finden, und er wird von einem heute vielleicht noch überschaubaren Zustrom zu einer kaum mehr zu bändigenden Springflut anschwellen. Wer etwas anderes prognostiziert, lügt oder ist ein Narr. Deutschland – auch darüber sollten wir uns keinen Illusionen hingeben – wird dabei das Hauptzielland bleiben, zumal der deutsche Sozialstaat, wenn auch bereits löchrig, noch immer weltweit ungeheure Anziehungskraft ausübt. Der zitierte Prof. Gunnar Heinsohn bemerkte dazu bereits 2015 in einem Gastbeitrag für die *Frankfurter Allgemeine Zeitung*: »Heute sollen aus dem afrikanisch-arabischen Raum rund 540 Millionen Menschen auswandern wollen, im Jahr 2050 wären es 950 Millionen, falls die 2009 erhobenen Wanderungswünsche (aus der Subsahara wollen 38 Prozent der Einwohner weg, im arabischen Bogen immer noch 23 Prozent) sich nicht intensivieren.« Doch genau das werden sie ganz ohne Zweifel. Jede andere Prognose wäre weltfremd.

Ein weiteres Problem geht mit der Asylindustrie einher, jenem krebsartig alle Bereiche der Gesellschaft und des Sozialstaates durchwuchernden Netzwerk der Zuwanderungs-Profiteure. Denn die anhaltende Massenzuwanderung ist für viel zu viele ein unglaublich profitables und viel zu reibungsloses Geschäft. Der Großteil der Kosten für Unterbringung, Betreuung und Verpflegung von Zugewanderten, die den Kommunen erwachsen, läßt sich problemlos bei der nächsthöheren Verwaltungsebene, den Bezirken oder den Ländern, abrechnen und von dorther erstatten. So fehlt das Geld vorderhand im kommunalen Haushalt nicht, weil es von Bund und Land aufgebracht wird. Und alle sind glücklich – Sozial- und Wohlfahrtsverbände, freie Träger, Rechtsanwälte, Psychologen, Dolmetscher, Sprachschulen, denn alle verdienen am ungebrochenen Zustrom Versorgungsbedürftiger. Es gibt zahllose Anwaltskanzleien, die ausschließlich »Flüchtlinge« vor den Verwaltungsgerichten vertreten; Betreiber von Asylanten-Unterkünften kassieren auf Steuerzahlers Kosten monatliche Pauschalen für die Unterbringung und Verpflegung, und linke Sozialprojekte fassen für die Hege und Pflege der massenhaft ins Land strömenden Kostgänger gleichfalls kräftig »Staatsknete« ab. Einzige Voraussetzung des anhaltenden Geldregens ist, daß der Zustrom bunter Neu-Deutscher aus aller Welt nie versiegt.

Erwähnt werden muß auch die ungute Rolle, die zahlreiche sogenannte Nicht-Regierungs-Organisationen (NGOs) beim lukrativen Zuwanderungs-Monopoly spielen. Sie finanzieren mittlerweile skrupellose Schlepperbanden, wie ein ranghoher Vertreter der libyschen Küstenwache 2017 der *Daily Mail* berichtete. Demnach beschaffen sogenannte »Hilfsorganisationen« inzwischen sogar das Geld, um für Migranten zu bezahlen, die es sich selbst nicht leisten können, die von Menschenhändlern verlangten Summen für die Überfahrt nach Europa zu entrichten.

Die kriminellen Schlepperbanden erzielen mit dem Transport von »Flüchtlingen«, denen sie die Zielländer oft in den schillerndsten Farben ausmalen, Milliardenumsätze – nicht viel anders als Drogenbarone oder Waffenschieber.

Zuweilen werde ich gefragt, ob hinter dem Migrantenansturm auf Europa, dem »Flüchtlings«-Tsunami, ein besonders perfides System, eine Art »Generalplan« steckt. Ich verweise dann immer auf die Rede von Frans Timmermans, immerhin Erster Vizepräsident der EU-Kommission, die dieser 2016 im Rahmen des sogenannten Grundrechte-Kolloquiums der EU (EU Fundamental Rights Colloquium hielt (*www.youtube.com/watch?v=N14U5ZE-N2w* – das Video ist bezeichnenderweise mittlerweile nicht mehr abrufbar). Timmermans forderte bei dieser Gelegenheit die Mitglieder des EU-Parlaments dazu auf, den Prozeß der Umsetzung »multikultureller Vielfalt« in allen Staaten des Erdballs zu beschleunigen. Monokulturelle Länder sollten verschwinden – in der englischen Zusammenfassung ist von »erase« die Rede, was nichts anderes als »auslöschen«, »ausradieren« bedeutet. Muß man es wirklich noch deutlicher sagen? Oder anders gefragt: Welche Beweise brauchen neunmalkluge Ignoranten denn noch, um endlich zu kapieren, in welche Richtung der europäische Zug mit Hochgeschwindigkeit rast?

Natürlich erfuhr der europäische Durchschnitts-Medienkonsument aus seinen Haus- und Hofmedien weder über Timmermans´ brisanten Redeauftritt noch allgemein über die von ganz »oben« geplante Implementierung unsolidarischer multikultureller Sprengstoff-Gesellschaften auch nur ein Sterbenswörtchen. Alternative Portale wie unser-mitteleuropa.com berichteten dagegen recht ausführlich. Auf der letzteren Netzseite ist unter dem 4. Mai 2016 auch die deutsche Übersetzung von Timmermans´ auf Englisch gehaltenem Vortrag zu finden (noch – Stand: Oktober 2017). Der Wortlaut hat es in sich, und man sollte ihn mehrmals lesen, um die Tragweite dieser Zeilen ermessen zu können:

»Vielfalt wird jetzt in einigen Teilen Europas als Bedrohung angesehen. Vielfalt bringt Probleme mit sich. Aber die Vielfalt ist das Schicksal der Menschheit. Es wird keinen Staat, selbst in den entferntesten Orten dieses Planeten geben, der künftig nicht mit Vielfalt konfrontiert sein wird. Dort liegt das Ziel der Menschheit. Und jene Politiker, die versuchen, ihren Wählern eine Gesellschaft einzureden, die ausschließlich aus Menschen einer Kultur besteht, versuchen, eine Zukunft zu schildern, die auf einer Vergangenheit aufgebaut ist, die es niemals gab, und daher wird es diese in Zukunft niemals geben. Europa wird vielfältig sein, wie alle anderen Teile der Welt vielfältig sein werden. Die einzige Frage ist, wie gehen wir mit dieser Vielfalt um? Und meine Antwort darauf ist, Ihnen zu versichern, daß unsere Werte davon abhängen, wie wir mit der Vielfalt umgehen und nicht indem wir unsere Werte aufgeben, um Vielfalt abzulehnen. Das würde uns als Gesellschaft vernichten. Wenn wir dieses Recht nicht erhalten, glaube ich wirklich, daß Europa nicht das Europa bleibt, das wir gebaut haben. Europa würde (dann) für sehr lange Zeit kein Ort des Friedens und der Freiheit bleiben.«

Wohlgemerkt: Wir haben es hier nicht mit den durchgeknallten Phantasien unverbesserlicher Verschwörungstheoretiker zu tun, sondern mit der offiziellen Regierungsprogrammatik der Brüsseler Machtelite. Wenn man solche Verlautbarungen aus dem Munde eines der ranghöchsten EU-Funktionäre liest, fällt es einem wie Schuppen von den Augen, daß die anhaltende Massenzuwanderung nach Europa alles andere als ein Zufall oder eine Art Gottesurteil ist. Nein, sie ist vorsätzliche, gewollt desaströse Politik der EU-Oberen. Das muß man immer im Hinterkopf behalten.

Eines der Werkzeuge zur Umsetzung des Plans ist die massenhafte Implementierung vornehmlich junger Männer aus dem muslimischen Kulturkreis. Deutlicher als der unscheinbare EU-Apparatschik Frans Timmermans hat dies und vieles andere bislang noch kein namhafter EU-Verantwortlicher ausgesprochen. Man muß dem Mann für seine Unverblümtheit am Ende noch dankbar sein. Sein Zeugnis wird später einmal als Schlüsselquelle zur Transformation Europas in eine multikulturelle Wüstenei in die Geschichtsbücher eingehen.

Oft werde ich auch nach Syrien gefragt und danach, was der Syrien-Konflikt mit Europa zu tun hat. Meine Antwort lautet: Bricht dort die staatliche Ordnung zusammen, haben wir die Terroristen in Europa und in Deutschland. Vermutlich ist genau das auch das Ziel der USA und der in ihrem Rücken agierenden Einflußzirkel und Machteliten. Indem sie die arabischen Länder destabilisieren, stürzen sie Europa durch gewaltige Flüchtlingsströme ins Desaster, um selbst unangefochten die globale Nummer eins zu bleiben. Unsere Antwort kann daher nur darin bestehen, zum einen eine »Festung Europa« zu schaffen – eine, die diesen Namen auch verdient – und zum anderen durch außenpolitische und Infrastrukturmaßnahmen diese Staaten wieder soweit zu stabilisieren, daß die Menschen dort wieder eine Zukunftsperspektive haben und in ihrer angestammten Heimat bleiben können.

Auf dem Höhepunkt des »Flüchtlings«-Ansturms im Herbst 2015 erinnerte ich mich an die bereits vor zwei Jahrzehnten von meiner Partei aufgestellte Forderung, die Massenzuwanderung zu stoppen. Doch damals konnte sich noch kaum jemand vorstellen, daß uns 2015 ein Völkeransturm geradezu biblischen Ausmaßes bevorstehen würde – eiskalt und vorsätzlich befördert durch eine sich gern »konservativ« gebende Regierung, die mit einer Politik der geöffneten Schleusen praktisch alles und jeden einreisen läßt; dazu tausende Menschen, die klatschend an den Bahnsteigen stehen, um die einfahrenden, mit »Flüchtlingen« vollgestopften Züge willkommen zu heißen - hätte mir früher jemand solche Szearien prophezeit, ich hätte ihn für verrückt gehalten.

In den letzten Jahren wurde mir aber zunehmend klar, daß die Forderung nach einem konsequenten Ausländer- und Zuwanderungsstopp heute nicht mehr ausreichend ist. So entwickelte ich 2009 mit dem damaligen Parteivorstand, damals noch als Parteivorsitzender der NPD, einen »Ausländerrückführungsplan«, der eine humane, aber konsequente Rückführung der hier lebenden Fremden nach realistischen Forderungen und einem angemessenen Zeitplan vorsieht.

Im Straßburger Europaparlament sorgte die »Flüchtlings«-Katastrophe von Anbeginn an für stürmische Diskussionen. Im September 2015 standen zwei Grundsatz-Debatten zur »Lage der Union« und zum Thema »Migration und Flüchtlinge in Europa« auf dem Programm. EU-Kommissionschef Jean-Claude Juncker gab zwar ohne Umschweife zu, daß sich Europa derzeit in einem »schlechten Zustand« befinde. Doch dann drückte er kräftig auf die Tränendrüsen: Es gelte, angesichts der bevorstehenden kälteren Jahreszeit weitere »Flüchtlings«-Massen aufzunehmen; eine Unterbringung in Bahnhöfen oder Zelten sei ihnen dabei nicht zuzumuten.

Mehr noch: Ebenfalls im September-Plenum des Schicksalsjahres 2015 wurde den Abgeordneten ein Bericht vorgelegt, der »Vorläufige Maßnahmen im Bereich des internationalen Schutzes von Italien und Griechenland« umriß. Das Dokument führte – ich mußte zweimal hinsehen – sechsstellige Zuwandererzahlen auf, die im Zuge regelrechter Umsiedlungsaktionen auf andere EU-Länder verteilt werden sollten. Natürlich stimmte ich gegen diese aberwitzigen Pläne und erklärte: »Ich mußte heute morgen von Herrn Juncker hören, daß ich kein Europäer bin, weil ich nicht an einem Bahnhof stehe und nicht ‚Willkommen' rufe. Warum rufe ich nicht ‚Willkommen'? Weil ich denke, daß wir alle, auch die Hohen Kommissare, einen Auftrag von den europäischen Wählern, von Wählern unseres Volkes haben, das Recht auf unsere Heimat, das Recht und die Identität unserer Völker zu bewahren und zu erhalten!« Eigentlich ganz einfach – sollte man denken. Aber wir leben nicht mehr in einem »normalen« Zeitalter.

Im Brüsseler EU-Parlament wurde das Zuwanderungsthema Ende November 2015 erneut unter dem im ersten Moment klangvoll und vielversprechend wirkenden Motto eines »ganzheitlichen Ansatzes für Migration« diskutiert. In den Debatten tauchte dabei immer wieder die Frage auf, ob Europa ein funktionierendes und angemessenes Asylsystem habe. Meine klare Antwort darauf lautet ganz klar: Nein.

Die EU-Innenminister beschlossen seinerzeit die Umsiedlung von 120.000 sogenannten »Flüchtlingen«, wobei sie diese Entscheidung gegen den erklärten Willen der Tschechischen Republik, Ungarns, Rumäniens und der Türkei trafen; Finnland enthielt sich bei der Abstimmung – ein klares Zeichen für die bereits zu diesem Zeitpunkt nicht mehr funktionierende Solidarität innerhalb der EU, zumal sich selbst die zustimmenden Staaten nicht auf künftige verbindliche Regelungen einigen konnten. Mein Eindruck: Hier sollte etwas zur Beruhigung der Bevölkerung beschlossen werden – denn der Migrantenzustrom hielt ja ungebrochen an.

Zur Lösung des Problems sollte ein »ganzheitlicher Ansatz« gefunden werden. Im Telegrammstil umrissen, sollte das bedeuten: schnellere Anerkennungsverfahren für Asylanten, eine zügige Integration und schnelle Arbeitsvermittlung sowie die konsequente Bekämpfung von Schleuserbanden einerseits und eine zügige, konsequente Rückführung von Wirtschaftsflüchtlingen andererseits.

Aus meiner Sicht war und ist dieser vorgeblich »ganzheitliche« Ansatz zum Scheitern verurteilt, weil ich darin strategische Ansätze vermisse, mit denen auf der Flucht befindlichen Menschen ernstzunehmende wirtschaftliche Anreize in ihren Heimatländern geboten werden können, um sie so zu bewegen, in der Heimat zu bleiben beziehungsweise wieder dorthin zurückzukehren. Zumindest in den zurückliegenden Jahren gelang die Rückführung nur bei etwa 30 Prozent der Betroffenen, während seit 2015 die nach Europa zielenden Wanderungsbewegungen explodieren. Und wer sich nicht zurückführen lassen will, der taucht einfach unter oder geht in ein anderes Land, wo er sich zweckmäßigerweise unter falschen Angaben als asylsuchend meldet.

Der »ganzheitliche Ansatz« geht aber noch aus einem anderen Grund völlig am Ziel vorbei. Und zwar, weil sich die Eurokraten der Illusion hingeben, durch schnelle Integration eine schnelle Vermittlung von Arbeit erreichen zu können. Zum einen wollen sich viele Zuwanderer aber gar nicht integrieren lassen. Und zum anderen ist es völlig irreal, angesichts der hohen Arbeitslosenzahlen in Europa darauf zu hoffen, daß Fremden schnell eine Arbeit vermittelt werden kann.

Außerdem: Einem Riesenheer von 120.000 Menschen kann nun einmal nicht geholfen werden, wenn morgen schon wieder 500.000 über die ungesicherten Außengrenzen einfallen. Daher mein Rat: Schengen aussetzen, Grenzen dichtmachen und die »Flüchtlinge« - von denen ein Großteil gar keine sind - ohne Zeitverzug in ihre Heimatländer zurückschicken. Nur mit solchen entschlossenen und zielführenden Maßnahmen kann ein Abreißen des Zustroms erreicht werden. In einem nächsten Schritt sollten die Verantwortlichen dann damit beginnen, in den

Heimatländern der Zuwandernden Investitionen zu tätigen – genau an diesem Punkt klemmt die Säge allerdings noch gewaltig.

Die mit Händen greifbare Rat- und Konzeptionslosigkeit der Union zeigte sich dann auch während einer Generaldebatte des Europäischen Parlaments im November 2015. Ausgewertet wurden dabei die Ergebnisse des Gipfeltreffens in Valletta. Doch was heißt schon »Ergebnisse« – europäische und afrikanische Politiker hatten auf Malta über Geld, Projekte, den Kampf gegen Menschenschmuggler, über »Transitzentren« entlang der »Flüchtlings«-Routen und sogar über eine Rückführung von »Flüchtlingen« beratschlagt, aber wirklich handfeste Resultate gab es so gut wie keine.

Auch der seinerzeit von Brüssel in Aussicht gestellte Treuhandfonds mit einem Volumen von 1,8 Milliarden Euro glich dem vielzitierten Tropfen auf den heißen Stein. Nur zur besseren Einordnung: Der Ökonom Bernd Raffelhüschen vom Forschungszentrum Generationsverträge veranschlagte die »Integrations«-Kosten, die allein auf die Bundesrepublik Deutschland mittelfristig zukommen würden, laut Welt vom 25. November 2015 auf satte 900 Milliarden Euro.

Ich sprach mich auch gegen die milliardenschwere Unterstützung der Türkei aus, da diese Finanzspritzen nur zu neuen Ghettos führen könnten, in denen dann Generationen von Flüchtlingen ähnlich wie die Palästinenser mehr dahinvegetieren als leben würden müssen, aus dem einzigen Bestreben heraus, sie von Europa fernzuhalten. Was nützt es uns, über eine »Rückführung« in Afrika zu sprechen, wenn die Menschen dort weglaufen, weil sie keine Perspektive für sich, ihre Familien und ihre Zukunft haben? Ich erneuerte an jenem Straßburger Novembertag 2015 meine Forderung nach wirksamen Aufbauhilfen zugunsten der Herkunftsländer.

[21] Silvester-exzesse 2015/16

Dann kam der Jahreswechsel 2015/2016, und es kamen die Silvesterexzesse von Köln. Was sich in der Domstadt am Rhein (und darüber hinaus, was allzu gerne unter den Tisch gekehrt wird, in rund zwei Dutzend weiterer deutscher Städte) ereignete, rief uns mit brachialer Gewalt zwei banale Tatsachen in Erinnerung.

Zum einen führte die ungebremste Massenzuwanderung - gerade jene aus fremden, uns fernstehenden Kulturkreisen - unmittelbar zu einem Anstieg der Kriminalität; in Deutschland ebenso wie in anderen europäischen Staaten. Ich nenne hier als weiteres Beispiel, das mittlerweile traurige Berühmtheit erlangt hat, das einst so beschauliche Schweden.

Zum zweiten versuchen Politik, Polizeiobere und Lügenmedien mit boshafter Hartnäckigkeit, über bestimmte Vorfälle, gerade im Zusammenhang mit der Kriminalität Zugewanderter, den Mantel des Schweigens zu breiten. Der Öffentlichkeit wird dann die Mär vom zig-sten »Einzelfall« erzählt, die allerdings inzwischen nur noch besonders hartnäckige Realitätsverweigerer für bare Münze nehmen.

So trug die erste Pressemitteilung der Kölner Polizei im neuen Jahr 2016 die Überschrift: »Ausgelassene Stimmung - Feiern weitgehend friedlich«. Am Vormittag des darauffolgenden Tages erhielt der Polizeireporter des Kölner Stadt-Anzeigers einen Anruf von einem hochrangigen Behörden-Mitarbeiter. Dessen Mitteilung barg erheblichen Zündstoff: Die Polizei gehe intern längst von gravierenden Straftaten aus; mehr als 30 Opfer hätten Anzeige erstattet. Es werde von mindestens 40 Tätern ausgegangen.

Wir erinnern uns, was geschehen war: Am Silvesterabend rotteten sich auf dem Kölner Bahnhofsvorplatz sowie auf der angrenzenden Treppe zur Domplatte mehr als 1.000 überwiegend männliche Personen im Alter zwischen 15 und 35 Jahren zusammen. Der aus dem nordafrikanischen und arabischen Raum stammende Mob umringte Frauen, die massiv sexuell belästigt, beleidigt oder gar sexuell genötigt und ausgeraubt wurden.

Auf einer für den 5. Januar 2016 angesetzten Pressekonferenz erklärte die Kölner Oberbürgermeisterin Henriette Reker im Brustton der Überzeugung, sie verfüge über keinerlei Hinweise, wonach es sich bei den Tätern um »Flüchtlinge« gehandelt habe. Entsprechende Vermutungen bezeichnete sie als »absolut unzulässig«. Polizeipräsident Wolfgang Albers räumte mit Blick auf die Einsatzgestaltung Fehler ein; kurz darauf wurde er in den einstweiligen Ruhestand versetzt – das Bauernopfer war gefunden.

Frau Reker behauptete damals übrigens, »Informationen insbesondere zur Herkunft von ermittelten Beteiligten aus der Gruppe der Täter« erst aus der Presse erhalten zu haben. Dem widersprach das Innenministerium von NRW: Albers habe Reker bereits am 2. Januar in einem Telefonat über bis dahin vorliegende Erkenntnisse informiert. Viele der Täter hätten sich mit »einer Bescheinigung über die Meldung als Asylsuchende« ausgewiesen.

Das ganze Ausmaß der Kölner Sex-Übergriffe kam im weiteren Verlauf des Jahres 2016 ans Licht. Wie die Staatsanwaltschaft Köln Mitte Juni mitteilte, gab es 1.276 mutmaßliche Opfer; 1.182 Anzeigen waren eingegangen, davon 497 wegen sexueller Übergriffe. Fünf Anzeigen betrafen vollendete Vergewaltigungen, 16 Anzeigen versuchte Vergewaltigungen. Unter den 183 Beschuldigten waren 73 Asylbewerber. 55 Personen stammten aus Marokko, 53 aus Algerien, 22 aus dem Irak. Hinzu kamen 22 syrische Beschuldigte und 14 als »Deutsche« aufgeführte Personen.

Im Juli 2016 legte das Bundeskriminalamt seinen Abschlußbericht vor. Demnach waren in der Horrornacht von Köln etwa 650 Frauen Opfer sexueller Übergriffe geworden. Deutschlandweit registrierten die Behörden in jener Nacht und in den Folgetagen 881 Sexualdelikte mit über 2.000 betroffenen Frauen. Die Täterzahl wurde auf etwa 2.000 beziffert. 120 Verdächtige konnten ermittelt werden. Verurteilt wurde seither nicht einmal eine Handvoll – und wenn, dann nur zu lächerlichen Bewährungsstrafen.

In Hamburg-St. Pauli, Bielefeld, Stuttgart, Frankfurt am Main, aber selbst in süddeutschen Städten wie Nürnberg war es ebenfalls zu Übergriffen von Orientalen auf deutsche Frauen gekommen; jenseits der bundesdeutschen Grenzpfähle kam es darüber hinaus zu Sex-Attacken auch in Salzburg, Zürich und Helsinki. Mit Blick auf die Vorfälle in Helsinki sprach die dortige Polizei von einem »komplett neuen Phänomen«.

Im Straßburger Parlament nutzte ich die Gelegenheit, um auf den völlig unstrittigen Zusammenhang der Silvesterereignisse mit der anhaltenden Massenzuwanderung zu verweisen. Und noch etwas ließ ich mir nicht nehmen: Für die Exzesse der Silvesternacht waren und sind exakt jene Politiker der etablierten Parteien verantwortlich, die jahrzehntelang eine Politik der offenen Grenzen und einer falsch verstandenen Toleranz predigten. Einer scharfen Kritik unterzog ich dabei die Vertuschungspolitik der Behörden im Gefolge der Vorfälle. Das geradezu systematische Verschweigen der Herkunft der Gewalttäter war kein Polizeiversagen, sondern das Ergebnis getürkter Statistiken und der allgegenwärtigen political correctness der Medien. Kann man sich wirklich darüber wundern, wenn sich für die gleichgeschalteten Mainstream-Medien in den letzten Jahren flächendeckend das böse, aber zutreffende Wort »Lügenpresse« eingebürgert hat?

Klartext wurde dagegen in der ausländischen Presse geschrieben: So empfahl der Korrespondent der *New York Times*, Ross Douthat, in einem am 10. Januar 2016 erschienenen Beitrag den deutschen Behörden, die Grenzen für Neuankömmlinge zu schließen und gesunde Flüchtlinge abzuschieben. Außerdem forderte er Merkels Rücktritt, damit Deutschland und Europa keinen zu hohen Preis für ihren edelmütigen Irrsinn (*high-minded folly*) würden zahlen müssen.

Und der BBC-Chefkorrespondent Garvon Hewitt machte am 11. Januar 2016 mit Blick auf »Köln« ein weitverbreitetes Mißtrauen aus, da die politische Elite den Menschen gegenüber nicht aufrichtig gewesen sei.

Die Konsequenz aus den Vorfällen liegt auf der Hand: Für die Wiederherstellung von Recht und Ordnung kann nicht »Europa«, sondern können nur die europäischen Nationalstaaten zuständig sein.

Notiz am Rande: Sowohl der Kommission als auch dem niederländischen EU-Ratspräsidenten Rutte war die Debatte über die Silvesterereignisse in Deutschland ganz offensichtlich weniger wichtig. Die Damen und Herren verließen in der fraglichen Generaldebatte in der Januar-Sitzungswoche des Straßburger Parlaments den Plenarsaal geschlossen gleich zu Beginn der Aussprache gegen 21:00 Uhr – und wurden nicht mehr gesehen. Feierabend, Dienstschluß. Für alle weiteren Debattenredner, die sich an jenem Abend noch mit guten Gründen zu Wort meldeten, waren die hohen Damen und Herren damit nicht mehr erreichbar. Aber: Es handelte sich bei den Opfern ja auch »nur« um deutsche Frauen.

Konsequenzen gab es keine – jedenfalls keine ernstzunehmenden. Anstatt kriminell in Erscheinung getretene Ausländer und Asyl-Simulanten rigoros abzuschieben, sie mit einer Wiedereinreisesperre zu belegen und wieder Grenzkontrollen einzuführen, entschloß man sich, den Irrsinn lediglich mit einem Bündel an Sicherheitsmaßnahmen notdürftig zu verwalten. So wurde in der nächsten Silvesternacht, derjenigen von 2016 auf 2017, in Köln ein exorbitanter Aufwand betrieben: Im Bereich um den Dom herrschte ein rigoroses Feuerwerksverbot. Die Geh- und Radwege der Hohenzollernbrücke waren gesperrt. 1.500 Beamte der Landespolizei versahen ihren Dienst, eine glatte Verzehnfachung gegenüber dem Vorjahr. Zusätzlich wurden 600 Ordnungskräfte aufgeboten; 800 Beamte der Bundespolizei – die fünffache Zahl im Vergleich zu 2015/16 – bewachten Bahnhöfe und Züge. Zwischen 21 und 22 Uhr trafen am Kölner Bahnhof etwa 1.000 zumeist junge männliche Personen ein. Wie ein Sprecher der Bundespolizei gegenüber Medien mitteilte, seien Gruppen darunter gewesen, »die vergleichbar aggressiv waren wie 2015«. In der Hauptsache stammten die fraglichen Personen aus dem Irak, aus Syrien sowie Afghanistan. Trotz der starken Präsenz von Polizei und Sicherheitskräften kam es erneut zu Übergriffen. Wieder gingen 117 Anzeigen ein, davon zehn wegen Sexualdelikten.

In Hamburg fielen im Bereich des Jungfernstieges Gruppen junger Männer durch aggressives Verhalten auf, wobei es sich nach Polizeiangaben überwiegend um Personen mit »Migrationshintergrund« gehandelt habe. Ein gespenstisches Szenario bot sich am Mainufer in Frankfurt am Main. Dort, wo in den Jahren zuvor stets um die 100.000 Menschen den Jahreswechsel feierten, verliefen sich diesmal nur 5.000 Unentwegte. Laut FAZ.net vom 3. Januar 2017 waren »viele große Gruppen junger Männer« zu sehen, hingegen Familien und Frauen ohne männliche Begleitung so gut wie gar nicht.

In Hannover, wo die Polizeipräsenz gegenüber dem Vorjahr um 30 Prozent erhöht worden war und Beamte – teils mit Maschinenpistolen, Bodycams und Signalwesten ausgerüstet – patrouillierten, nahm die Bundespolizei laut einem Bericht der Hannoverschen Allgemeinen vom 1. Januar 2017 ein »distanz- und respektloses Verhalten« wahr. Viele junge Männer, auch hier zum Großteil mit Migrationshintergrund, provozierten die Polizisten und feuerten Raketen auf andere Besucher ab.

[22] Ein Dokument mit Sprengstoff

Das neue Jahr ging ins Land, die Silvesterexzesse verschwanden aus den Schlagzeilen – doch das Zuwanderungsdesaster beherrschte weiterhin die Diskussion. Auch auf europäischer Ebene. Im April-Plenum des Straßburger Parlaments stand unter der Drucksachen-Nummer A8-0066/2016 ein brisantes, ja sprengkräftiges Thema auf der Tagesordnung: Der Bericht über die »Lage im Mittelmeer und die Notwendigkeit eines ganzheitlichen Ansatzes der EU für Migration« ist ein Dokument, das man geradewegs als organisierten Verrat an den Lebensinteressen der europäischen Völker bezeichnen kann. Geht es in dem umfangreichen Papier doch nicht etwa um die Organisation eines effizienten Grenzregimes, die Unterbindung jeder weiteren Zuwanderung oder die Abwehr künftiger »Flüchtlings«-Massen – was nachvollziehbar wäre und wofür es im April 2016 höchste Zeit gewesen wäre. Nein, den Verfassern des Papiers, der Kommission, ging es vordergründig um die »Steuerung« der Migration. Schon die Präambel ließ – zumindest bei mir – die Alarmglocken schrillen: Dort heißt es unzweideutig, »daß Solidarität der Grundsatz sein muß, auf dem die Tätigkeit der EU im Bereich der Migration basiert«. Nicht etwa die Verhinderung weiterer Zuwanderung, sondern »das Retten von Menschenleben« müsse »oberste Priorität« haben.

Darüber hinaus werden in dem Bericht koordinierte Um- und Neuansiedlungsprojekte für »Flüchtlinge« auf europäischem Boden als »praktisches Beispiel der Solidarität innerhalb der Europäischen Union« und als »Schritt in die richtige

Richtung«, der so rasch als möglich umzusetzen sei, eingestuft und bejubelt.

Unter Punkt 80 wird der grenzenlose »Schengen-Raum als eine der größten Errungenschaften der europäischen Integration« bezeichnet. In diesem Zusammenhang jammern die Verfasser über die Tatsache, daß in der jüngeren Vergangenheit »manche Mitgliedstaaten die Notwendigkeit fühlten, ihre internen Grenzen zu schließen oder vorübergehende Grenzkontrollen einzuführen«, womit »das ordnungsgemäße Funktionieren des Schengen-Raumes in Frage gestellt wird«.

Dazu ist zu sagen: Aus meiner Sicht sind »Schengen« und die grenzenlose Reisefreiheit kein Wert an sich. Viel wichtiger und schützenswerter sind die Unversehrtheit der europäischen Staaten und Völker. Mein Eindruck: Den EU-Oberen geht es nicht so sehr um humanitäre Angebote an notleidende »Flüchtlinge« als vielmehr um die vorsätzliche Schaffung weiterer multikultureller Pulverfaß-Gesellschaften und in weiterer Folge um die planmäßig vorangetriebene Umvolkung unseres Weltteils.

Gemeinsam mit 206 überwiegend rechten und konservativen Parlamentariern stimmte ich gegen die unglaubliche Vorlage.

[23] Erfrischende Auftritte

In bester Erinnerung werde ich dagegen den erfrischenden Auftritt des ungarischen Ministerpräsidenten Viktor Orbán vor dem Hohen Hause behalten. Orbán, nicht zuletzt wegen seiner rigiden Grenzen-dicht-Politik ins Fadenkreuz der EU-Kommissare und linker Meinungszensoren geraten, machte an jenem 27. April 2017 mit jeder Silbe deutlich, daß er nicht nach Straßburg gekommen war, um etwa zu Kreuze zu kriechen und wegen des gegen Ungarn eingeleiteten Vertragsverletzungs-Verfahrens einen Rückzieher zu machen.

Orbáns Auftritt war brillant. Nachdem der Erste Vizepräsident der EU-Kommission, der bereits in anderem Zusammenhang erwähnte Frans Timmermans, massive Vorwürfe an den Gast aus Budapest gerichtet hatte, ging dieser sofort zum Gegenangriff über. Er verteidigte mit Nachdruck alle Maßnahmen, die seine Regierung bis dahin bereits zur Abwehr des »Flüchtlings«-Ansturms ergriffen hatte. Gleich eingangs attackierte er den US-Milliardär und »Philanthropen« George Soros. Der Großspekulant sei in Ungarn wegen seines Geschäftsgebarens rechtskräftig verurteilt worden, im übrigen trachte Soros danach, Europa jährlich mit einer Million Migranten zu überschwemmen und diese Zuwanderung auch noch finanziell zu unterstützen. Orbán herzerfrischend: »Wir in Ungarn wollen diese Migranten aber nicht haben!«

Im weiteren begründete der Präsident, von dem sich die meisten westeuropäischen Regierungschefs eine sehr, sehr dicke Scheibe abschneiden könnten, die ungarische Kritik an der EU, die er für stark reformbedürftig hält. Europa sei ein Patient, der dringend eine Therapie benötige; doch dafür werde zunächst einmal eine klare Diagnose benötigt. So dürften den Völkern gegen ihren Willen keine Quotenregelungen aufgezwungen werden – diese Art von Politik sei gescheitert, und wenn etwas nicht funktioniere, solle man die Hände davon lassen. Allein das betroffene Volk und nicht EU-Bürokraten sollten nach Orbáns Auffassung darüber entscheiden, ob Fremde ins Land kommen dürfen oder nicht.

Orbán wörtlich: »Wenn Sie Ungarn schon kritisieren, dann bleiben sie auch bei der Wahrheit: Schließlich ist Ungarn ein Schengen-Land, das sich bei Unterzeichnung dieses Abkommens dazu verpflichtet hat, seine Außengrenzen zu schützen – und das tun wir konsequent! Wir alle wissen doch, daß die meisten Migranten gar nicht nach Ungarn wollen; sie wollen weiterreisen, beispielsweise nach Deutschland, Österreich oder nach Dänemark, in die Niederlande oder nach Schweden. Diese Staaten müßten den Ungarn schon dafür dankbar sein, daß sie sich an die Verträge halten.« Auch fühle sich Ungarn den christlichen Werten Europas verbunden.

Gabi Zimmer, die farblose Fraktionsvorsitzende der Vereinigten Europäischen Linken, konnte sich im Folgenden den Versuch nicht verkneifen, Orbán doch noch ein Bein zu stellen. Sie fragte: »Stimmt es nicht, daß Sie selbst Stipendiat von Soros in Oxford waren?« Orbán parierte den Schuß mit einer Glanzparade: Dies entspreche den Tatsachen, erklärte er lächelnd, doch sollte sich auch Soros darüber im Klaren sein, daß er dadurch nicht für alle Zeiten auch seine, Orbáns, Meinung mitgekauft habe.

Orbáns Vortrag gehört zu den wenigen Parlaments-Reden, die mir und meinen patriotischen Kollegen wirklich Freude bereiteten. Orbán dürfte allen Patrioten in Europa aus den Herzen gesprochen haben.

Einen schneidigen Auftritt hatte im Jahr zuvor, im Januar 2016, bereits die rechtskonservative polnische Ministerpräsidentin Beata Szydlo hingelegt. Bei ihrem Gastauftritt im Straßburger Parlament erklärte die Warschauer Regierungschefin mit erfreulicher Deutlichkeit, daß sie sich in erster Linie ihren polnischen Landsleuten verpflichtet fühle. Hintergrund war die seinerzeit unmittelbar bevorstehende Entscheidung der EU-Kommission, eine »Rechtsstaatlichkeits-Prüfung« gegen Polen in die Wege zu leiten. Durch einige gesetzgeberische Maßnahmen des rechtsnationalen Warschauer Kabinetts sieht die Kommission die Demokratie in Polen gefährdet.

Das EU-Parlament in hellem Aufruhr: Entgegen der offenbar stillschweigenden Übereinkunft, daß Eurolevel-Parteien nur Steuergelder abgreifen sollen, sich aber ansonsten ruhig zu verhalten haben, setzt die APF regelmäßig politische Akzente.

Ein Dorn im Auge ist die polnische Regierung den Eurokraten aber auch wegen ihrer standhaften Weigerung, sich an der im September 2015 beschlossenen Umverteilung von Asylanten aus den Hauptankunfts-Staaten Italien und Griechenland zu beteiligen. Polen weiß sich in diesem Punkt eins mit Ungarn und der Tschechischen Republik. Gegen das Trio der Widerständigen leitete die EU-Kommission im Juni 2017 ein Vertragsverletzungs-Verfahren ein.

Polen macht mit Blick auf die Umverteilungspläne Sicherheitsbedenken geltend. Mögliche EU-Sanktionen entbehrten jeder Grundlage, da die Sicherheitspolitik Sache der Länder und eben nicht der EU-Politik sei. Vizeaußenminister Konrad

Szymanski legte den Finger gleich noch in eine zusätzliche Wunde: Im Falle von EU-Sanktionen müßten auch jene Mitgliedstaaten abgestraft werden, die dem Quotensystem zwar ihre Zustimmung erteilt, der sich daraus ergebenden Verpflichtung aber bislang nicht nachgekommen seien. Bei der Umsetzung hätten nämlich alle EU-Länder »fundamentale Probleme«.

In der Tat verläuft gerade mit Blick auf die »Flüchtlings«-Frage ein Riß durch die EU, der immer tiefer und breiter wird. Die Union erweist sich dabei als zahnloser Tiger. Laut dem Beschluß der EU-Innenminister vom September 2015 sollten 160.000 Menschen auf andere Mitgliedsländer verteilt werden. Mit Stand vom Juni 2017 waren hiervon ganze 20.869 Personen aus Italien und Griechenland in andere Staaten gebracht worden - eine mehr als übersichtliche Bilanz. Eine Reihe von Mitgliedsländern, vor allem in Ost- und Südosteuropa, weigern sich, ihre Zusagen über die Aufnahme von »Flüchtlingen« einzuhalten, oder haben sie - wie die nationalkonservative polnische Regierung - gleich wieder aufgekündigt.

Auch der Schutz der Außengrenzen klappt nicht. Als Folge der einsamen Entscheidung der Bundeskanzlerin konnten seit September 2015 hunderttausende sogenannter »Flüchtlinge«, ohne sich registrieren lassen zu müssen, nach Europa einreisen. Wer diesen Zustand für dauerhaft folgenlos hält, muß verblendet oder ein Traumtänzer sein. Auch wenn es irgendwann gelingen sollte, jede weitere Zuwanderung nach Europa zu unterbinden, so stellen doch allein die seit September 2015 eingesickerten Zehn- und Hunderttausende von Migranten eine handfeste Bombe für die europäischen Aufnahmegesellschaften dar. Von den für die »Integration« aufzuwendenden Kosten - mittelfristig rund 900 Milliarden Euro allein in Deutschland - war weiter oben bereits die Rede. Die künftigen Opfer des importierten Terrors, die Opfer der importierten Kriminalität (»Einzelfälle«) lassen sich demgegenüber aber nicht einmal ansatzweise prognostizieren.

Der US-Geostratege George Friedman geht noch weiter. Er geht davon aus, daß die EU schon in absehbarer Zeit in der Bedeutungslosigkeit versinken wird, nicht zuletzt deshalb, weil der Schutz der europäischen Außengrenzen nicht klappt und zahlreiche Mitgliedstaaten deshalb in einem Akt der nationalen Eigenverantwortlichkeit wieder Grenzkontrollen eingeführt haben oder dies noch tun werden.

Selbst »Berufseuropäer«, die mit der EU-Flagge quasi ins Bett gehen, sind inzwischen kleinlaut geworden. Schengen sei »krank«, ist immer wieder zu hören. Im LIBE-Ausschuß, dem ich angehöre, orakelte ein hoher Beamter gar: »Wenn Schengen stirbt, stirbt dieses Europa«.

Ich kann solchen pathetischen Ansagen wenig abgewinnen. Die EU ist nicht das Europa der Völker. Europa hat im letzten Jahrtausend Türken, Mongolen und zwei Weltkriege überlebt – es wird auch die EU überleben.

Mein Münchner Mitarbeiter Karl Richter brachte es im Frühjahr 2016 in einem Beitrag (»Schengen zerbröselt«) für unser Informations-Bulletin *Nation in Europa* in gewohnter Prägnanz auf den Punkt, als er schrieb: »Daß westeuropäische und insbesondere deutsche Patrioten (...) einmal ausgerechnet nach Polen voller Zustimmung und Respekt schauen würden, ist ein besonderer Treppenwitz der Weltgeschichte. Für Scherze freilich ist nicht mehr die Zeit – und für das Lecken alter historischer Wunden auch nicht. Die europäischen Völker müssen heute jedem dankbar sein, der der Multikulti- und Zuwanderungs-EU von Brüssel und Straßburg Paroli bietet. Im übrigen haben die Polen Europa schon einmal buchstäblich in letzter Minute gerettet. Das war 1683 am Kahlenberg bei Wien, als die berühmten polnischen Flügelreiter im letzten Augenblick den Belagerungsring der Türken aufbrachen und die alte Kaiserstadt retteten. Vielleicht hat die Geschichte in unseren Tagen etwas Ähnliches mit den östlichen Nachbarn vor.«

Ja, wer weiß das schon. Wenn es überhaupt eine Sphäre gibt, in der kaum etwas Unmöglich ist, dann ist es die Politik. Nicht nur bei mir hat sich in den bewegten letzten Jahren der Eindruck verfestigt, daß in Ost- und Südosteuropa vielfach noch ein gesund-urwüchsiges Verhältnis zu Fragen der nationalen Souveränität, der inneren Sicherheit und der ethnischen Homogenität vorhanden ist – und zu Werten wie Familie und Religion ohnehin. Polens nationalkonservative Regierung, nicht weniger die nationale Führung der Slowakei und erst recht natürlich die ungarische Orbán-Regierung lehnten und lehnen mit Blick auf die »Flüchtlings«-Problematik jede Quoten-Regelung ab. Demgegenüber versucht sich das Brüsseler Funktionärsregime ein ums andere Mal über den erklärten Willen der Völker hinwegzusetzen. Die Kommission drohte 2016 mit Strafzahlungen in Höhe von 250.000 Euro für jeden nicht aufgenommenen »Flüchtling«. Gegen diese ebenso unglaubliche wie zynische Bevormundung setzte sich unter anderem Ungarn zur Wehr, indem die Budapester Regierung Anfang Oktober 2016 eine Volksabstimmung zum Thema Migranten-»Zuteilung« durchführen ließ. Zwar beteiligten sich daran nur 39,9 Prozent der Wahlberechtigten, von diesen jedoch sprachen sich 98,3 Prozent gegen »Flüchtlings«-Quoten aus. Im Ergebnis wurde der Kurs der Regierung also eindrucksvoll bestätigt.

In einer Generaldebatte im April-Plenum 2016 in Straßburg mußte ich dann doch noch einmal auf die gewöhnungsbedürftige Idee der Kommission zurückkommen, für jeden nicht-umgesiedelten »Flüchtling« eine Strafzahlung von 250.000 Euro zu veranschlagen. Ich hielt der EU-Kommission den Spiegel vor, indem ich die zynische Verhöhnung der sonst so gern herausgestellten »Werte« der EU einer scharfen Kritik unterzog: »Die hohen Werte, die Sie hier in diesem Haus zu verteidigen vorgeben – die Menschlichkeit, die Humanität – hat einen Preis: pro Mensch beträgt dieser 250.000 Euro.«

Wie zuvor die Abgeordnete der ungarischen Jobbik-Partei Krisztina Morvai verteidigte auch ich das Referendum der Ungarn und wies das Instrument der Strafzahlungen als völlig inakzeptables politisches Druckmittel gegen widerspenstige Mitgliedsländer zurück. Tatsächlich verfolgt Brüssel mit den geplanten Sanktionen eine Einschüchterungstaktik: Volksabstimmungen sollen von vornherein unter Druck gesetzt werden; die Menschen sollen aus purer Angst vor Zahlungen des eigenen Landes so abstimmen, wie es die Kommission gerne hätte. »Was maßen Sie sich eigentlich an – in einer Zeit, in der Sie nichts getan haben, um die Ursachen der Flüchtlingsströme zu bekämpfen?« legte ich noch einmal den Finger in die Wunde, um dann noch einmal anzuregen, in der »Flüchtlings«-Zuweisungs-Politik knallhart das Verursacherprinzip anzuwenden: Denn wer nimmt zum Beispiel die USA als eigentlichen Verursacher der seit Jahrzehnten andauernden Konflikte im Nahen Osten und in Nordafrika in die Pflicht?

Mühsam, ohne Elan und Ideen, hangelte sich die EU in jenen dramatischen Monaten seit der fatalen Grenzöffnung Merkels von Sondergipfel zu Sondergipfel. Doch all die hochoffiziellen Gipfel- und Ministertreffen erschöpften sich letztlich in vollmundigen Absichtserklärungen und Durchhalteparolen. Am 28./29. Juni 2016 war es in Brüssel wieder einmal so weit.

In der Aussprache und als direkte Antwort auf die Ausführungen von EU-Ratspräsident Tusk wies ich darauf hin, daß der Rückgang der »Flüchtlings«-Zahlen an der türkisch-griechischen Grenze alles andere als das Ergebnis einer zielorientierten Politik der EU gewesen sei. Vielmehr waren es die erfolgreichen Grenzschutzmaßnahmen einzelner Länder, vor allem Ungarns und Österreichs, die allmählich Wirkungen zeigten.

Gerade in der »Flüchtlings«-Frage liegen Eurokraten und nationale Opposition im EU-Parlament Lichtjahre auseinander. Erneut zeigte sich dies in einer Generaldebatte im Oktober-Plenum 2016 in Straßburg. Auf der Tagesordnung stand die unhaltbare Situation in der französischen Hafenstadt Calais. Unweit des Eingangs zum Eurotunnel war dort über

Jahre hinweg ein riesiges Zeltlager entstanden, der »Dschungel«, wo sich zeitweise bis zu 10.000 Illegale aufhielten. Ende Oktober 2016 wurde das Lager schließlich geräumt und dann geschlossen.

Den französischen Behörden war der »Dschungel« längst ein Dorn im Auge, da Übergriffe auf durchfahrende Lastwagen und Ausschreitungen unter den Bewohnern seit langem zum täglichen Routineprogramm gehörten. Unterstützung erhielten die »Flüchtlinge« zuweilen durch Linksextreme; 2016 wurden bei Krawallen zehn Polizisten und ein Journalist verletzt.

In der erwähnten Straßburger Parlamentsdebatte im Oktober 2016 versuchten es zahlreiche linke und bürgerliche Abgeordnete zunächst mit einem kräftigen Druck auf die Tränendrüsen, um dann die Standardforderung nach mehr und besserer »Integration« aufs Tapet zu bringen; mehr Dolmetscher und mehr Sprachkurse müßten angeboten werden.

Abgeordnete patriotischer Parteien verwiesen hingegen auf die geltende Gesetzeslage und die sich aus dem Schengen-Reglement ergebenden Bestimmungen. Sie votierten durch die Bank für eine Wiederherstellung der Grenzen. Auch ich rief den anwesenden EU-Kommissaren ihre Verpflichtungen zum Schutz Europas, seiner Grenzen und nicht zuletzt seiner Sozialstandards in Erinnerung.

Auch im Falle des »Dschungels« von Calais lag die Verantwortung für die desaströse Situation bei der etablierten Politik, wobei ich in diesem Zusammenhang namentlich Migrations-Kommissar Dimitris Avramopoulos und – immer wieder! – den Vize-Chef der Kommission, Frans Timmermans, kritisierte. »Denn nur, weil Sie die Migration über Lampedusa, die von Kriminellen organisiert wird, dulden, haben sich die Menschen überhaupt erst auf den Weg gemacht«, erklärte ich, um schließlich die Frage zu stellen, ob »noch mehr billige Humansklaven nach Europa« gebracht werden sollen, »statt den Menschen dort zu helfen, wo sie herkommen, damit sie auch eine Zukunft und Perspektive in ihrer eigenen Heimat haben?«

Je sichtbarer die Risse im Gemäuer der EU zutage treten, umso verbissener versuchen die Brüsseler Kommissare, sich auf das Prinzip der Daumenschrauben zu verlegen. Das wurde während einer Sitzung des LIBE-Ausschusses im Februar 2017 überaus deutlich (geladen waren Abgeordnete aus 20 nationalen Parlamenten der EU-Mitgliedstaaten).

Die Kommission schlug bei dieser Gelegenheit vor, daß künftig gleiche Belastungen für die Aufnahme von »Flüchtlingen« in allen Staaten gelten sollten. Wer hier nicht mitziehe, müsse mit Härte und Konsequenz sanktioniert werden.

Zuvor hatte Migrationskommissar Avramopoulos den Ausschußmitgliedern sein Leid geklagt: Die Vereinbarungen von Dublin und Schengen hätten unter extremen Bedingungen nicht funktioniert und bedürften einer Überarbeitung. In nahezu zwei Jahren sei es nicht gelungen, die von der Union beschlossene Umsiedlung von 160.000 »Flüchtlingen« in Griechenland und Italien in die Praxis umzusetzen – wegen mangelnder Solidarität der Mitgliedsstaaten seien lediglich 12.000 Personen umgesiedelt worden.

Wie sehr die Überlegungen der EU-Oberen an der Wirklichkeit vorbeigehen, war unter anderem an der Forderung zu bemerken, die ohnehin umstrittenen Familienzusammenführungen weiter auszubauen. Bislang hätten nur 2.000 »Flüchtlinge« von diesem Angebot Gebrauch gemacht, was gerade einmal 0,3 Prozent seien; die meisten seien nicht entsprechend über ihre Rechte aufgeklärt.

Eine Abgeordnete der Willkommens-Parteien kam mit der alten Leier, die wir auch aus Deutschland zur Genüge kennen: »Wir sind alle Flüchtlinge auf dieser Welt, denn wie schnell kann auch bei uns ein Krieg ausbrechen, und wir müssen vor Tod und Gewalt fliehen.«

In der Debatte bezog ich mich auf diese Äußerung und erklärte, daß ich in einem solchen Fall nicht fliehen, sondern für mein Vaterland kämpfen würde. Die offizielle »Willkommenskultur« der Union bezeichnete ich »als kaum mehr erträglich«: Staaten wie Ungarn, Polen oder Slowenien, die das Schengener Abkommen ernst nähmen und ihre Außengrenzen sicherten, würden von der Kommission gerügt.

Im Zuge der Debatte machten Abgeordnete aus diesen Ländern deutlich, daß sie es ihren Völkern gegenüber nicht verantworten könnten, die Schleusen nach fragwürdigem deutschem Vorbild zu öffnen und »Flüchtlinge« unkontrolliert einreisen zu lassen. Eine Zwangszuweisung von Quoten-Migranten lehnten sie einmal mehr ab.

Das letzte Wort in der Angelegenheit hat der Europäische Rat, der sich aus den Ministerpräsidenten der EU-Länder zusammensetzt – und diese müßten zu einer Quoten-Zuteilung einen einstimmigen Beschluß fassen; sehr gut möglich, daß dann die ganze Operation der EU-Kommissare wie eine Seifenblase zerplatzt.

Außerdem hat die fatale Ausländerpolitik der Etablierten bereits zum *Brexit* geführt. Nunmehr hoffe ich, daß die Träumereien der Multikulti-Strategen in der Kommission der EU noch schneller beendet werden, als viele sich das heute noch vorstellen können. Die EU ist am Scheideweg – und ich hoffe, daraus mache ich kein Hehl, auf ihr baldiges Ende! Nur um Mißverständnisse zu vermeiden: Wir sind keineswegs generell gegen ein vereintes Europa, sondern für ein Europa der Vaterländer, das durch freie und souveräne Völker repräsentiert wird. Dieses steht im krassen Gegensatz zum EU-Europa der Banken und Spekulanten, das zudem eine multikulturelle und volkszerstörerische Politik betreibt.

[24] Danksagungen aus Polen

Die Haltung einiger osteuropäischer Staaten, darunter Polen, in der »Flüchtlings«-Frage stößt bei mir, aber auch bei vielen anderen nationaldenkenden Menschen auf allergrößten Respekt. Unser östlicher Nachbar sollte in meiner bisherigen Tätigkeit als Abgeordneter des Europäischen Parlaments noch eine gewichtige Rolle spielen. Ende August/Anfang September 2017 quoll mein Briefkasten bei Facebook förmlich über vor Danksagungen aus Polen, ebenso die Kommentarspalte. Ja, richtig gelesen: aus Polen – wer hätte das jemals gedacht!

Frans Timmermans
Foto: © European Union 2016

Was war geschehen? Am 31. August 2017 erläuterte Kommissions-Vize Frans Timmermans im Ausschuß für Bürgerliche Freiheiten, Justiz und Inneres (LIBE) »die jüngsten Entwicklungen in Polen und ihre Auswirkungen auf die Rechtsstaatlichkeit«. Er insistierte hartnäckig darauf, daß die EU Polen mit Nachdruck aufgefordert habe, das Abholzungsverbot im Bialowieza-Urwald einzuhalten. Denn die Regierung in Warschau ignoriere konkrete Anordnungen des Europäischen Gerichtshofs (EuGH). Darum wolle die Kommission nun gemäß Artikel 7 Absatz 1 des Vertrages über die Europäische Union (EUV) ein Vertragsverletzungs-Verfahren gegen Polen einleiten.

Während Linke, Grüne und Liberale diese Absicht begrüßten, nahm ich kein Blatt vor den Mund: Ich warf Timmermans pure Heuchelei vor, wenn er im Ausschuß behauptete, er und die Kommission seien politisch neutral, wenn es um die Rechtsstaatlichkeit in Polen gehe. Vielmehr griffen er und die Kommission seit Monaten völlig ungeniert zugunsten der Opposition in die innenpolitischen Diskussionen in Polen ein.

Es gehe ihm doch weniger um die Abholzung des Urwaldes, sondern um die bei den EU-Oberen zutiefst verhaßte Migrationspolitik der polnischen Regierung. Wer wie Timmermans monokulturelle Staaten »ausradieren« und Nationalstaaten vernichten wolle – von seinen unglaublichen diesbezüglichen Äußerungen Timmermans´ auf dem EU Fundamental Rights Colloqium (Colloqium über fundamentale Rechte) im Jahre 2015 war weiter oben bereits die Rede –, der stelle natürlich auch die staatliche Souveränität Polens in Frage. Abschließend stellte ich noch zwei Tatsachen heraus: Zum einen sei die Regierung in Warschau das Ergebnis freier Wahlen; zum zweiten sei Polen ganz im Gegensatz zu Deutschland ein souveränes Land. Daher müsse von der Kommission erwartet werden, daß sie den Mehrheitswillen des polnischen Volkes akzeptiert. So erklärte ich, daß ich das Vertragsverletzungs-Verfahren gegen Polen selbstverständlich nicht unterstützen könne.

Daraufhin hagelte es auf meiner Facebook-Seite Zustimmung, Dank und jede Menge positive Kommentare: »Thank you very much, Mr. Voigt! Greetings from Poland!« schrieb ein Piotr Petlicki. Eine Daria Kurowska bemerkte: »Thank you for your support.” «Mutige Rede!” schrieb mir Agata Katarzyna Michalska. »Herr Udo, danke für Ihr heutiges Sprechen im EU-Parlament!!! Gruß von Polen ... Dziękujemy! Danke an Gott, daß es immer noch normale Menschen in Europa wie Sie gibt. Bitte schicken Sie an alle EU-Abgeordneten, daß wir hier in Polen sehr glücklich sind, daß Frau Beata Szydlo und die PiS-Partei regieren«, heißt es im Brief einer Barbara Kukuczka. Und Luisa Zarembianka bemerkte: »Vielen Dank, Herr Voigt. Wir brauchen jetzt solche vernünftige Unterstützung. Wir wissen alle, daß es Herrn Timmermans nicht um polnische Gerichte geht, aber um Immigranten aus Afrika, die wir nicht annehmen wollen, worauf wir als souveränes Land ein Recht haben. Noch einmal vielen Dank aus Warschau. Wir haben schon im marxistischen Staat gelebt und wollen das nicht wiederholen.«

Während sich die bundesdeutschen Qualitätsmedien wie üblich in Schweigen hüllten, berichteten internationale Medien, so etwa die Portale *www.euobserver.com* und *wiadomosci.wp.pl* sowie *polskieradio*, auch über meine im LIBE-Ausschuß vertretene Position. So etwas verstehe ich unter seriösem Journalismus – während hierzulande selbst bei zentralen und wichtigsten Themen wie etwa der Zuwanderung und ihren Folgen die »fünf V« den Ton angeben, wie es der Journalist und frühere Fernsehmoderator Hans-Hermann Gockel ausdrückte: Verschweigen, Vertuschen, Verbiegen, Verdrängen, Verharmlosen. Könnte es sein, daß uns inzwischen viele Länder, gerade auch im Osten Europas, in puncto Meinungsvielfalt und Medienfreiheit um Längen überholt haben?

[25] Im Visier des islamistischen Terrors

Bomben, Blut und Bitterkeit: Für die Bundesbürger, festgezurrt in Wohlstand und Konsum, war der Terror lange Zeit sehr weit entfernt. Die Meldungen und Fernsehbilder aus Kabul, Bagdad, aber auch aus Jerusalem oder Tel Aviv hinterließen bei den einen ein hilfloses Achselzucken; anderen jagten sie einen kalten Schauer über den Rücken. Die Anschläge von London, Brüssel, Paris, Nizza und Madrid führten dann aber vielen Landsleuten zumindest eines vor Augen: Die Einschläge kommen näher.

Tatsächlich bekam der Terror nur allzu bald auch in Deutschland einen Namen – den des beschaulichen mittelfränkischen Städtchens Ansbach. Am 25. Juli 2016 zündete hier der 27 Jahre alte syrische Asylbewerber Mohammed Daleel vor einem Weinlokal eine Rucksack-Bombe, wodurch 15 Menschen teils schwer verletzt wurden. Der Attentäter, der bei dem Anschlag ums Leben kam, hatte seit zwei Jahren in der Bundesrepublik gelebt und Verbindungen zur Kopfabschneider-Miliz Islamischer Staat.

Wenige Tage zuvor, am 18. Juli, war in einer Regionalbahn nahe Würzburg ein 17jähriger Afghane mit »Allahu-akbar«-Rufen und einer Axt bewaffnet auf Mitreisende losgegangen. Fünf Menschen wurden verletzt, vier davon schwer.

Und wieder nur wenige Tage später, am 22. Juli, tötete ein 18jähriger »Deutsch-Iraner« bei einem Amoklauf im Olympia-Einkaufszentrum im Münchner Stadtbezirk Moosach neun Menschen; vier weitere verletzte er durch Schüsse. Während die bundesdeutschen Lügenmedien der Öffentlichkeit vorenthielten, daß auch dieser Täter in »Allahu-akbar«-Rufe ausbrach, wurde in ausländischen Medien wie CNN immerhin Klartext gesprochen.

Nach dem Terroranschlag auf den Berliner Weihnachtsmarkt. Foto: Andreas Trojak, CC BY 2.0, flickr.com

Seinen vorläufigen Höhepunkt erreichte der Terror in Deutschland mit dem Anschlag vom 19. Dezember 2016 auf den Weihnachtsmarkt an der Kaiser-Wilhelm-Gedächtniskirche in Berlin. Der Attentäter Anis Amri steuerte einen Speditions-Lkw, dessen polnischen Fahrer er zuvor getötet hatte, in eine Menschenmenge; elf Besucher starben, 55 wurden verletzt.

Wie kurz nach der Tat bekannt wurde, hatte der marokkanische Geheimdienst sowohl den Bundesnachrichtendienst (BND) als auch das Bundeskriminalamt (BKA) am 19. September und am 11. Oktober 2016 vor Amri gewarnt: Dieser verfüge über Kontakte zum IS und sei bereit, Terroranschläge durchzuführen. Darüber informierten das Portal *Mondafrique* am 23. Dezember 2016 sowie *welt.de* und die *Neue Zürcher Zeitung* einen Tag später.

Der vormalige Innenminister von NRW, Ralf Jäger, erklärte laut der Tageszeitung *Die Welt* (30. Dezember 2016), daß während einer zeitweisen Observation der Eindruck entstanden sei,

Amri habe sich eher vom Dschihadismus und Salafismus gelöst, um sich schwerpunktmäßig dem Handel mit Drogen zu widmen. Deshalb habe man keine Möglichkeit gesehen, Amri zu verhaften.

Das sah der Berliner Innensenator Andreas Geisel ganz anders: Im Mai 2017 wurde laut Recherchen der *Süddeutschen Zeitung* bekannt, daß dem Berliner LKA im Herbst 2016 sehr wohl handfeste Erkenntnisse vorlagen, daß Amri »gewerbsmäßigen, bandenmäßigen Handel mit Betäubungsmitteln« betrieb. Die Fakten hätten laut Geisel für eine Verhaftung Amris gereicht. Dies aber wollten LKA-Mitarbeiter offenbar vertuschen: Sie datierten ein Dokument vom Januar 2017 auf November 2016 zurück, in dem nur noch von kleineren Mengen Drogen die Rede ist. Gegen die Mitarbeiter wird inzwischen wegen des Verdachts der Urkundenfälschung ermittelt.

Übrigens war Amri nach einer Mitteilung des syrischen Botschafters den Behörden seines Landes längst als Terrorist bekannt. Dem syrischen Geheimdienst lagen Aufnahmen vor, nach denen Amri – getarnt als »Weißhelm«-Aktivist – mit der Waffe im Anschlag auf der Seite der Terrormilizen der syrischen »Opposition« kämpfte und mordete, berichtete mir der syrische Botschafter nach dem Anschlag. Doch bekanntlich nehmen deutsche Behörden ja keine Hinweise syrischer Nachrichtendienste an. Der Anschlag hätte verhindert werden können. Die politische Bornhiertheit deutscher Behörden, die sich vom großen US-Bruder vorschreiben lassen, mit wem sie kooperieren und mit wem nicht, machte ihn möglich. Der Fall macht deutlich, daß die fehlende Souveränität der Bundesrepublik nicht nur eine akademische Streitfrage im luftleeren Raum ist. Nein – der deutsche Vasallenstatus im Kielwasser der Amerikaner ist tödlich. Ein souveränes Deutschland hätte gehandelt und seine Bürger geschützt. Vor Terroristen nicht weniger als vor Besatzern.

Was jetzt auch in Deutschland passiert, ist die zwangsläufige Folge einer wahnwitzigen »Willkommens-« und Zuwanderungspolitik. Diese ist den Deutschen zwar auch früher schon zugemutet worden, von Kanzlerin Merkel aber wird sie mit nicht mehr zu ertragender Penetranz praktiziert.

In der *Neuen Zürcher Zeitung*, Ausgabe vom 25. Juli 2016, wurde dazu nüchtern festgehalten: »Das islamistisch motivierte Selbstmordattentat von Ansbach macht schlagartig deutlich, welche Risiken Deutschland mit seiner Politik der ‚Willkommenskultur' eingegangen ist.« Diesen Satz kann wohl jeder Zeitgenosse unterschreiben, der sich noch einen kritischen Blick bewahrt hat; Politiker der Alt-Parteien dürfen sich das Zitat gern hinter den Spiegel stecken.

Behörden, Medien und Politiker versuchen gern und oft, die Attentate herunterzuspielen – die Vokabel vom »traumatisierten« Einzeltäter, dessen Bluttaten natürlich rein gar nichts mit dem Islam zu tun haben, macht inzwischen als neue (Medien-)Unsitte die Runde. Aber für wie dumm halten ferngesteuerte System-Schreiberlinge die Menschen eigentlich? Tatsache ist doch, daß alle, ausnahmslos alle Anschläge der jüngsten Zeit von Muslimen begangen worden sind; keiner der Mörder war Christ, Hindu oder Buddhist.

Und noch eine Wahrheit, die mittlerweile fest in Stein gemeißelt ist, scheuen bundesdeutsche Meinungs-Trompeten wie der Teufel das Weihwasser: Daß es selbstverständlich einen direkten Zusammenhang zwischen der geradezu fahrlässigen Grenzöffnung der Kanzlerin im September 2015 und dem islamistischen Terror gibt, der auch Deutschland inzwischen erreicht hat.

Nicht allein der aus Syrien stammende Attentäter von Ansbach war schon 2014 in die Bundesrepublik gekommen (und hätte unter normalen Umständen aufgrund der Ablehnung seines Asylgesuchs in das sichere Herkunftsland Bulgarien zurückgeführt werden müssen). Auch eine ganze Reihe weiterer Attentäter aus dem Nahen Osten dürfte sich über die »Balkanroute«, die ihnen Merkel öffnete und die Monate später erst dank des beherzten Zupackens der Ungarn abgeriegelt wurde, herzlich gefreut haben.

Mit ihrer »Willkommenskultur« hat die Bundeskanzlerin dem deutschen Volk ein ganzes Bündel enormer Risiken aufgehalst. Ohne jede Kontrolle kamen hunderttausende junge Männer nach Deutschland – über ihre politische Einstellung weiß man ebensowenig wie über ihre psychische Verfassung. Eine Zeitbombe für uns alle – mit der Option auf Bürgerkrieg.

Wie selbst der *Spiegel* 2016 berichtete, verfügt die IS-Terrormiliz mittlerweile in jedem EU-Land über eine nationale Führungsstruktur. Schon das kommt einem Verbrechen gleich, für das Merkel und Konsorten zur Verantwortung gezogen werden müßten – zumal sich die Berliner Regierungschefin mit Blick auf ihre Entscheidung vom September 2015, die Schleusen für alles und jeden zu öffnen, mit niemandem abgestimmt hat, weder mit ihren Parteifreunden noch mit den Länderchefs noch mit den Regierungen der übrigen EU-Mitgliedsstaaten.

Zudem haben Merkel und Co. bis zum heutigen Tag fundierte Warnungen der deutschen Sicherheitsbehörden in den Wind geschlagen. Deren Chefs warnten schon seit Herbst 2015 immer wieder davor, daß aus Ländern wie Syrien, Afghanistan oder dem Irak unkontrolliert Männer ins Land gelangten, für die Gewalt faktisch zum Alltag gehört und die mit Sprengsätzen ebenso vertraut sind wie mit einer Kalaschnikow. Andere Mahner, zum Beispiel aus der patriotischen Opposition, bekommen für solche Warnungen ohnehin den Stempel »Rechtsextremist« aufgedrückt.

Jetzt ist guter Rat teuer. Denn wie soll man Zehn-, vielleicht Hunderttausende junger Muslime lückenlos überwachen, so daß jeder Anschlagsplan rechtzeitig aufgedeckt werden kann? Von den alltäglichen Folgen der »Bereicherung« gar nicht zu reden. Die Kriminalstatistiken sprechen für sich. Erst im April 2017 mußte Innenminister Thomas de Maizière auf einer Pressekonferenz auf die Frage, ob Ausländer in der Bundesrepublik krimineller seien als Deutsche, eingestehen: »Der Anteil der ausländischen Tatverdächtigen und dabei vor allem der Zuwanderer ist höher als der Schnitt der Bevölkerung.« Das Schlamassel muß geradezu zum Himmel stinken, wenn sich selbst der Hüter der inneren Sicherheit, einer der routiniertesten Abwiegler und Vertuscher der BRD-Führung, mittlerweile zu solchen Eingeständnissen veranlaßt sieht.

Doch auf markige Worte und vollmundige Ankündigungen vorgeblicher »Konservativer«, die in aller Regel als Tiger losspringen, um dann als brave Bettvorleger zu landen, geben mittlerweile sehr viele Menschen keinen Pfifferling mehr.

Richtig ist: Merkel und ihr Gefolge müssen weg. Jeder Tag, an dem die unsägliche Kanzler-Darstellerin am Ruder bleibt, ist ein verlorener Tag für Deutschland – und für Europa nicht minder. Inzwischen steht Merkel mit ihrer halsstarrigen Zuwanderungspolitik auch auf europäischer Bühne allein auf weiter Flur.

Noch immer wäre Zeit, die Terrorbedrohung wenigstens einzugrenzen, ehe sie sich zum Flächenbrand ausweitet. Das aber wird mit den Berliner Parteien nicht zu machen sein, denn jedwede Einschränkung an grenzenloser Offenheit und Mobilität würde bedeuten, daß heilige (EU-) Kühe zur Schlachtbank geführt würden, und dazu wird sich das EU-Kartell nicht herbeilassen.

Deshalb: Merkel – und mit ihr der Rest des Berliner Versager-Regimes gleich mit – muß weg! Erst dann ist der Weg frei für die längst überfällige politische Wende in unserem Land.

Eine an nationalen Interessen ausgerichtete Regierung würde – nur eine Maßnahme unter vielen – für die sofortige Ausweisung abgelehnter Asylbetrüger Sorge tragen, eine uralte Forderung der nationalen Opposition. Und wer sich im Hinblick auf die dringend notwendige Sicherung der Außengrenzen auf die EU verläßt, der ist definitiv verlassen. Auch die europäische Grenzschutz-Agentur Frontex schafft es nicht, weshalb wir – Ungarn macht es vor – den Schutz unserer Grenzen wieder in die eigenen Hände nehmen müssen. Das Personal dafür steht in quantitativer wie in qualitativer Hinsicht zur Verfügung, es müßte nur eingesetzt werden. Aber es ist wie immer eine Frage des politischen Willens. Die Ungarn, die Polen, Tschechen und die meisten anderen Länder Ost- und Südosteuropas haben den Willen, ihre Grenzen dichtzuhalten und ihre Bevölkerungen vor Terror, Importkriminalität und Islamisierung zu schützen. Die Bundesregierung und die meisten westeuropäischen Regierungen haben diesen Willen nicht, sondern hängen unbeirrt ihren Ideologie-Konstrukten nach, die sich im rauher werdenden Klima des 21. Jahrhunderts als nicht lebensfähig erwiesen haben. Damit muß Schluß sein. Grenzschutz ist möglich. Der Schutz vor Terror und Islamisierung ist möglich. Unsere Regierungen müssen endlich den Willen dazu haben. Wenn nicht, müssen sie so rasch als möglich politisch entsorgt werden.

Den wirksamsten Beitrag leisten bei alledem aber diejenigen, die den Terror dort bekämpfen, wo er seine Nester hat: im Nahen Osten, in Syrien, im Irak. Im Gegensatz zu den USA, die bei der Bekämpfung der IS-Kopfabschneider eine eher dubiose Rolle spielen, trugen in erster Linie die gezielten und kontinuierlichen Einsätze der russischen Luftwaffe seit September 2015 dazu bei, daß der IS in Syrien Stück für Stück zurückgedrängt werden konnte. Die Tür zum Wiederaufbau des vom Krieg gebeutelten Landes wurde weit aufgestoßen.

Doch exakt diese richtungsweisende Politik wird vom Westen mit unglaublicher Perfidie boykottiert, indem die sogenannte »westliche Wertegemeinschaft«mit dem Terror in Syrien paktiert, und das sogar relativ unverhohlen. Das Hauptziel der westlichen Nahost-Politik ist nach wie vor der Austausch der legitimen al-Assad-Regierung durch eine US-hörige Marionetten-Regierung. Hier vertritt nur die europaweit aufgestellte *Alliance for Peace and Freedom* eine gegensätzliche Auffassung. Für sie ist die beste Terrorabwehr die Unterstützung Syriens und Rußlands.

Derweil hält es Merkel lieber mit transatlantischer Nibelungentreue, womit die nächsten Anschläge schon vorprogrammiert sind. Gegenwärtig halten sich rund 500.000 Illegale in der Bundesrepublik auf, unter denen sich eine unbekannte Zahl an Terroristen, Dschihadisten und IS-Anhängern befindet.

Dieser Personenkreis dürfte sich etwa angesichts der anhaltenden Diskussion über ein neues Waffenrecht der EU vor Lachen die Bäuche halten. Wurden bislang komplette Waffen registriert, so sollen nunmehr auch einzelne Bauteile erfaßt und behördlich verfolgbar gemacht werden. Jäger, Sportschützen und Waffensammler werden unter Generalverdacht gestellt. Dabei sprechen die Zahlen eine ganz andere Sprache: Denn wie aus der amtlichen polizeilichen Kriminal-Statistik hervorgeht, wurden 2014 von 6.082.054 Straftaten ganze 605 mit erlaubnispflichtigen Schußwaffen begangen – also weniger als 0,001 Prozent!

Kritiker des neuen Waffenrechts wiesen wiederholt darauf hin, daß sich mit solchen Maßnahmen weder Terroranschläge noch Amokläufe verhindern lassen. Erwerben doch Terroristen ihre Waffen logischerweise nicht auf dem umständlichen Weg der behördlichen Registrierung, sondern in der Hauptsache illegal auf einem gigantischen Schwarzmarkt, oder sie reisen gleich mitsamt ihren Waffen illegal ein.

Allein in Bosnien, das unter den Augen der EU-Bürokratie immer mehr zum Aufmarschgebiet gewaltbereiter Islamisten wird, waren 2017 mehr als 800.000 Kriegswaffen im Umlauf; viele davon stammen aus Beständen der früheren jugoslawischen Armee – eigentlich genug Arbeit für die EU-Kommission.

Schon im Februar 2016 hatte ich deshalb während einer Anhörung im LIBE-Ausschuß erklärt: »Terroristen haben ihre Anschläge mit illegal beschafften Waffen begangen. Eine Verschärfung des Waffenrechtes beträfe nur Jäger, Sport- und Traditionsschützen sowie Sammler und ist mit heißer Nadel gestrickt. Der Vorschlag der Kommission geht am Problem vorbei.«

Als es dann im März-Plenum 2017 im Straßburger Parlament ernst wurde, stimmte ich gemeinsam mit 122, meist rechten und konservativen Abgeordneten selbstverständlich gegen die neue Waffen-Richtlinie.

Wieder einmal hatte die EU-Kommission den Bohrer an der völlig falschen Stelle angesetzt. Während sie bei unbescholtenen Bürgern die Daumenschrauben noch fester anzieht, war die Gefahr, Opfer sogenannter Gefährder zu werden, nie so groß wie heute. An Hinweisen durch Stellen, die sich sozusagen direkt mit dem Ohr an der Masse befinden, fehlte es nicht. So warnten sowohl syrische als auch libysche Behörden bereits zu Beginn der »Flüchtlings«-Krise im Jahre 2015 vor potentiellen Terroristen, die mit dem Asylanten-Zustrom nach Europa einsickerten. Die syrischen Stellen boten ihren europäischen Amtskollegen sogar umfangreiche Listen mit IS-Kämpfern und anderen Terroristen an, ohne daß seitens der EU eine ernstzunehmende Reaktion erfolgt wäre. Wie der libysche Ministerpräsident Fajis al-Sarradsch informierte, nutzte der IS die Aktivitäten der Mittelmeer-Schleuser nicht nur als Vehikel der illegalen Einreise nach Europa, sondern ebenso als Mittel, um den Terrorismus zu finanzieren.

Vor diesem Hintergrund forderte ich im Juni 2017 den Innenausschuß des EU-Parlaments auf, die aktuelle Asyl-Richtlinie restriktiver zu fassen. Vorgeschlagen wurde in diesem Zusammenhang die Schaffung einer Online-Datenbank, die jeden »Flüchtling«, der sich aktuell in Europa aufhält, mit Lichtbild, Namen und letztem Wohnort im Herkunftsstaat erfassen soll. Dabei setzte ich besonders darauf, daß Landsleute potentielle Terroristen dort erkennen und die Behörden auf mögliche Gefahren aufmerksam machen können.

Das Bedürfnis eines »Flüchtlings« nach Datenschutz muß dabei stets der Verpflichtung der EU-Mitgliedsstaaten nachgeordnet sein, die eigenen Bürgerinnen und Bürger zu schützen. Anders als die gängige Praxis, die Kameraüberwachung im öffentlichen Raum massiv auszuweiten, schränkt diese Maßnahme auch nicht die Freiheitsrechte der Unionsbürger ein, sondern zielt auf potentiell gefährdende Personen ab. Vorbild könnte die Online-Datenbank für Sexualstraftäter in den USA sein.

[26] EU-Maßnahmen ohne Flankenschutz

Mindesteinkommen, Sozialdumping, Leitlinien für beschäftigungspolitische Maßnahmen – auch diese grundlegenden Themen spielen im Europaparlament immer wieder eine wichtige Rolle und zwingen dazu, Position zu beziehen. Im September-Plenum 2016 bestand hierfür gleich mehrmals die Gelegenheit. Die einschlägigen Beschlußvorlagen der Kommission quollen dabei nur so über vor ellenlangen, blumigen Verlautbarungen. Roß und Reiter wurden dabei freilich in keiner Weise benannt, was wiederum nicht verwundern kann, handelt es sich doch bei der EU um eine liberalkapitalistisch ausgerichtete Organisation, für die »Grundwerte« wie die Mobilität von Mensch und Kapital de facto heilige Kühe sind.

Das bot die Gelegenheit, die Positionen der deutschen nationalen Opposition darzulegen und die offenen Flanken der EU-Sozialpolitik offenzulegen. Beispiel »Sozialdumping«. Dieses Wort ist bestenfalls eine Verniedlichung dessen, was derzeit in Europa geschieht. Der einschlägige Kommissionsbericht verharmloste die Situation nicht nur, er drückte sich in unsäglicher Weise um die wirklichen Ursachen herum. Ob Leiharbeiter, Zeitarbeiter, Schwarzarbeiter, aber auch Sozial- und Pflegedienste – sie alle arbeiten heute unter den Bedingungen eines modernen Sklavenhandels. Die Verantwortung dafür trägt die Politik der offenen Grenzen. Ich forderte die Kommission deshalb auf, die Büchse der Pandora endlich zu schließen und den derzeit nach Europa strömenden Menschen dort zu helfen, wo sie herkommen.

Die gleichfalls behandelten »Leitlinien für beschäftigungspolitische Maßnahmen der Mitgliedstaaten« sind als Tot- oder besser: als Mißgeburt einzustufen. Sie weisen nämlich an derselben zentralen Stelle einen fundamentalen Konstruktionsfehler auf, der die Politik der EU auch auf vielen anderen Handlungsfeldern wie ein böser Schatten begleitet: Denn solange sich Europa in seinen Leitlinien und Schlüssel-Dokumenten nicht endlich ausdrücklich zu einer Politik des Zuwanderungsstopps, eines effizienten Grenzmanagements und eines wirksamen Schutzes vor illegaler Migration bekennt, müssen alle weiteren arbeitsmarktpolitischen Maßnahmen wirkungslos verpuffen.

Nicht nur bei sozialen Themen herrscht im Plenarsaal oftmals gähnende Leere. Häufig ziehen es sehr viele Abgeordnete vor, unmittelbar nach „Abgreifung" des Sitzungsgeldes die Heimfahrt anzutreten.

In diesem Zusammenhang nahm ich mir noch einmal das Thema »Sozialdumping« vor. Denn: das von vielen zurecht kritisierte Unterlaufen europäischer Standards ist doch nur möglich, weil bislang der Zustrom billiger Arbeitskräfte aus aller Welt in die europäischen Arbeitsmärkte nicht einmal im Ansatz unterbunden wird. Dadurch wird der Preis für Arbeit nach den Grundsätzen von Angebot und Nachfrage zwangsläufig in den Keller getrieben.

Dieses Kardinalproblem wurde im Kommissionsbericht über die »Leitlinien« mit keiner Silbe angesprochen. Stattdessen ist dort vom Ausbau eines qualifizierten Arbeitskräftepotentials, von der Förderung der Arbeitsplatzqualität, von lebenslangem Lernen und einer allgemeinen Verbesserung der Leistungsfähigkeit die Rede. Aber wie soll das unter den Bedingungen der anhaltenden Massenzuwanderung funktionieren?

Im Wortbeitrag zum Tagesordnungspunkt »Mindesteinkommen in der EU« warf ich die Frage auf, wann wir uns endlich davon leiten lassen, daß wir ein solches Einkommen nicht etwa vom Profit der Unternehmen, sondern ausschließlich von der Würde des Menschen abhängig machen. Es kann nicht sein, daß ein Mensch zwei oder gar drei »Jobs« annehmen muß, um die Existenz seiner Familie zu sichern. Und hat er dann das Rentenalter erreicht, fällt er womöglich in Altersarmut, die durch aufstockende Leistungen bestenfalls abgefedert wird.

Entlarvend dabei: Während die EU-Kommission sich wortreich für gerechte Löhne aussprach, herrschte in den Sitzreihen der vorgeblichen »Volksparteien« nahezu gähnende Leere. Insbesondere die Linken, zu deren Kernkompetenzen die Thematik zumindest auf dem Papier gehört, stellten so einmal mehr überzeugend unter Beweis, wie sehr ihnen Lohngerechtigkeit und menschenwürdige Lebensverhältnisse tatsächlich am Herzen liegen. Nämlich überhaupt nicht.

[27] Meinungsfreiheit?

Gebetsmühlenartig mahnt die Europäische Union die Einhaltung der Menschen- und Freiheitsrechte an. Mit Vorliebe praktiziert sie dies gegenüber Dritte-Welt-Ländern und »unbotmäßigen« Staaten, die politisch wie ökonomisch selbstbewußt ihren eigenen Weg gehen und die sich der Bevormundung durch den Westen auch aufgrund eigener Wertvorstellungen entziehen. Die entsprechenden Verlautbarungen und Beschlußvorlagen der EU füllen mittlerweile ganze Regale. Nur: Wie sieht es bei uns in Europa mit diesen Rechten aus, die die EU so gerne wie eine Monstranz vor sich herträgt?

Ich ließ es mir in den letzten Jahren immer wieder angelegen sein, den Eurokraten auch bei diesem Thema den Spiegel vorzuhalten und überdies den Finger in eine offene Wunde zu legen, über die sich bestürzend viele Europäer überhaupt nicht im Klaren sind.

So wurden die Abgeordneten im September 2015 mit einem Kommissionsbericht zur »Lage der Grundrechte in der EU« konfrontiert. Das Dokument ist ein beredtes Beispiel für die Doppelbödigkeit und Verlogenheit der EU-Bürokraten. Unter dem Deckmantel der »Toleranz« sollen im Falle volkstreuer Gruppierungen und Einzelaktivisten die Daumenschrauben noch fester angezogen werden, während sich sexuelle Minderheiten und Zuwanderer über weitere Verhätschelungs-Einheiten freuen können.

Geht es um Meinungs-Abweichler, lassen die »Super-Toleranten« keine Gnade walten – Toleranz verschwindet dann wie von Zauberhand aus ihrem Wortschatz. So wird in Absatz 107 des ominösen Dokuments unverhohlen der Denunzierung von Meinungs-Abweichlern im Internet das Wort geredet. Ausdrücklich werden die Mitgliedstaaten in dem

Papier aufgefordert, »ein einfaches Verfahren einzuführen, mit dem die Bürgerinnen und Bürger haßerfüllte Inhalte im Internet melden können«. Mit dieser Wiederbelebung einer Spitzel-Mentalität bezwecken die Eurokraten natürlich alles andere als die Säuberung des weltweiten Netzes von pädophilen Abartigkeiten. Im Visier sind vielmehr islam- oder auch zuwanderungskritische Wortmeldungen in den sozialen Netzwerken.

Schlaflose Nächte bereitet den Verfassern des Berichts auch das »Aufkommen politischer Parteien, die ihre politischen Programme auf Ausgrenzung aus ethnischen, sexuellen und religiösen Gründen stützen« (Absatz 111). Auch diese Formulierung ist eine Nebelgranate, die die tatsächliche Stoßrichtung verschleiert. Aus Sicht der Autoren darf es kein Recht auf Exklusivität sowie Werbung für die klassische Familie, bestehend aus Mutter, Vater und Kindern, geben. Wer dennoch darauf beharrt und sich womöglich noch politisch organisiert, muß mit eisigem Gegenwind rechnen.

Wird demnächst auch das Festhalten an den biologischen Geschlechtern unter Strafe gestellt werden? Wir sind auf dem besten Weg dorthin. Wir erleben die kontinuierliche Abwertung des Natürlichen und Gewachsenen, gerade auch im Bereich des Biologischen. Vor wenigen Jahrzehnten wäre niemand auf die Wahnidee verfallen, daß das Geschlecht keine Frage der biologischen Mitgift, sondern der individuellen Entscheidung ist. Doch genau das ist der Kern der sogenannten »Gender mainstreaming«-Ideologie, die sich eine immer irrere Förderung zahlloser Geschlechter-Identitäten bei gleichzeitiger Abwertung überkommener – biologisch bedingter – Rollen zum Ziel gesetzt hat. Meiner persönlichen Einschätzung nach werden wir es erleben, daß Absonderliches, Abseitiges, ja Unnatürliches von den Gesetzgebern einer nicht allzu fernen Zukunft zur Norm erhoben werden wird, während das bisher »Normale« immer weiter ausgegrenzt, marginalisiert und am Ende womöglich unter Strafe gestellt werden wird.

Nicht wirklich überraschen kann auch die breite Palette von Maßnahmen, mit denen Migranten privilegiert werden sollen (ab Absatz 116 des genannten Kommissionspapiers). So wird ein erleichterter Zugang für Zuwanderer zur Unions-Bürgerschaft gefordert.

In der mehrstündigen Debatte regte sich, was ich im Rückblick als außerordentlich erfreulich empfinde, heftiger Widerspruch. Ich prangerte die Doppelzüngigkeit der offiziösen Brüsseler Politik an und führte den Verantwortlichen vor Augen, wie sehr sie bei der Bewältigung ihrer eigenen Hausaufgaben im Bereich der Grund- und Menschenrechte hinterherhinke: ich sprach die Inhaftierung politischer Gegner in der BRD, Österreich und Griechenland an und argumenterte, so lange vor der eigenen Haustüre Repressionen gegen Andersdenkende an der Tagesordnung seien, sei jede Debatte über »Grundrechte« schlicht und ergreifend verlogen.

Im November-Plenum 2015 des Straßburger Parlaments ging es dann noch einmal um die »Verletzung der Menschenrechte, der Demokratie und der Rechtsstaatlichkeit« – aber nicht etwa in der Bundesrepublik oder in Österreich, sondern in Afghanistan. Tatsächlich ist das Land am Hindukusch als Folge einer 15 Jahre währenden NATO-Präsenz mittlerweile wieder das weltweit wichtigste Exportland für Drogen; eine beachtliche Erfolgsbilanz der »Befreiung« von den Taliban und der Implementierung »westlicher Werte«. 2014 wurde ein Höchststand von 224.000 Hektar an Mohn-Anbaufläche registriert. Inzwischen wird das Land darüber hinaus Schritt für Schritt wieder von den zuvor vertriebenen Taliban zurückerobert, wobei zwischen beiden Tatsachen ein direkter Zusammenhang besteht: Im Kampf gegen die Taliban verbündeten sich die westlichen Streitkräfte mit genau jenen Drogenbaronen und Warlords, die schon in den neunziger Jahren am Ruder waren.

Der Drogenanbau in der Provinz Kandahar befand sich über die Jahre hinweg fest in der Hand des Karzai-Clans, aus dem der vormalige Präsident Hamid Karzai hervorging. Einer seiner Brüder, Ahmad Wali Karzai, ein einflußreicher Drogenboß, stand laut New York Times auf der Gehaltsliste der CIA. 2011 wurde er durch ein Attentat getötet.

Menschenrechtsverletzungen werden am Hindukusch allerdings nicht nur durch die Taliban begangen. Ende 2015 bombardierte die US-Luftwaffe ein Krankenhaus der Hilfsorganisation »Ärzte ohne Grenzen«. In Straßburg wurde daraufhin im November lang und breit über Afghanistan diskutiert, was mich dann dazu veranlaßte, erneut auf die Schieflage bei der Beurteilung der Menschenrechts-Problematik hinzuweisen:

»Wir müssen einfach erkennen, daß die Politik in Afghanistan, vor allem der Militäreinsatz, gescheitert ist. Wir sollten uns eigentlich auch, bevor wir uns um Afghanistan, Kambodscha oder Bangladesch kümmern, um die Menschenrechtsverletzungen in Europa kümmern und vor der eigenen Tür kehren. Denn in Frankreich werden Künstler wie Dieudonné verurteilt wegen politisch nicht korrekter Meinungen. In Österreich geht man für 15 bis 20 Jahre in Haft für politisch nicht korrekte Meinungen. In Deutschland wurden vor kurzem die 87jährige Ursula Haverbeck, der 81jährige Horst Mahler, der nach seiner Beinamputation, trotz Zuckerkrankheit und nach Herzanfällen wieder für haftfähig erklärt wurde und der jetzt noch viereinhalb Jahre absitzen muß, und sogar die Rechtsanwältin Silvia Stolz und viele andere verurteilt wegen ihrer Meinung. Der Prozeß gegen das *Aktionsbüro Mittelrhein* war der größte und bislang längste politische Prozeß in der Bundesrepublik Deutschland.

12.000 Ermittlungsverfahren wegen Meinungsdelikten in Deutschland, jährlich 1.000 Verurteilungen mit Gefängnis in Deutschland sprechen eine eigene Sprache«, rief ich massive und anhaltende Verletzungen der Meinungsfreiheit in einer Reihe europäischer Staaten in Erinnerung. Bei mir drängt sich angesichts der intensiven Debatte über Afghanistan zudem der

Verdacht auf, daß einschlägige »Flüchtlings«-Lobbys vor allem die Rückführung von Asylanten zu verhindern versuchen.

[A] Der »Fall« *Goldene Morgenröte*

Wer sich heute unvoreingenommen und eingehend mit dem Thema »Grund- und Menschenrechte« auseinandersetzt, kommt am Fall der griechischen *Goldenen Morgenröte* (*Chrysi Avgi*) nicht vorbei.

Am 12. Dezember 2014 besuchte ich mit meinen griechischen Parlamentskollegen Epitideios und Fountoulis von der *Goldenen Morgenröte* sowie dem Vorsitzenden der italienischen *Forza Nuova*, Roberto Fiore, sieben im Athener Korydallos-Gefängnis einsitzende Amtsträger der aufstrebenden griechischen Oppositionspartei. An dem Besuch nahmen auch Anwälte, darunter der frühere Verteidiger von Slobodan Milosevic, Michail Kuznezow, und Journalisten teil.

Am 28. September 2013 waren über 30 Mitglieder und Aktivisten der volkstreuen Partei unter großem Medien-Tamtam festgenommen worden. Der Vorwurf lautete auf Bildung einer kriminellen Vereinigung. Um der Operation den entsprechenden martialischen Ausdruck zu verleihen, wurde sie von einer Antiterroreinheit der griechischen Sicherheitskräfte durchgeführt.

Die Zustände in der Haftanstalt erinnerten mich fatal an die Zustände in alten US-amerikanischen Gefängnissen: kahle Zellen mit primitivster Ausstattung, von allen Seiten einsehbare Toilettenbecken. Die Haftbedingungen wurden vor einigen Jahren unter anderem von *Amnesty International* heftig kritisiert. Im April 2015 kam es in der chronisch überbelegten Anstalt zu schweren Auseinandersetzungen zwischen albanischen und arabischen Häftlingen.

Zum Zeitpunkt unseres Besuches befanden sich die griechischen Kameraden der nationalen Partei, darunter auch deren Vorsitzender Nikolaos Michaloliakos, zum Teil seit 16 Monaten hinter Gittern. Eine Anklageschrift hatten sie bis dato nicht vorgelegt bekommen. Michaloliakos und seinen Parteifreunden Cristos Pappas, Ilias Kasidiaris, Ioannis Lagos, Panagiotis Iliopoulos, Georgios Germenis und Nikos Kouzilos wurde die Bildung einer kriminellen Vereinigung vorgeworfen. Handfeste Beweise gab es nicht, wobei auch die vorgenommenen Hausdurchsuchungen dafür keinerlei Hinweise lieferten.

Udo Voigt besucht 2015 gemeinsam mit den griechischen Abgeordneten Eleftherios Synadinos, Lampros Fountoulis und Georgios Epitideios den zu Unrecht inhaftierten Parteivorsitzenden der „Goldenen Morgenröte," Nikolaos Michaloliakos.

Als weiteren Haftgrund führte der zuständige Staatsanwalt an, daß künftige (!) Straftaten nicht ausgeschlossen werden könnten. Demzufolge befanden sich nicht allein sieben Abgeordnete des nationalen Parlaments sowie drei weitere Parlamentarier sondern sage und schreibe 71 Mitglieder der Partei in Haft. Eine Anklageschrift bekam kein einziger von ihnen zu sehen.

Während unseres zweistündigen Gesprächs erkundigte ich mich – auch in meiner Eigenschaft als Mitglied des LIBE-Ausschusses – nach den Haftbedingungen der inhaftierten

Dissidenten. Auch wurde die politische und juristische Situation erörtert.

Beim griechischen Justizminister fragte ich im Vorfeld des Besuchs nach, welche Umstände zur Ermordung zweier Aktivisten der *Goldenen Morgenröte* geführt hatten. Außerdem erbat ich näheren Aufschluß über einen möglichen politischen Hintergrund der gegen die *Chrysi Avgi* durchgeführten repressiven Maßnahmen. Immerhin wurde die Partei bei der Parlamentswahl am 25. Januar 2015 trotz rechtspopulistischer Konkurrenz drittstärkste Partei.

Aus meiner Sicht war und ist die Unterdrückung der *Goldenen Morgenröte* ein Fall für den Europäischen Gerichtshof für Menschenrechte (EuGM). Die Drangsalierung einer politisch mißliebigen Kraft widerspricht zum einen gängigen europäischen Rechtsstandards und ist zum anderen nicht weniger dramatisch als Menschenrechts-Verletzungen, die beispielsweise in Pakistan oder Bangladesch vorkommen, die aber in den Mainstream-Medien und auch von den EU-Oberen viel stärker herausgehoben werden.

Im Zuge unserer Griechenland-Mission hatte ich noch Gelegenheit, mit Eleni Zaroulia, der unter Hausarrest stehenden Ehegattin von Parteichef Michaloliakos, zu sprechen. Nur zu gern erinnere ich mich an eine standhafte Frau, die ungebrochenen Optimismus ausstrahlt. »Wichtiger als die Währungsfrage ist, daß Deutschland sich endlich wieder um die Deutschen kümmert, Frankreich um die Franzosen und Griechenland um die Griechen.« Mit Blick auf die nationalen Wahlen war sie guten Mutes: »Die Menschen wählen und unterstützen bisher die *Goldene Morgenröte*, und besonders jetzt, wo sie sehen, was hier von Ministerpräsident Samaras [2014!] initiiert wurde, werden sehr viele Wähler uns ihre Stimme geben. Wir werden versuchen, das zu tun, was wir auch die letzten zwei Jahre getan haben, nämlich den Menschen die Wahrheit zu erzählen, und ich bin mir sicher, daß wir in der Lage sein werden, sehr viel in diesem Land zu verändern.«

Seitdem haben in Griechenland zwei Parlamentswahlen stattgefunden – und Eleni Zaroulia hat Recht behalten: So erreichte die *Chrysi Avgi* am 25. Januar 2015 ein äußerst beachtliches Ergebnis von 6,3 Prozent, womit sie 17 Abgeordnete stellten konnte. Im September desselben Jahres verbuchte sie bereits einen Anteil von sieben Prozent, womit die haltlosen Kriminalisierungs-Versuche des griechischen Staates praktisch ins Leere gelaufen sind.

Mit Blick auf Europa erklärte die tapfere Frau: »Im EU-Parlament sitzen mehr EU-Skeptiker als zuvor, die ein Europa der Vaterländer anstreben statt des Europas der Banken. Die *Goldene Morgenröte* wird mit all diesen Parteien, der NPD und anderen, die die Interessen des eigenen Landes vor denen der Wirtschaft vertreten wissen wollen, zusammenarbeiten, so daß Europa in vier oder fünf Jahren wieder das ist, was es sein sollte.«

Schon unmittelbar nach der parlamentarischen Sommerpause im September 2014 hatte ich von meinem Abgeordnetenrecht Gebrauch gemacht und einen Entschließungsantrag eingebracht. Ich dokumentiere hier den Wortlaut:

Versicherung von Grund- und Menschenrechten in Griechenland

Das Europäische Parlament,
gestützt auf Artikel 133 seiner Geschäftsordnung,

A. in der Erwägung, daß derzeit in Griechenland acht Abgeordnete der Partei *Goldene Morgenröte* seit bis zu zehn Monaten inhaftiert sind und dies in den ersten Monaten ohne Aufhebung der Immunität geschah und darüber hinaus weitere acht Abgeordnete des nationalen Parlamentes unter Hausarrest stehen,

1. vertritt der Antragsteller die Auffassung, daß das Europäische Parlament dies untersuchen und dazu Stellung be-

ziehen möge, inwieweit die Inhaftierung von Abgeordneten der Partei *Goldene Morgenröte* auf Druck der EU-Kommission erfolgte. Dabei ist in jedem Fall zu prüfen, ob und, wenn ja, welche rechtsstaatlichen Beweise vorliegen, die eine dauerhafte Inhaftierung und Aufhebung der Immunität der griechischen Parlamentarier rechtfertigen;

2. vertritt der Antragsteller die Auffassung, das Europaparlament möge die Hintergründe und die Rechtslage des Vorgehens griechischer Behörden gegenüber führenden Persönlichkeiten und Parlamentariern dieser Partei untersuchen und auch deren Haftbedingungen einer dringenden Prüfung unterziehen. Bei nicht ausreichender Beweislage wird das Europaparlament aufgefordert, auf die griechische Regierung einzuwirken, die Inhaftierungen unverzüglich zu beenden und sicherzustellen, daß die Abgeordneten ihre parlamentarischen Rechte wieder aufnehmen können.

Nicht zuletzt mit einem Blick auf die desolaten Zustände in Deutschland, die geradezu nach einer geeinten und prinzipienfesten parteipolitischen Kraft schreien, stellte ich mir des öfteren die Frage, was die *Chrysi Avgi* so erfolgreich gemacht hat. Nun, ich denke, es ist die Ausstrahlung einer wahren nationalen Alternative, die nicht zerstritten ist und sich klar positioniert – antikommunistisch, antikapitalistisch und dem sozialen Gedanken verpflichtet. Zudem läßt sie keinen Zweifel daran, daß Invasoren nicht willkommen sind und dem türkischen Nachbarn nicht zu trauen ist. Ihre Mitgliederstruktur entspricht ihrer Zustimmung aus der Bevölkerung – sie ist in der Tat das Sprachrohr des »kleinen Mannes«: Taxifahrer, Bauarbeiter, Soldaten, Arbeitslose, aber auch Volkssänger und nationale Künstler bekennen sich offen zu den Zielen der Partei.

Seit nunmehr über drei Jahren arbeite ich mit den drei Europaabgeordneten der *Goldenen Morgenröte* zusammen, und ich kann nur eines sagen: Sie sind engagiert, fleißig und konsequent in ihrem Verhalten und Auftreten. Mit ihrem großen Mitarbeiterstab bilden sie eine echte Gesinnungsgemeinschaft als integraler Bestandteil einer Weltanschauungspartei. Auch hier sind Einigkeit und Konsequenz das Geheimnis einer Erfolgsserie, die im November 2010 mit einem beachtlichen Erfolg bei den Kommunalwahlen begann, als die Partei in Athen 5,3 Prozent erkämpfte und mit einem Sitz im Stadtrat ihr erstes Mandat errang. Bei der Parlamentswahl 2012 konnte erstmals die für Griechenland geltende Drei-Prozent-Hürde mit einem souveränen Sprung überwunden werden: 6,97 Prozent standen zu Buche. Und bei der Europawahl von 2014 wurden sogar beachtliche 9,3 Prozent erzielt. Die Partei verfügt ohne jeden Zweifel über ein starkes Potential an Stammwählerinnen und -wählern, was bei den Etablierten die Alarmsirenen aufheulen läßt – und natürlich erklärbar werden läßt, warum die *Morgenröte* kriminalisiert und durch ein Verbot mundtot gemacht werden soll. Das Ganze erinnert an die Verbotsverfahren gegen die NPD.

Dabei hat auch Griechenland eine konsequent an volkstreuen Grundsätzen orientierte Kraft mehr als bitter nötig. Geographisch und politisch betrachtet, steht das Land inmitten des »Flüchtlings«-Ansturms an vorderster Linie. Von den mindestens 1,2 Millionen »Flüchtlingen«, die 2015 nach Deutschland gelangten, kamen viele über Griechenland.

Als ich am Osterwochenende 2016 die Ehre hatte, am 8. Parteikongreß der *Goldenen Morgenröte* in Athen teilnehmen zu dürfen, konnte ich auch viele Eindrücke aus der pulsierenden Fünf-Millionen-Metropole mitnehmen. An die zwanzig Mal war ich in der an kulturellen Stätten so reich gesegneten Stadt gewesen, seinerzeit noch als Offizier der Luftwaffe. Die zwei Ostertage, die ich 2016 in Athen verbrachte, ließen genügend Raum, um einige antike Stätten, so das Ruinengelände der Agora oder das Archäologische Museum, zu besichtigen. Einen augenfälligen Kontrast dazu bildeten allerdings verfallende Straßen und Häuserfassaden, geschlossene Läden und mit Graffiti übersäte Wände. Schuldenkrise und Asylanten-Invasion hatten ihre deutlichen Spuren hinterlassen. Griechenland, einst Wiege großer, bis heute nachhallender philosophischer Ideen, ein erstes Weltzentrum des europäischen Geistes, ziert heute Europas Tabellenende. Globalisierer und Spekulanten haben sich Griechenland zum Testgelände für ihre Abrißbirnen auserkoren: Ausplünderung, Verarmung und nicht zuletzt ein rasanter Bevölkerungsaustausch stehen dem übrigen Europa noch bevor, wenn der Entwicklung nicht noch in zwölfter Stunde Einhalt geboten wird.

Die derzeit (Stand: 2017) am Ruder befindliche Koalition aus *Syriza* (radikale Linke) und rechtspopulistischen *Unabhängigen Griechen* (*Anel*) verharrt in einem Zustand der Hilflosigkeit und steht beim Gang des eigenen Landes zum Schafott, der von Börsen und Globalisierern diktiert wird, faktisch Spalier. Der Kaufkraftverlust und der soziale Kahlschlag sind mit Händen zu greifen.

Nikolaos (»Nikos«) Michaloliakos, Parteichef der *Goldenen Morgenröte*, brachte es auf dem Parteitag an Ostern 2016 vor diesem Hintergrund in wünschenswerter Klarheit auf den Punkt: Nur mit der *Chrysi Avgi* werde es für Griechenland überhaupt noch eine Zukunft geben, erklärte er während seiner mit viel Beifall bedachten Grundsatzrede. Der Kongreß stand unter dem kämpferischen Motto »Wir wollen unser Land zurück!« – diese Losung können, so denke ich, auch wir in Deutschland unterschreiben, das unter der »Willkommens«-Kanzlerin Merkel zu einem Hauptzielland der Migration in Richtung Europa geworden ist.

Von Anbiederungsversuchen an das System halten die Aktivisten der *Chrysi Avgi* dabei erfreulicherweise überhaupt nichts. »Ich hoffe, Sie denken nicht, wir seien Konservative!« drückte es Michaloliakos kurz und prägnant aus, wobei ich in diesem Moment an die Weichspüler-Parteien dachte, die es auch in Deutschland in der jüngeren Vergangenheit gab und noch gibt.

Nikos kenne ich seit Jahren, wobei die beiden Verbotsverfahren gegen unsere beiden Parteien zu einer Festigung der freundschaftlichen Beziehungen beigetragen haben. Nikos' mitreißende Rede, inhaltlich stimmig und weltanschaulich-programmatisch überzeugend, zeigte auch unserer kleinen Delegation, daß der 1957 in Athen geborene Michaloliakos der richtige Mann zum richtigen Zeitpunkt auf der richtigen Position ist.

Als ehemaliger Offizier weiß ich, wie schwierig es sein kann, daß der Dienstgrad auch mit der dafür notwendigen Führungsstärke und der persönlichen Ausstrahlung übereinstimmt. In meinem recht langen politischen Leben habe ich nur wenige Personen wie Nikos kennengelernt, die die für ihr Amt notwendige Ausstrahlung und das dazugehörige Auftreten besitzen.

Mit 16 Jahren trat Nikos der national ausgerichteten *Partei des 4. August* von Konstantinos Plevris bei. Er studierte Mathematik an der Universität Athen und setzte dabei seine politische Laufbahn fort. Mehrfach wurde er festgenommen und inhaftiert, das erste Mal im Juli 1974 während einer Demonstration vor der britischen Botschaft in Athen, als national-griechische Aktivisten gegen die Haltung Großbritanniens zur türkischen Invasion auf Zypern protestierten; 1976 folgte eine weitere Verhaftung.

Auch Nikos Michaloliakos kann auf eine militärische Laufbahn zurückblicken: Er leistete seinen Wehrdienst bei den Fallschirmjägern ab, ehe er 1978 von neuem festgenommen und schließlich aus der Armee entlassen wurde.

Im Anschluß an seine Haftentlassung rief er die Zeitschrift *Chrysi Avgi* ins Leben. 1984 trat er der *Nationalen Politischen Union* (EPEN) bei, für deren Gründung der frühere »starke Mann« Griechenlands, Georgios Papadopoulos, verantwortlich zeichnete. Papadopoulos war es auch, der Michaloliakos die Leitung der Jugendorganisation der Partei anvertraute. Im Januar 1985 brach er aber mit der EPEN, um die *Völkische Nationale Bewegung Chrysi Avgi* aus der Taufe zu heben.

Michaloliakos ist mit Eleni Zaroulia verheiratet, die seit 2012 - ebenfalls für die *Chrysi Avgi* - im Nationalparlament sitzt und der europäischen Kommission für Gleichheit und Nicht-Diskriminierung angehört.

2010 wurde Michaloliakos in den Athener Stadtrat gewählt, zwei Jahre später ins Parlament. Er lebt in Pefki, einem nördlich von Athen gelegenen Vorort.

[B] Der »Fall« Horst Mahler

Wie werden Historiker einst über die Bundesrepublik Deutschland oder auch über die Europäische Union urteilen? Beide werden ja nicht müde zu betonen, wie »demokratisch« sie seien. Grundrechte werden nach Lesart von Merkel oder Juncker ausschließlich in Ländern der Dritten Welt, im Iran oder auch in Rußland verletzt. Aber: 12.000 Ermittlungsverfahren, die Jahr für Jahr allein in Deutschland nur aufgrund freier Meinungsäußerung angestrengt werden, sind für die Etablierten alles andere als ein Ruhmesblatt; zudem sitzen allein 1.000 Patrioten in BRD-Gefängnissen, nur weil sie nicht genehme Auffassungen artikulierten.

Nehmen wir nur das Beispiel Horst Mahler. Mein langjähriger Freund, der die NPD im ersten Verbotsverfahren verteidigte, hat sich gleichfalls das Recht herausgenommen, seine Meinung frei zu äußern. Dafür wurde er 2009 zu Haftstrafen von insgesamt zwölf Jahren verurteilt. 2015 mußte ihm der linke Fuß amputiert werden, weil er, schwer zuckerkrank, im Gefängnis nicht genügend Bewegungsfreiheit gehabt hatte und die medizinische Versorgung unzureichend war.

Im April 2017 sollte Mahler seine Resthaft verbüßen. Um einer Fortsetzung der Qualen zu entgehen, setzte er sich nach

Ungarn ab, wo er um politisches Asyl nachsuchte. Er wurde in vorläufige Abschiebehaft genommen; in den ersten Junitagen traf das Budapester Stadtgericht die Entscheidung, dem Asylbegehren des 81jährigen nicht stattzugeben und den Dissidenten an die Bundesrepublik auszuliefern.

Ungebrochen – der BRD-Dissident Horst Mahler. Foto: Nordland-TV

Möglicherweise spielte bei der Entscheidung der ungarischen Behörden die angespannte Lage mit hinein, in der sich das Land derzeit befindet. Denn zum einen stemmt sich Ungarn standhaft gegen die Quoten-Zuweisung von »Flüchtlingen« durch die EU. Und zum zweiten setzt es dem Mega-Spekulanten und »Philanthropen« George Soros, der auch gegen die ungarische Regierung Wühl- und Hetzarbeit betreibt, seinen selbstbewußten Widerstand entgegen. Soros und seine Organisationen sollen »aus dem Land gefegt« werden, lautet die unmißverständliche Botschaft aus Budapest.

Hätte das Land in dieser Situation einem bundesdeutschen »Holocaust-Leugner« politisches Asyl gewährt, wäre allen Gegnern Orbáns eine offene Flanke eröffnet worden.

Am Morgen des 13. Juni 2017 wurde Horst Mahler, der seinen bundesdeutschen Häschern intellektuell haushoch überlegen ist, deutschen Polizeibeamten übergeben, um zur Verbüßung seiner Reststrafe wieder in die JVA Brandenburg verbracht zu werden.

Unverzüglich nahm ich Kontakt zu Mahlers verzweifelter Ehefrau und ungarischen Kontaktleuten auf. Außerdem wurde ein Entschließungsantrag in den Geschäftsgang des Europäischen Parlaments eingereicht.

Entschließungsantrag
Zur Einhaltung der europäischen Grund- und Menschenrechtsstandards

30. Mai 2017
Das Europäische Parlament,
gestützt auf Artikel 133 seiner Geschäftsordnung,
A. in der Erwägung, daß der deutsche Rechtsanwalt Horst Mahler 2009 wegen Meinungsdelikten zu Freiheitsstrafen von insgesamt zwölf Jahren verurteilt wurde und sich demzufolge vom 25. Februar 2009 bis 15. Juli 2015 in Haft befand;

B. in der Erwägung, daß dem 81jährigen, schwerkranken Delinquenten durch einen neuerlichen Hafttermin ein erhebliches gesundheitliches Risiko drohte, dem er sich durch eine Flucht nach Ungarn zu entziehen trachtete;

C. in der Erwägung, daß Mahler am 12. Mai 2017 ein Asylgesuch an den ungarischen Ministerpräsidenten Viktor Orbán richtete, am 15. Mai 2017 jedoch von den ungarischen Behörden in Gewahrsam genommen wurde;
1. fordert die Kommission auf, dafür Sorge zu tragen, daß europäische Grund- und Menschenrechtsstandards im Fall Horst Mahlers unbedingt gewahrt werden;

2. fordert die Kommission auf, sich bei den ungarischen Behörden dafür einzusetzen, daß dem Aufenthaltsersuchen Horst Mahlers von den ungarischen Behörden stattgegeben wird;

3. vertritt die Auffassung, daß Verurteilungen aufgrund von friedlich geäußerten abweichenden Meinungsäußerungen mit rechtsstaatlichem und demokratischem Handeln nicht vereinbar sind;

4. fordert die deutsche Seite auf, im Fall Horst Mahler umgehen die Zwei-Drittel-Regelung im Strafvollzug anzuwenden und Mahler unverzüglich auf freien Fuß zu setzen;

5. fordert die Bundesrepublik Deutschland auf, das Sonderrecht des Paragraphen 130 StGB abzuschaffen.

Im Angesicht von Fällen wie demjenigen des BRD-Dissidenten Horst Mahler heißt es für jeden, dem die Meinungsfreiheit am Herzen liegt, Flagge zu zeigen. Erst recht, wenn er über ein Abgeordneten-Mandat verfügt und dadurch die Möglichkeit besitzt, politische Sauereien ans Licht der Öffentlichkeit zu zerren. Von den gleichgeschalteten Parteien des Berliner Kartells ist das nicht zu erwarten ¬– sie machen, wenn es ernst wird, keinen Finger krumm; stattdessen schwadronieren sie lieber im Stile von Werbetextern über »Freiheit« und »Demokratie«.

Bis zum Erscheinen dieses Buches gab es noch keine Reaktion auf den oben wiedergegebenen Entschließungsantrag im LIBE-Ausschuß. Leider ist ein solcher Antrag für mich als Einzelabgeordneter die einzige Möglichkeit, etwas Schriftliches außerhalb der Debatten in den Geschäftsgang einzureichen. Um im Plenum einen Antrag einzubringen, bräuchte ich 70 Unterstützer. Da dies derzeit noch illusorisch ist, wird wohl auch dieser Entschließungsantrag im »Geschäftsgang« verschwinden.

[C] *Aktionsbüro Mittelrhein* (ABM)

Er kann mit Fug und Recht als der längste politische Prozeß der deutschen Nachkriegsgeschichte bezeichnet werden. Er nahm fast fünf Jahre in Anspruch; 364 Verhandlungstage waren anberaumt worden. Über 70 Anwälte wälzten Akten und hielten Plädoyers. Nein, die Rede ist hier nicht vom Münchner NSU-Verfahren, sondern vom Prozeß gegen das *Aktionsbüro Mittelrhein* in Koblenz.

Selbstverständlich verfolgte ich als Europaabgeordneter dieses politische Verfahren äußerst genau. Und als mich ein junger Student aus der Gruppe der Angeklagten darum bat, ein Praktikum bei mir im Parlament absolvieren zu dürfen, erhielt er sofort eine Zusage; aufgrund des Gerichtsverfahrens hätte er andernorts keine Chance gehabt.

Andreas Wirtz, so der Name des jungen Mannes, wurde 1985 geboren, ist dreifacher Vater und seit 2006 Mitglied der NPD. Er studiert Rechtswissenschaft und ist als Unternehmensberater tätig. Seit 2015 übt er zudem das Amt eines stellvertretenden Vorsitzenden des NPD-Landesschiedsgerichts Rheinland-Pfalz aus. Seine Erlebnisse während des Koblenzer Mammut-Prozesses faßte er in einem Beitrag für unser Informations-Bulletin *Nation in Europa* (Ausgabe 2/2017) zusammen:

»Von der in- und ausländischen Öffentlichkeit kaum noch wahrgenommen, findet am Landgericht Koblenz seit inzwischen viereinhalb Jahren nicht nur der größte Prozeß in der Geschichte der Bundesrepublik statt, sondern auch der skurrilste. Er wird jetzt auch das Europäische Parlament beschäftigen.

Der größte Gerichtsprozeß gegen ‚Neonazis', der derzeit in der Bundesrepublik stattfindet, ist nicht etwa das Verfahren gegen Beate Zschäpe und die Unterstützer des NSU in München, sondern der Prozeß gegen das *Aktionsbüro Mittelrhein* (ABM) in Koblenz. Am 13. März 2012 klingelten Polizisten an den Türen zahlreicher ‚Neonazis' in Nordrhein-Westfalen und Rheinland-Pfalz. Es folgten Hausdurchsuchungen und Festnahmen. Der Vorwurf lautete, das ABM sei eine kriminelle Vereinigung.

Gerade Strafverfahren wegen der Bildung einer kriminellen Vereinigung nutzt die tonangebende politische Klasse seit einigen Jahren verstärkt und europaweit besonders gerne, um mißliebige Strukturen zu bekämpfen und zu kriminalisieren. So traf es kurze Zeit später unter anderem die *Goldene Morgenröte* in Griechenland, die immerhin mit einer Reihe von Abgeordneten im griechischen Parlament und auch mit drei Abgeordneten im Europaparlament vertreten ist.

Am 20. August 2016 jährte sich der Beginn des Prozesses um das *Aktionsbüro Mittelrhein* zum vierten Mal. Über 330 Tage wurde bis heute verhandelt. Viele rechnen damit, daß der Prozeß mit der Pension des Vorsitzenden Richters Göttgen am 30. Juni 2017 endet und dann möglicherweise von neuem beginnt, wenn ein Urteil bis zu diesem Tag nicht möglich geworden ist.

Was am 13. März 2012 mit Hausdurchsuchungen und Festnahmen medienwirksam als ‚Schlag gegen die rechte Szene' in Westdeutschland begonnen wurde, setzt sich bis heute am Landgericht Koblenz fort. Am 20. August 2012 begann der Prozeß vor der 12. Großen Strafkammer (Staatsschutzkammer) am Landgericht Koblenz. Der Prozeßbeginn wurde noch durch die Medien großflächig aufgegriffen. Das Interesse am Prozeß flachte allerdings innerhalb weniger Verhandlungstage ab.

Obwohl die Eckdaten beeindrucken mußten – eine Strafkammer aus drei Richtern und zwei Schöffen sowie ein Ergänzungsrichter und zwei Ergänzungsschöffen. Hinzu kommen zwei Staatsanwälte, die die Anklage vertreten und die

Anklageschrift abwechselnd vortrugen. Dazu drängen sich 26 Angeklagte mit ihren 52 Anwälten im Saal, der die Ausmaße einer kleinen Turnhalle hat. Die Staatsanwaltschaft formulierte eine 926seitige Anklage, die im Kern den Vorwurf der Bildung einer kriminellen Vereinigung (StGB § 129) belegen soll.

Andreas Wirtz vom »Aktionsbüro Mittelrhein« absolvierte im Rahmen seines Studiums 2016 ein Praktikum bei Udo Voigt.

Die gesamten Ausmaße der hier praktizierten Unverhältnismäßigkeit kann man auch anhand eines Vergleiches veranschaulichen. Mit stattlichen 926 Seiten ist die im hier dargestellten Verfahren zugrundeliegende Anklageschrift beinahe doppelt so dick wie die im wohl bekannteren NSU-Verfahren (488 Seiten). Außerdem sind mit 26 Angeklagten mehr Personen auf der Anklagebank vertreten als seinerzeit im Nürnberger ‚Hauptkriegsverbrecherprozeß' 1946. Auch die Zahl der Verhandlungstage mit bisher über 330 spricht Bände, wenn man sie mit denen des ersten ‚Auschwitzprozesses' vergleicht – dieser dauerte ‚nur' 183 Tage.

Der Vorsitzende Richter Hans-Georg Göttgen sagte gleich zu Beginn der Verhandlung: ‚Dieser Prozeß sucht seinesgleichen und wird es nicht finden.' Damit behält er seit nun über 330 Verhandlungstagen Recht.

Die Gesamtumstände des Prozesses sind außergewöhnlich und in weiten Zügen grotesk. Das beginnt bereits mit der Unterbringung der Angeklagten. Da die meisten Angeklagten zu Prozeßbeginn in Untersuchungshaft saßen, reichten die Zellen im Koblenzer Gerichtsgebäude nicht aus, um die Angeklagten getrennt einzuschließen. So wurde ein halbes Dutzend der Angeklagten in den Unterbrechungen und zur Mittagspause in Transportfahrzeugen der Justiz im Innenhof untergebracht. Die Innenmaße dort betragen weniger als 80 mal 80 cm und sind zu niedrig, um aufrecht stehen zu können – Begleitumstände, wie man sie eher in Guantanamo als in der Bundesrepublik vermutet. Dieser Zustand hielt über Monate an. So wurden im Winter kurzerhand Elektroheizöfen in die Fahrzeuge gestellt, um die Räume aus Metall einigermaßen erträglich zu machen.

Auch mußte zusätzliches Personal von anderen Gerichtsstandorten anreisen, und Beamte aus den JVAs, die die Untersuchungsgefangenen überführten, mußten im Gerichtssaal mithelfen, um der Masse an Angeklagten Herr zu werden.

Ständig mußte um völlig grundsätzliche Dinge wie Essen für die Gefangenen gestritten werden. Nachdem der Prozeß bereits über Monate lief, wurde den Gefangenen eine warme Mahlzeit pro Tag verwehrt. Die JVAs weigerten sich, den Untersuchungsgefangenen am Abend das (verpaßte) Mittagessen aufzuwärmen bzw. auszugeben. So sollten die Gefangenen an Verhandlungstagen nur Brotrationen erhalten, wovon also jede Woche drei aufeinanderfolgende Tage betroffen waren. Weder die im Landgericht ansässige Kantine noch die Anwälte durften den Gefangenen eine Mahlzeit bringen. Auch erfahrene Anwälte äußerten, daß sie sich im gesamten Juristenleben noch nie um Essen für Gefangene streiten mußten.

Neben dem nationalen Recht gilt es auch den Blick auf die Europaebene zu richten. So sieht der Europäische Gerichtshof als wesentliches Merkmal krimineller Vereinigungen die Bereicherung bzw. das Verschaffen von finanziellen Vorteilen. Die Kammer im AB-Mittelrhein-Prozeß hat dazu bereits schriftlich geantwortet, daß im *Komplex Aktionsbüro Mittelrhein* keinerlei finanzielle Aspekte vorliegen. Rechtslogisch ist damit auch bei einer Verurteilung mit einer Aufhebung des Urteils spätestens vor dem Europäischen Gerichtshof zu rechnen. Auch in diesem Fall müßte von vorne begonnen werden.

Von den anfangs 26 Angeklagten wurden inzwischen vier abgetrennt und verurteilt. Fünf weitere Angeklagte wurden mittlerweile abgetrennt und die Verfahren eingestellt. Die Kosten trug die Staatskasse. Die letzten beiden wurden nach vierjähriger Prozeßdauer und einem Jahr verbüßter Untersuchungshaft entschädigungslos per Verfahrenseinstellung ‚hinausgeworfen', nachdem sich ein wesentlicher Anklagepunkt (besonders schwerer Landfriedensbruch) als haltlos entpuppte.

Das Thema ‚Kosten' ist unerschöpflich. So besteht für den § 129 StGB (Bildung einer kriminellen Vereinigung) eine gesamtschuldnerische Haftung. Damit sind die Angeklagten nicht nur seit vier Jahren in einem der größten Prozesse in der Geschichte der Bundesrepublik Deutschland gebunden – immerhin wird jede Woche Dienstag, Mittwoch und Donnerstag verhandelt -, sondern im Falle einer Verurteilung droht jedem Angeklagten eine zweistellige Millionen-Schuld zur Rückzahlung der Prozeßkosten. Schätzungen zufolge kostet jeder Verhandlungstag zwischen 30.000 und 50.000 Euro. Das würde Kosten von etwa 100 Euro je Prozeßminute bedeuten. Demgegenüber dauerte es Jahre, bis das Gericht einen Laserpointer beschaffen konnte, den die Zeugen benötigten, um Details bei Vorhalten auf der Videoleinwand anzuzeigen.

Unzählige Verzögerungen traten ein, weil Zeugen, die im Gericht über eine Kamera auf die Videoleinwand übertragen werden, aufgrund schlechter Ausleuchtung nicht erkennbar waren. Selbst wenn, was deutlich untertrieben ist, im gesamten Verfahren nur zehn Minuten über die Ausleuchtung von Zeugen diskutiert worden wäre, hätte man im Gegenwert Beleuchtungsausrüstung für etwa 1.000 Euro anschaffen können und sich für die Zukunft alle weiteren Diskussionen erspart.

Im Januar 2014 wurden nach 22 Monaten die letzten Angeklagten aus der Untersuchungshaft entlassen. Damit wurden bereits ohne Schuldspruch deutlich über 25 Jahre Untersuchungshaft durch die Angeklagten abgesessen – Lebenszeit, die man bei genauer Betrachtung der Vorwürfe und beim Verfolgen des Prozesses nicht nachvollziehen kann. Diese Lebenszeit wird den Angeklagten auch im Falle eines Freispruchs niemand ersetzen können.

Die inzwischen ins Land gegangenen Jahre des Prozesses gehen an niemandem spurlos vorüber. So sind in den zurückliegenden Jahren nicht nur zwei Schöffen wegen Befangenheit aus dem Verfahren geflogen und ein Richter in den Ruhestand gegangen; auch zwei Anwälte sind im Laufe des Prozesses verstorben. Zudem gab es bei den Angeklagten einige Hochzeiten und eine zweistellige Anzahl von ‚Prozeß-Kindern'. Der Prozeß wurde zudem von drei Stinkbomben-Attacken begleitet, wobei beim ersten Anschlag die Flüssigkeit, von der der Gestank ausging, per Helikopter in ein Labor nach Mainz zur Untersuchung geflogen wurde.

Man mag zu den politischen Ansichten der Angeklagten stehen, wie man will – allerdings muß man anerkennen, daß die Umstände dieses beispiellosen Verfahrens alles andere als ‚normal' sind: die Behandlung der Gefangenen, die vielen Jahre in Untersuchungshaft, die befangenen Schöffen, eine Staatsanwaltschaft, der erst kürzlich ‚ein gemeinsames Band der Ahnungslosigkeit' attestiert wurde. Die Liste ist lang und ließe sich um vieles verlängern.

Die strafrechtlichen Vorwürfe im Prozeß scheinen inzwischen von Tag zu Tag haltloser zu werden, und für seine

Meinung mag man zwar in Koblenz in Untersuchungshaft gehen und Jahre vor Gericht verbringen, aber Verurteilungen darf es dafür in Deutschland nicht geben. So stellte der Bundesgerichtshof in seiner aktuellen Entscheidung 3 StR 86/16 (Aufhebung des Urteils LG Stuttgart gegen *AN Göppingen* wegen § 129 StGB Bildung einer kriminellen Vereinigung) ebenfalls fest, daß reine Bagatelldelikte (Anbringen von Aufklebern und Plakaten, ähnlich wie in Koblenz) nicht ausreichen, um ‚rechtsfehlerfrei' die Bildung einer kriminellen Vereinigung zu belegen.

So oder so: Der Koblenzer Prozeß ist in vielerlei Hinsicht so unglaublich, so fernab jedweder rechtsstaatlichen Praxis, daß er nun auch das Europaparlament beschäftigen wird. Da die Bundesregierung derzeit ein Gesetz zur erweiterten Bekämpfung der organisierten Kriminalität auf den Weg bringen will, das mit einer unklaren Begrifflichkeit hantiert (‚kriminelle Vereinigung'), steht zu befürchten, daß künftig auch politisch unerwünschte Gruppierungen praktischerweise als ‚organisierte Kriminalität' bekämpft und mundtot gemacht werden sollen. (…). Mit der politischen Verfolgung Andersdenkender, wie sie sich im Koblenzer Mammut-Prozeß manifestiert, beschäftigt sich darüber hinaus auch ein Entschließungsantrag, den Udo Voigt als Mitglied des wichtigen LIBE-Ausschusses für Bürgerliche Freiheiten, Justiz und Inneres demnächst einbringen wird.

Viele Abgeordnete und vermutlich die meisten Kommissionsmitglieder dürften schlechterdings keine Ahnung haben, welche Rechtsstaats-Farce sich seit inzwischen viereinhalb Jahren in der Bundesrepublik abspielt. Unsere Mit-Europäer sollten die Wahrheit über den angeblich ‚freiesten Staat' der deutschen Geschichte erfahren.

Nachtrag Sommer 2017: Das Mammut-Verfahren wurde mittlerweile eingestellt, da der Richter in Pension geht. Zurück bleibt allerdings ein Trümmerfeld, wurden doch ganze Existenzen vernichtet und erfuhren die Familien unermeßliches Leid.«

Als unmittelbare Reaktion auf den Koblenzer Skandalprozeß reichte ich im Ausschuß für Bürgerliche Freiheiten und Inneres (LIBE) einen Entschließungsantrag ein:

Das Europäische Parlament,
unter Hinweis auf Artikel 6 (Recht auf ein faires Verfahren) der europäischen Menschenrechts-Konvention,
gestützt auf Artikel 133 seiner Geschäftsordnung,

A. In der Erwägung, daß gemäß § 345 Strafprozeßordnung (Revisionsbegründungsfrist) im Mitgliedsstaat Bundesrepublik Deutschland eine starre Frist von lediglich einem Monat normiert ist,

B. In der Erwägung, daß bei längeren Strafverfahren dem Begehren von Verteidigern, das Protokoll schon vor Ende des Verfahrens zu erhalten, mit Verweis darauf, daß es sich um einen Protokollentwurf handelt, eine Absage erteilt wird,

C. In der Erwägung, daß im laufenden sogenannten Aktionsbüro-Mittelrhein-Prozeß in Koblenz, einem der längsten Prozesse in der Geschichte der BRD, mittlerweile über 330 Tage verhandelt wurde,

D. In der Erwägung, daß bereits zum jetzigen Zeitpunkt, nach Aussage der Urkundsbeamtin im o. g. Verfahren, 22 Protokollbände mit je mindestens 250 Seiten vorliegen,

E. In der Erwägung, daß je Seite des Hauptverhandlungsprotokolls mindestens 250 Wörter geschrieben stehen,

F. In der Erwägung, daß die durchschnittliche Lesegeschwindigkeit pro Minute bei einem geübten Leser bei 200 – 240 Wörtern liegt, mit einer Verständnisquote zwischen 50 % und 70 % (...),

G. In der Erwägung, daß man bei einer Verständnisquote von 90 % rund zwei Minuten, pro Seite des Hauptverhandlungsprotokolls benötigt,

H. In der Erwägung, daß bereits zu diesem Zeitpunkt rund 11.000 Minuten benötigt würden, also gut 183 Stunden, um das Protokoll überhaupt nur zu lesen, (...),

I. In der Erwägung, daß die Hauptverhandlung derzeit noch nicht abgeschlossen ist, und das Protokoll noch weiter anwachsen wird,

J. In der Erwägung, daß die Lesezeit des zu erstellenden Urteils hinzugerechnet werden muß, welches 500 Seiten eher über- denn unterschreiten wird, und für welches dem erkennenden Gericht gemäß der gestaffelten Frist der Urteilsniederschrift gemäß § 275 Strafprozeßordnung im Mitgliedsstaat Bundesrepublik Deutschland bei 330 Verhandlungstagen ein Zeitraum von über 17 Monaten gewährt wird,

K. In der Erwägung, daß der nationale Gesetzgeber solche Umgangsverfahren bei der Gesetzgebung nicht im Blick hatte, weil sie eine Seltenheit darstellen, (...),

1. fordert das Mitgliedsland BRD auf, die nationale Strafprozeßordnung den Erfordernissen der Europäischen Menschenrechts-Konvention anzupassen, um diese Ungleichbehandlung und Ungerechtigkeit abzustellen und ein faires Verfahren in der BRD möglich zu machen. (...)

[28] *Brexit*: »Die Befreiung Europas beginnt jetzt!«

Seit der *Brexit*-Entscheidung der Briten vom 23. Juni 2016 liegen die Nerven in Brüssel blank. Das läßt sich an vielen Kleinigkeiten ablesen, nicht zuletzt an der Gereiztheit, von der viele der seitherigen Debatten im Europaparlament geprägt sind. Zum Beispiel die Sondersitzung, die in der letzten Juni-Woche 2016 in Brüssel stattfindet. Die Atmosphäre ist spürbar gereizt und nervös. Parlamentspräsident Schulz verweist während seiner Begrüßungsansprache auf das geschichtsträchtige Ereignis – erstmals in der Geschichte der EU ist eine Sitzung so kurzfristig einberufen worden. Seltsam euphorisch begrüßt Schulz die zahlreich erschienenen Abgeordneten. Er verweist darauf, daß die Kommission immerhin komplett der kurzfristigen Einladung gefolgt sei. Dann bedankt er sich bei denjenigen, die mit ihm zusammen so »großartig« für Europa gearbeitet hätten. Es klingt ein wenig wie eine Abschiedsrede für eine trauernde Gemeinde.

Kommissionschef Juncker spricht dann die eigentlich selbstverständliche Feststellung aus, daß »der Wille der Mehrheit des britischen Volkes respektiert werden« müsse. Als er darauf tosenden und anhaltenden Applaus von den rechten Abgeordneten erhält, meint er, zu uns gewandt: »Ich bin überzeugt, daß dies heute das letzte Mal ist, daß Sie mir applaudieren werden.« Mit gesenkter Stimme setzt Juncker seinen Vortrag fort und wendet sich an die Briten im Plenarsaal: »Ich selbst bin unendlich traurig über diese Entscheidung. Ich hätte mir gewünscht, daß Sie für immer an unserer Seite stehen. Jetzt haben Sie anders entschieden und müssen daraus die Konsequenzen ziehen.«

Dann widerspricht Juncker »Verschwörungstheorien«, wonach hinter verschlossenen Türen bereits »Geheimverhandlungen« mit der englischen Regierung liefen. Er bekräftigt: »Es gibt keine Geheimverhandlungen. (...) Ich habe allen meinen Kommissaren und Direktoren verboten, mit den Engländern zu sprechen, bevor diese endlich den Austritt nach Artikel 50 beantragt haben!«

Juncker fährt hierauf mit erhobener Stimme fort. Er fordert einen neuen Stellenwert für die soziale Frage in Europa und ruft voller Inbrunst: »Europa, geh voran!« Europa müsse ein Friedensprojekt mit neuen Ideen werden. Dann schießt es mit einer Mischung aus Belehrung und Pathos aus ihm heraus: »Ich bin nicht krank, wie einige deutsche Medien schreiben. (...) Seien Sie versichert, ich werde mich bis zur letzten Sekunde für den europäischen Gedanken einsetzen! – Ich will jetzt, daß unsere britischen Freunde sagen, was Sache ist. – Der europäische Traum geht weiter. Die Zukunft gehört der Jugend Europas!«

Für alle aufmerksamen Zuhörer ist es förmlich mit Händen zu greifen: Junckers Vortrag ist eine Durchhalterede, die zudem nur wenig überzeugt. Natürlich bin auch ich der festen Meinung, daß die Zukunft der Jugend Europas gehört. Nur: Sie will nicht das technokratische, gefühlskalte Europa der Banken und Spekulanten, sondern ein Europa freier und souveräner Völker. Wir werden ja sehen, was die Zukunft bringt.

Ansonsten ist diese denkwürdige Sitzung des Europaparlaments geprägt von Emotionen, Zwischenrufen und Gebrüll, was ich so in diesem Hause noch nicht erlebt habe. Als der britische Fraktionsvorsitzende Nigel Farage spricht, schlagen die Wogen hoch. Es ist hautnah zu spüren, wie blank die Nerven bei vielen Vertretern der Etablierten liegen. »Ich begann meine Austrittskampagne hier in diesem Haus vor 17 Jahren«, sagt Farage, der ein glänzender Redner ist. »Damals haben Sie über mich gelacht! Heute, meine Damen und Herren, heute lachen Sie nicht mehr!«

»Wir wollen unser Land zurück!« ruft Farage in das Toben und Schreien hinein, um den Etablierten abschließend noch seine Vision mit auf den Weg zu geben, indem er versichert: »Das Vereinigte Königreich wird nicht der letzte Staat sein, der die EU verläßt!«

Der Brexit bewegt Europa. Der britische Chanel 4 will von Udo Voigt wissen, wie die politische Rechte das Votum der Briten bewertet.

Marine Le Pen wiederum bezeichnet den bevorstehenden Austritt Großbritanniens als »das wichtigste Ereignis seit dem Fall der Berliner Mauer« und stellt fest, daß sich das Volk souverän über die Propaganda der EU-Medien hinweggesetzt habe. Der Patriotismus sei die Zukunft Europas.

Koalitionschef Juncker resümiert sodann, er habe aufmerksam zugehört und werde alles daransetzen, die Nationen nicht den Nationalisten zu überlassen, was den Niederländer de Graaff von der Wilders-Partei zu einem Zwischenruf veranlaßt. »Die Befreiung Europas beginnt jetzt! Das Votum zeigt: Die Völker Europas wollen ihre Souveränität zurück!«

Schließlich wird noch ein Antrag der Etablierten vorgelegt, dem ich meine Zustimmung versage. Die Initiative fordert zwar die Engländer auf, schnellstmöglich ihren Antrag auf Austritt einzureichen, enthält aber auch einen Passus, der einen noch engeren Zusammenschluß der Mitgliedsländer – hin zu einem Bundesstaat Europa als Rettungsanker für den Fall weiterer Austritte – vorsieht.

Dazu gebe ich am Ende eines turbulenten Tages folgende Abstimmungserklärung zu Protokoll: »Diese Resolution zeigt deutlich, daß man in Brüssel das Votum der Bürger im Vereinigten Königreich, dessen Mehrheit für einen Ausstieg auch auf die Bevölkerungen vieler anderer EU-Staaten übertragbar ist, nicht verstanden hat. Zwangsweise soll die Restunion nun zu einer Art Bundesstaat werden, um weitere Abspaltungen künftig schwieriger zu gestalten. Daher ist dieser Entschließungsantrag abzulehnen.«

Tatsächlich halte ich rein gar nichts auch vom Vorstoß des damaligen Noch-EU-Parlamentspräsidenten Martin Schulz, der in der *Frankfurter Allgemeinen Zeitung* als Reaktion auf den *Brexit* gefordert hatte, die EU-Kommission zu einer »echten europäischen Regierung« umzubauen. Doch das ist genau die falsche Konsequenz. Wie man als Konsequenz aus dem *Brexit* ausgerechnet ein Mehr an EU, Zentralismus und Bürokratie fordern kann, ist mir vollkommen schleierhaft.

Vielmehr muß jetzt der umgekehrte Weg eingeschlagen werden. Die Völker wollen mehr Unabhängigkeit, mehr Eigenverantwortung, mehr Subsidiarität – genau das ist die Botschaft des *Brexit*-Referendums. Wer der Rest-EU jetzt noch mehr Zentralwirtschaft und Entmündigung verordnen möchte, leistet Europa und seinen Bürgern einen Bärendienst. Wir brauchen jetzt und in Zukunft keine »Vereinigten Staaten von Europa« mit einer multikulturellen Mischbevölkerung, sondern mehr denn je ein Europa freier, selbstbestimmter Völker.

Die einzige Konsequenz, die es aus dem britischen Austritt zu ziehen gilt, ist die längst überfällige Rückverlagerung von Kompetenzen in die Verantwortung der Nationalstaaten – gerade in sensiblen Bereichen wie der Verteidigungs-, der Asyl- und »Flüchtlings«-Politik.

Der *Brexit* ist hierbei ein echter Hoffnungsschimmer, zumal sich die EU ihre Sargnägel derzeit in rascher Folge selbst zimmert: für 2017 waren Ausgaben in Höhe von 5,2 Milliarden Euro für Migration eingeplant. Die versprochenen drei Milliarden Euro für die Türkei sollten auf zwei Jahre verteilt werden, wobei davon ausgegangen wurde, daß sich dieser Betrag noch einmal deutlich erhöhen würde. Die Einführung einer EU-Steuer, ein weiterer Sargnagel der Brüsseler Union, scheiterte bislang glücklicherweise am Veto einzelner Mitgliedstaaten. Und so bin ich alles in allem der festen Überzeugung, daß Europa vor einem grundstürzenden Umbruch steht, an dessen Ende es keine EU, so wie wir sie heute kennen, mehr geben wird. Mit dem letzten verbliebenen Rettungsanker, der Einführung einer EU-weiten Steuer, wird die Zustimmung zu dieser Zwangsunion weiter schwinden. Der *Brexit* ist damit als Hoffnungsschimmer zur Wiedererlangung der unveräußerlichen Souveränität der Völker mehr als geeignet. Es bleibt zu hoffen, daß es nicht beim *Brexit* bleiben wird.

[29] »Russen-Propaganda«: Panik in Brüssel

Um sich über das breitgefächerte politische Geschehen zu informieren, greifen immer mehr kritische Zeitgenossen auf alternative, unter anderem österreichische und schweizerische, nicht zuletzt auch auf russische Quellen zurück. Das sorgt bei gewissen EU-Stellen für gehöriges Zähneklappern. Rütteln doch immer mehr Bürgerinnen und Bürger am Hochsitz, auf dem sich die Brüsseler Meinungswächter und ihre medialen Laufburschen in den linksliberal dominierten Redaktionsstuben behaglich eingerichtet haben. Ob Syrien-Krieg, Rußland-Ukraine-Krise, Soros' Wühltätigkeit in Osteuropa oder die Folgen der Merkelschen »Willkommenskultur«: viele Fakten und erst recht die Hintergründe werden dem GEZ-geschröpften Medienkonsumenten schlicht und ergreifend vorenthalten.

Ein wahre Fundgrube für fundierte Informationen ist dagegen die deutschsprachige Online-Ausgabe des russischen Nachrichtenportals *sputniknews.com.* Noch gut erinnere ich mich an die »Einzelfall-Map«, die *Sputniknews* 2016 veröffentlicht hat. Es handelte sich um eine interaktive Google-Karte, in die von Ausländern in Deutschland begangene Straftaten eingetragen wurden. Allein für 2016 zeigte die Karte rund 10.000 »Einzelfälle«.

Dazu erklärte bei *Sputniknews* einer der Aktivisten: »Wir haben diese Karte geschaffen, weil bei der Presse und dem Radio Funkstille herrscht – sie berichten nur selektiv, wollen jedoch nicht die gesamte Katastrophe beschreiben. (...) Wir wollen die Menschen informieren, ihnen zeigen, wie Deutschland von Merkel modifiziert wird, ihnen zeigen, daß Frauen überall in Deutschland in Gefahr sind, nicht nur in Köln. Und nicht nur Frauen, auch ältere Menschen und Kinder sind mit dabei.«

Wenn ich zehn oder 30 Jahre zurückdenke, dann konnte ich mir damals kaum vorstellen, daß ich russischen Medien einmal mehr Glauben schenken würde als deutschen oder europäischen Medien.

Im einzelnen enthielt die Karte über 3.500 Fälle von Vergewaltigung (darunter versuchte), mehr als 190 Fälle von sexuellen Übergriffen in Schwimmbädern, mehr als 205 Fälle von Raub und Diebstahl, über 5.100 Fälle von Randale und Bedrohung, 2.700 Brandstiftungsdelikte, mehr als 1.000 Fälle von Körperverletzung und nicht zuletzt 80 Fälle von Mord sowie über 300 Fälle von versuchter Tötung.

Beispiele wie diese machen zumindest nachvollziehbar, warum die Eurokraten den Abgeordneten für die November-Plenarwoche 2016 ein Papier zur »strategischen Kommunikation der EU« vorlegten, »um gegen sie gerichteter Propaganda von Dritten entgegenzuwirken«.

Der Bericht mit der Drucksachen-Nummer A8-0290/2016 enthält eine Gebrauchsanweisung für den künftigen Propaganda- und Informationskrieg gegen virtuelle und tatsächliche Feinde der EU. Zwar nimmt der Resolutionsentwurf auch auf die Bedrohung durch islamistische Haß-Seiten und IS-Propaganda Bezug, was allerdings eher ein Feigenblatt ist. Als viel bedrohlicher wird in Brüssel nämlich die Herausforderung empfunden, die durch alternative Medien – etwa aus Rußland – entstanden ist, wodurch die Informations- und Deutungshoheit der Transatlantiker in Frage gestellt wird.

In dem Papier wird Moskau unterstellt, »mit der Annexion der Krim … und dem hybriden Krieg im Donezbecken unter russischer Führung die Konfrontation mit der EU verschärft« zu haben. Auch habe »der Kreml seinen Propagandakrieg verstärkt (…), indem Rußland in der europäischen Medienlandschaft eine immer stärkere Rolle spielt, womit er darauf abzielt, in der europäischen Öffentlichkeit politische Unterstützung für russische Maßnahmen zu erhalten und die Kohärenz der Außenpolitik der EU zu schwächen«.

Ziffer 8 des Berichts enthält die Anschuldigung, »daß die russische Regierung in aggressiver Weise eine große Bandbreite an Werkzeugen und Instrumenten einsetzt, darunter Denkfabriken und spezielle Stiftungen (z. B. *Russki Mir*), eigens eingerichtete Behörden (*Rostrudnitschestwo*), mehrsprachige Fernsehsender (z. B. RT), Pseudo-Nachrichtenagenturen und Pseudo-Multimediadienste (z. B. *Sputnik*), grenzübergreifende gesellschaftliche und religiöse Gruppen, da sich das Regime als einziger Vertreter traditioneller christlicher Werte darstellen will, soziale Medien und Trolle im Internet, um die demokratischen Werte infrage zu stellen, Europa zu spalten, inländische Unterstützung zu gewinnen und in den Ländern der östlichen Nachbarschaft der EU den Eindruck zu erwecken, als hätten sich ihre staatlichen Strukturen aufgelöst«.

In Wahrheit macht sich der mit dem Etikett »Pseudo« versehene Nachrichtendienst *Sputniknews* um die Aufklärung der Menschen mehr verdient als die westlichen Lügenmedien, deren (Des-) Informationsmonopol erfreulicherweise spürbar zu wanken beginnt. Überhaupt berichten einige russische Medien in erfrischender Offenheit über das wahre Ausmaß der importierten Kriminalität in Deutschland sowie über das Souveränitäts-Thema, das hierzulande geradezu Panikattacken beim politischen Establishment hervorruft.

Die Verordnung zur »strategischen Kommunikation« der EU soll im übrigen in enger Zusammenarbeit mit Propaganda-Zentralen wie dem schon 2014 gebildeten *NATO-Exzellenzzentrum für strategische Kommunikation* in Riga erfolgen, dessen Aufgabe in erster Linie in der Informations-Kriegsführung besteht. Auch hebt das EU-Papier »die wichtige Rolle hervor, die die Aus- und Weiterbildung im Qualitätsjournalismus inner- und außerhalb der EU (...) spielen« – angesichts der lückenhaften und verfälschten Darstellungen zu wichtigen tages-

und weltpolitischen Fragen in westlichen Mainstream-Medien ein eher dürres Argument.

Zudem sollen künftig unter dem Deckmantel der »Gefahrenabwehr« abweichende Meinungen noch stärker als bislang stigmatisiert und bekämpft werden können. Also: noch mehr Facebook-Sperrungen, noch mehr Internetzensur, noch mehr Gleichschaltung.

Mein Referent Karl Richter strich in der *Deutschen Stimme* (Januar-Ausgabe 2017) die Bedeutung alternativer Medien für den nationalen Widerstand heraus: »Unter dem Strich macht die Geschichte aber Mut. Denn deutsche Patrioten sind in ihrem Kampf um die Wahrheit und eine adäquate Aufklärung der Öffentlichkeit über den wahren Zustand unseres Landes nicht mehr allein. Ausländische, etwa russische Medien haben die Sollbruchstelle erkannt und leisten inzwischen mehr oder weniger dezente Unterstützung für ‚rechte' Positionen in der Bundesrepublik.

(...) Längst ist der Schulterschluß des Kreml mit der patriotischen Opposition in Westeuropa kein Geheimnis mehr. Erst dieser Tage informierte der jüngst knapp gescheiterte FPÖ-Präsidentschaftskandidat Norbert Hofer über eine geplante Rußland-Reise zusammen mit FPÖ-Chef Strache, bei der es unter anderem um die Verbesserung der Beziehungen zu Rußland und eine Aufhebung der westlichen Rußland-Sanktionen gehen soll.«

304 Abgeordnete votierten in der Abstimmung im November 2016 für die brisante Initiative der EU-Kommission, 179 dagegen; 208 enthielten sich. Für die rechten Abgeordneten war es eine Selbstverständlichkeit, den entlarvenden EU-Bericht zur »strategischen Kommunikation« abzulehnen.

[30] Andere über uns

Welche Gedanken Karsten Grabow durchzuckten, als er 2015 für die CDU-nahe Konrad-Adenauer-Stiftung (KAS) eine Studie über die Arbeit von Einzelabgeordneten verfaßte, ist nicht bekannt. Die herausgearbeiteten Fakten sind allerdings bemerkens- und erwähnenswert. Untersucht wurden dabei die Aktivitäten jener Abgeordneten, die ihre Partei als Einzelkämpfer vertreten, und zwar Klaus Buchner (*Ökologische-Demokratische Partei* – ÖDP), Stefan Eck (*Tierschutzpartei*), Arne Gericke (vormals *Familienpartei*, jetzt *Freie Wähler*), Ulrike Müller (*Freie Wähler*), Julia Reda (*Piratenpartei*), Martin Sonneborn (*Die Partei*) und meine Person. Alle hatten durch den Wegfall der Drei-Prozent-Hürde 2014 den Sprung ins Europaparlament geschafft.

Für die Bewertung zog der Autor der Studie Plenar- und Ausschuß-Protokolle heran. Sie wurden nach bestimmten Kriterien ausgewertet und den Ergebnissen anderer europäischer Parlamentarier gegenübergestellt. Im Großen und Ganzen fällt das Resümee der Studie eher negativ aus: Die »Kleinen« seien für den »demokratischen Prozeß« und die Qualität der Politik eher kein Gewinn, liege deren Mitarbeit im Parlament und in den Ausschüssen doch eher unter dem Durchschnitt. Ihr »Dasein im Sosein« pflegten demnach der »Spaßpolitiker« Martin Sonneborn und Stefan Eck von der *Tierschutzpartei*. Während Eck den Umweltausschuß laut der Studie zumindest durchschnittlich oft besucht und auch ein klein wenig mitarbeitet, steuert Sonneborn keinerlei erkennbare Beiträge zur parlamentarischen Arbeit bei. Hingegen nehmen der Untersuchung zufolge Julia Reda und Ulrike Müller überdurchschnittlich häufig an den Plenarsitzungen teil.

Und der Aktivste in der Gruppe? In der Auswertung heißt es dazu: »Die höchste Anwesenheitsquote der sieben MdEP hat der NPD-Abgeordnete Udo Voigt, der an allen Sitzungen des Plenums teilnahm. (…) Mit Blick auf die parlamentarischen Anfragen ist Udo Voigt mit insgesamt 17 wieder der Aktivste in der Gruppe der sieben (…).«

Pluspunkte vergibt die KAS auch im Hinblick auf die »Programmtreue« seiner Arbeit im Parlament. Udo Voigts Anträge und Wortmeldungen, beispielsweise zur fehlenden deutschen Souveränität oder auch zur »Flüchtlings«-Problematik – seien »aus verfassungsrechtlicher Sicht vermutlich unbedenklich, da sie weder eine mittelbare noch unmittelbare Gefahr für die freiheitlich-demokratische Grundordnung der Bundesrepublik Deutschland darstellen« – eine äußerst bemerkenswerte Feststellung vor dem Hintergrund des seinerzeit laufenden Verbotsverfahrens gegen die NPD.

Natürlich kann sich auch der Verfasser der KAS-Studie einen Seitenhieb nicht verkneifen: Als »echten Gewinn für die parlamentarische Demokratie oder die Arbeit des EP« möchte er Udo Voigts Beiträge dann doch nicht gelten lassen. Mit der gewöhnlich und allerorten beschworenen »Vielfalt« sind nonkonforme Gedanken und fundierte Oppositionsarbeit also ganz offenbar nicht gemeint.

Normalerweise ist die Berichterstattung über die Arbeit von »Rechtsradikalen« von zwei Extremen gekennzeichnet: Entweder wird über die Tätigkeit nonkonformer Gruppen, erst recht von Dissidenten am »rechten« Rand des politischen Spektrums, der Mantel des Schweigens gebreitet. Oder die Redakteure und Schreiberlinge präsentieren ihrem Publikum ein völlig verzerrtes Bild im Sinne einer primitiven Schwarz-Weiß-Malerei. Dazwischen gibt es aber auch zum Teil recht löbliche Grautöne, wenngleich sie eher selten sind.

Die Arbeit des Journalisten und Publizisten Tobias Haberl zählt ohne Wenn und Aber dazu. Er begleitete den Europa-Abgeordneten Udo Voigt und seine Mannschaft ein Jahr lang bei dessen politischer Tätigkeit in Straßburg und Brüssel. Seine Reportage erschien im Magazin der *Süddeutschen Zeitung* (Heft

19/2015), sie zeichnet ein sehr abgerundetes und profundes Bild vom Menschen und Politiker Udo Voigt, das sich immerhin angenehm vom sonst üblichen Geschreibsel über die nationale Opposition abhebt.

Im Magazin der Süddeutschen Zeitung erschien 2015 eine vielbeachtete Reportage von Tobias Haberl über die Arbeit Udo Voigts und seiner Mannschaft.

Gewiß: ganz ohne Stereotype kommt auch Haberl nicht aus; etwa, wenn er meinen Referenten Karl Richter vorstellt, »der mit seiner Nickelbrille ein wenig wie Himmler aussieht«. Ansonsten dominieren Fairneß und vielleicht sogar ein stückweit Respekt. Aber das kann Haberl sich und seinen Lesern natürlich nicht eingestehen. So heißt es: »Mitte Juli 2014 feiert Voigt seinen ersten Triumph. Es ist wieder ein Donnerstag, 12:30 Uhr, als er sich im Plenum zu Wort meldet: ‚Herr Präsident, als neugewähltes Mitglied bin ich etwas befremdet darüber, daß keine zehn Leute mehr im Saal sind, bei einer Sitzung, die bis 14 Uhr anberaumt worden ist.‘ Er hat recht. Von den 751 Abgeordneten sind 741 abgereist, gleich nachdem sie mit ihrer Unterschrift sichergestellt haben, daß ihnen keiner mehr die 304 Euro steuerfreies Tagegeld nehmen kann. Der Präsident unterbricht, es gehe um die aktuelle Lage im Irak, der Abgeordnete Voigt möge sich an die Tagesordnung halten. Aber Voigt läßt sich nicht abwimmeln, genau das unterscheidet ihn doch von den ,Etablierten', wie er sie nennt, ,den Zynikern', und dann passiert etwas, was in einem Parlament nicht oft vorkommt: Die Schüler und Touristen auf den Zuschauerrängen, die Besucher mit ihren Funktionsjacken und Brustbeuteln, die nicht wissen, wer er ist, aber ahnen, was er meint, applaudieren ihm. Seitdem postet er ständig auf Facebook, wie zeitig er schon im Büro sitzt oder halt wie spät am Abend noch. Fleiß und Ausdauer, das hat er jetzt verstanden, werden von den Menschen da draußen geschätzt.«

Ich muß ergänzen: Natürlich ist auch mir schon länger klar, daß sich beharrliche Arbeit immer auszahlt, nicht nur in der Politik. Eigentlich ist das eine Binsenweisheit. Aber richtig ist andererseits auch, daß Erlebnisse, wie das hier von Haberl geschilderte, motivierend und beflügelnd wirken.

Seinen Lesern schildert er den Straßburger Einzelkämpfer Udo Voigt zudem als prinzipientreuen Menschen, der sich für einen palästinensischen Staat ausspricht und dafür von einem Abgeordneten der niederländischen Wilders-Partei als »Nazisau« beschimpft wurde. Erwähnung findet auch die Entlassung aus der Bundeswehr: »Als Soldat sind seine Beurteilungen tadellos – bis zu diesem Tag im Jahr 1982, als er nach München zum *Militärischen Abschirmdienst* bestellt wird. Ein Oberst legt ihm eine vorformulierte Austrittserklärung aus der NPD auf den Tisch: Berufssoldat oder NPD-Mitglied. Beides geht nicht. Nicht mehr. Sie hatten ihn schon länger im Visier, sein politisches Engagement, seine Ansichten, jetzt hat er sich zu entscheiden. Neben ihm liegt ein Stift. Voigt weiß, wenn er jetzt nicht unterschreibt, zerbricht sein Lebensplan, dann ist er seinen Beruf los, seine Perspektive, seine Sicherheit, aber er spürt auch, daß es hier und jetzt um eine Sache geht, die größer ist als sein persönliches Glück, und sagt: ,Nein, Herr Oberst, das mache ich nicht.' Am Abend seines letzten Tages besucht er noch einmal das Offizierskasino in Freising. ,Als ich ging', sagt er, ,hörte ich, wie der stellvertretende Kommandeur zum Kommandeur sagte: Schau mal, da geht einer unserer letzten Soldaten'.«

Auch das verschweigt Haberl in seiner Reportage nicht: daß Disziplin zum Leben gehört und zu meinem immer gehört hat. Er hat bei seinen Besuchen in Straßburg den Eindruck gewonnen, daß ich meine Mitarbeiter »stundenlang Anträge durcharbeiten [lasse]. Es geht um das Fischereiabkommen zwischen der EU und Senegal oder um die Ursprungskennzeichnung von Fleisch in verarbeiteten Lebensmitteln, aber egal. ,Wir nehmen das sehr ernst', sagt sein Referent Karl Richter.«

Übrigens: Die sogenannte »Antifa« kommt in Haberls Arbeit nicht unbedingt so gut weg. So erwähnt er gleich im zweiten Absatz meinen Mitarbeiter und langjährigen politischen Weggefährten Uwe Meenen. Dieser wurde »2011 von fünf vermummten Gestalten mit Schlagstöcken ins Krankenhaus geprügelt«. Und zu einer NPD-Kundgebung vor dem Brandenburger Tor bemerkt Haberl unter anderem: »Die Antifa wartet nur darauf, Fotos von NPD-Mitgliedern zu machen und an deren Arbeitgeber zu schicken, um Berufsverbote zu erwirken« – nach solchen Fakten sucht man in der angeblich so »vielfältigen« bundesdeutschen Medienlandschaft sonst weitgehend vergeblich. Es ist leider die banale Wahrheit im angeblich »freiesten«, tolerantesten Staat, den es jemals auf deutschem Boden gegeben haben soll. Wer im linksliberalen Meinungsspektrum der Bundesrepublik auf der »falschen« Seite steht, weiß, daß es die traurige, ernüchternde Wahrheit ist. Ausgrenzung, Gesinnungsgängelei und Diffamierung gehören zur Bundesrepublik inzwischen wie Butter zum Brot.

Haberl versteht sein journalistisches Handwerk, indem er es schafft, auch Atmosphäre spürbar zu machen. So wird seine Titelfigur für den Leser erlebbar. Nur ein Beispiel: »Donnerstag, 3. Juli 2014. Die erste Sitzungswoche ist vorüber. Voigt steht vor der Tiefgarage des Parlaments, der Abendwind greift in die Fahnen, ein majestätischer Anblick. Er möchte zu seinem Auto, aber die Stahltür ist verschlossen. Er sieht sich um, hilflos, niemand zu sehen, dann entdeckt er die Sprechanlage: ‚How can I get to my car?', ruft er in den Lautsprecher. Es summt, die Tür öffnet sich. Voigt schaut nach links, nach rechts, dann erinnert er sich, wo er seinen schwarzen Passat abgestellt hat. Im Kofferraum: eine Kiste mit Ersatzkanister und je einer Flasche Wasser, Motorenöl und Scheibenwischerflüssigkeit. In der Seitenablage: CDs, Märsche, Seemanns- und Westernlieder, das neue Album von Helene Fischer. (...) Er hat sich mit den anderen in einem Restaurant am Rheinufer verabredet. Eine Kleinigkeit essen, die Woche ausklingen lassen. Es piept. Eine SMS seiner Sekretärin, sie hat vorsichtshalber ein Foto des Straßenschilds geschickt, Voigt spricht kein Französisch. Jetzt tippt er den Straßennamen in sein Navi, fährt ins Freie, die Sonne steht tief, er setzt die Sonnenbrille auf, krempelt die Hemdsärmel zurück, atmet aus: ‚Wo man sich nicht fremd fühlt, sondern zu Hause', sagt er, ‚das ist ein Stück Heimat.' Er meint Straßburg. Deutet auf die Fassaden, die Balkone, ‚alles wilhelminisch, alles deutsch'.«

Für seine Reportage hat Haberl vom *Bundesverband Deutscher Zeitungsverleger* (BDZV) den mit 6.000 Euro dotierten Theodor-Wolff-Preis erhalten. Das Medien-Portal *Meedia* bemerkte dazu: »Die Reportage zeigt, daß beim brisanten Thema Neonazis und Rechtspartei das von vielen Medien praktizierte Ausgrenzen und Verschweigen nicht die einzige Form des redaktionellen Umgangs ist. Dem Autor ist in mehrmonatiger mühseliger Kleinarbeit ein packendes menschliches Porträt des NPD-Politikers gelungen, das dennoch nicht verharmlosend wirkt – ein Beweis, daß sich im Journalismus der Mut zum unkonventionellen Zugang auszahlen kann.«

In der Tat zählt Haberls Arbeit zu den Grautönen in der ansonsten eher unappetitlichen Medienlandschaft. Es ist traurig, daß Journalisten wie er die große Ausnahme sind. Die Mehrheit ist Mainstream, gleichgeschaltet, unoriginell.

Die Reportage mit dem Titel »Reihe 7, Platz 88« kann im Netz abgerufen werden unter *sz-magazin.sueddeutsche.de*

Regelmäßig besuchen patriotische Besuchergruppen das EU-Parlament in Straßburg und Brüssel.

Besuchergruppe mit dem NPD-Parteivorsitzenden Frank Franz

Udo Voigt trifft den vormaligen EU-Botschafter des Iran Mahmoud Barimani.

Mit Lampros Fountoulis am Grabe seines von Linksextremisten erschossenen Sohnes Giorgos

Hohe Zäune werden installiert, um die EU-Parlamentarier vor dem islamistischen Terrorismus zu schützen. Solche Grenzen würden nicht nur die Politelite, sondern auch die Bevölkerung in Europa schützen, darauf legt man aber im EU-Parlament keinen Wert.

Zum 70. Jahrestag des Kriegsendes in Europa sollte der renommierte Historiker David Irving auf Einladung von Udo Voigt vor interessierten Abgeordneten sprechen. Parlamentspräsident Martin Schulz (SPD) reagierte unsouverän mit Hausverbot.

Jean-Marie Le Pen und Udo Voigt

Protest gegen die Verleihung der Ehrendoktorwürde an Angela Merkel in Brüssel kurz nach dem Terroranschlag in Berlin

Kurdische Demonstranten stürmen das EU-Parlament und verprügeln das Wachpersonal. Später wird man in den Medien von einer friedlichen Besetzung sprechen.

Im Bürgerbüro in Berlin-Köpenick

Vor dem Europäischen Gericht mit Peter Marx und Peter Richter

Redeauftritt während einer Sitzung des Europaparlaments in Straßburg.
Foto: © European Union 2014

Der Wismarer Büroleiter Rainer Schütt (links) und Georgios Dimitroulias, Stadtrat in Griechenland

Freundlich, bestimmt und routiniert – im Gespräch mit dem ZDF im Europäischen Parlament

Feierlichkeiten zum 25. Jahrestag der Deutschen Einheit. Die einzige deutsche Fahne kam von Udo Voigt.

An der Front im syrischen Kampf gegen den islamistischen Terrorismus

Vor einem Militärkrankenhaus bei Damaskus

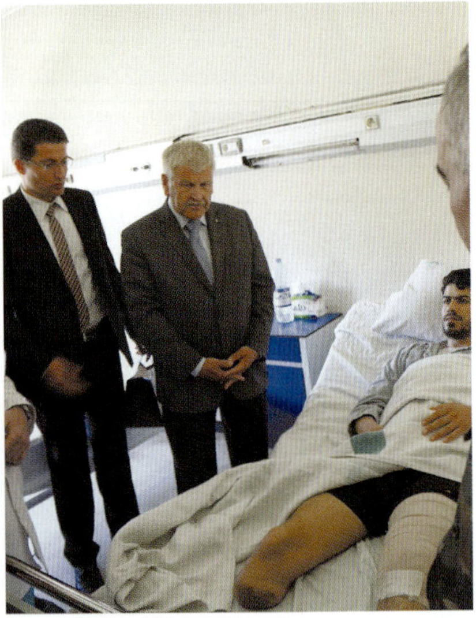

Besuch im Lazarett

Auftritt im syrischen Fernsehen

Gespräche mit der Führungsspitze der Arabisch Sozialistischen Baath-Partei Syriens

Die APF-Delegation beim Oberhaupt der Syrisch-Orthodoxen Kirche, Ignatius Aphrem II. Karim

Die Vertreter der Syrisch-Maronitischen Kirche stehen an der Seite des Präsidenten al-Assad.

Ahmad Badr ad-Din Hassun, der Großmufti von Syrien

Besuch der APF-Delegation in der Mariamitrischen Kathedrale von Damaskus, zugleich Sitz der Griechisch-Orthodoxen Kirche von Antiochien. Im zweiten Jahrhundert n. Chr. errichtet, handelt es sich um eine der ältesten griechisch-orthodoxen Kirchen der syrischen Hauptstadt.

Dieses Hotel wurde vom Islamischen Staat als Komandozentrale genutzt. Wenige Tage vor Voigts Besuch in Maalula konnte die syrische Armee die Terroristen zurückdrängen.

Das EU-Parlament bietet den Abgeordneten gute technische Arbeitsbedingungen.

Papst Franziskus besucht das Europäische Parlament.

Der gefährlichste Beruf der Welt - Henk van de Graaff vom Farmerverband Transvaal Agricultural Union of South Africa informiert das Parlament über rassistisch motivierte Morde an weißen Farmern in Südafrika.

Eine bewährte Mannschaft (v. l. n. r.): Florian Stein, Udo Voigt, Bettina Bieder, Karl Richter und Uwe Meenen

Kennen sich bereits seit Jahrzehnten: Mit Nikolaos Michaloliakos und Frau Eleni Zaroulia

Gemeinsame politische Ziele: Deutsche und polnische Nationalisten in Breslau

Neujahrsempfang von Udo Voigt und der Schweriner Landtagsfraktion der NPD im Jahr 2016 in Wismar

NPD-Neujahrsempfang 2017 in Saarbrücken

Für viele Gäste ist der Besuch des Sommerfestes von Udo Voigt bereits liebgewordene Tradition.

Udo Voigt und der stellvertretende NPD-Parteivorsitzende Thorsten Heise (2. v. l.) im November 2017 auf einer gutbesuchten Podiumsdiskussion mit serbischen Nationalisten in Belgrad. Zentrales Thema war das Für und Wider eines EU-Beitritts Serbiens.

Anhang

DOKUMENT 1

Die St. Petersburger Erklärung vom 22. März 2015

Am 22. März 2015 unterzeichneten in Sankt Petersburg 25 Vertreter westlicher und russischer nationaler Parteien und Organisationen die nachstehende Erklärung. Die Liste der Unterzeichner weist an zweiter Stelle den deutschen Europaabgeordneten Udo Voigt aus.

»Wir, die freien Nationen und Völker Europas, vertreten durch fortschrittliche konservative Kräfte,

- verantwortlich für die Zukunft unserer Völker,
- sehen mit Wehmut die Zerstörung jahrtausendealter soziokultureller Bindungen und überlieferter europäischer Werte, den sittlichen Niedergang, die Zerstörung der Institutionen Ehe und der Familie; den Verlust des Respekts gegenüber internationalen Gesetzen und internationalem Recht;
- wissen unsere Fundamente in einer tausendjährigen religiösen und sittlichen Tradition und darüber hinaus in den Idealen des Humanismus, gesellschaftlicher Stabilität und einer fortschrittlichen technisch-wissenschaftlichen Entwicklung, die Gemeineigentum aller entwickelten Bevölkerungen ist;
- sehen uns inspiriert durch das gemeinsame kulturelle Erbe und ein Jahrtausend einer gemeinsamen Koexistenz; sind uns objektiver Bedrohungen und zukünftiger Herausforderungen bewußt und stimmen in folgendem überein:

1. Unser Hauptziel liegt in der Schaffung einer freien, multipolaren und fortschrittlichen Weltordnung. Wir, die Patrioten unserer Länder und Völker, schützen die nationalen Interessen und die nationale Souveränität durch den Grundsatz ‚Einer für alle – alle für einen'. Wir haben uns zusammengeschlossen, um das Instrument einer effizienten internationalen Zivilgesellschaft zu schaffen, die die traditionellen Werte, eine friedliche Koexistenz und Entwicklung, die Menschenrechte und originäre Freiheitsrechte des einzelnen schützt, die in ihrer einzigartigen und unwiederholbaren nationalen Kultur wurzeln.
Konservatismus ist die optimale und gesündeste Form sozialer Aktivität, sofern die Menschenrechte und menschlichen Freiheiten das Recht der Völker und Länder auf Freiheit, Selbstbestimmung, Souveränität und eine ausgewogene Entwicklung in Übereinstimmung mit ihren nationalen, kulturellen, sozialen und politischen Traditionen ergänzen.

2. Mit dem Ziel, den bilateralen wirtschaftlichen, kulturellen und politischen Austausch weiterzuentwickeln, haben wir, die Vertreter der konservativen politischen Kräfte Rußlands, uns zur Unterzeichnung dieser Erklärung bereitgefunden, und wir werden im parteipolitischen ebenso wie im Rahmen des Europäischen Parlaments keine Anstrengung scheuen, um für das Wohlergehen künftiger Generationen Sorge zu tragen. Vor dem Hintergrund des ersten internationalen Forums versprechen wir feierlich, daß im Rahmen der gegenwärtigen politischen Situation jede Anstrengung unternommen werden wird, um unsere konservativen Werte zu schützen, die auf christlichen Traditionen und die gemeinsamen Ideale des Humanismus gegründet sind.
Zudem werden wir bestrebt sein, unsere politischen Programme verstärkt in die Öffentlichkeit zu tragen, um

unsere Ideen an die Massen heranzubringen. Wir werden die bestimmenden Faktoren jener sich abzeichnenden ökonomischen Mechanismen unterstützen, die auf die wechselseitige Entwicklung und gemeinsame Prosperität in Rußland und Europa sowie auf ein Ansteigen des Wohlstandstandards der Völker abzielen.
Wir fordern die Weltgemeinschaft insbesondere auf, den gegen die Russische Föderation gerichteten ‚Kalten Krieg' zu beenden; wir fordern die Einstellung aller politischen und wirtschaftlichen Sanktionen und die Erneuerung eines gleichberechtigten und konstruktiven Dialogs zwischen Rußland und dem Westen.
Wir unterstreichen die unbedingte Tatsache, daß eine in einem Land oder einer Gruppe von Ländern herrschende Diktatur, sofern sie Auswirkungen auf Rußland hat, vollkommen zum Scheitern verurteilt ist.
Wir erklären vielmehr, daß freundschaftliche und partnerschaftliche Beziehungen zu Rußland die wichtigste Voraussetzung für eine starke Welt und eine dynamische Entwicklung aller Länder darstellen.

3. Wir nehmen zur Kenntnis, daß die Situation, wie sie sich als Ergebnis des Zweiten Weltkrieges darstellte, zur Schaffung zweier einander feindlich gegenüberstehender militärischer und politischer Blöcke führte, der Organisation des *Warschauer Paktes* und der NATO. Nunmehr, im Gefolge des Verschwindens des Warschauer Paktes vor über 20 Jahren, hat die Entwicklung weitverzweigter Beziehungen zwischen Rußland auf der einen Seite und Deutschland, Spanien, Griechenland, Polen, Ungarn, Bulgarien und Serbien auf der anderen Seite auf der Grundlage einer friedvollen Politik der Russischen Föderation die NATO überflüssig gemacht.
Wir müssen allerdings einräumen, daß sich die NATO inzwischen von einer Organisation zum Schutz Europas in das

Instrument einer Diktatur der militärischen Stärke im Umgang mit den Ländern der Alten Welt gewandelt hat. Wir müssen so rasch als möglich einen Abzug aller Expeditionsstreitkräfte der USA aus Europa und der amerikanischen Abhörkapazitäten auf europäischem Territorium erreichen. Wir vertreten die Auffassung, daß anstelle der NATO ein System der kollektiven Sicherheit in Europa geschaffen werden muß. Solche Schritte werden Frieden und Stabilität in Europa stärken, und sie werden zu einer permanenten militärischen und industriellen Kooperation zwischen Rußland und Europa führen.
Wir rufen die USA und ihre Alliierten auf, ihre bösartige Praxis der Einmischung in die inneren Angelegenheiten souveräner Staaten aufzugeben und den Export sogenannter ‚Farb-Revolutionen' sowie die Installation antinationaler Marionettenregime in unabhängigen Ländern zu stoppen.
Wir fordern die westliche Staatengemeinschaft auf, die Prinzipien von Freiheit und Demokratie zu respektieren, und wir verurteilen ‚doppelte Standards' im Umgang des Westens mit der übrigen Welt.

4. Unerachtet zahlreicher objektiver Gegensätze, die ihre Ursachen in der ungleichförmigen Entwicklung europäischer Regionen haben; unerachtet der unterschiedlichen Strömungen unserer überlieferten Religionen im gemeinsamen Fluß der konservativen religiösen Überlieferung; unerachtet unterschiedlicher politischer Systeme unterstreichen wir, daß die Russische Föderation als legitime Nachfolgerin der Sowjetunion ebenso wie des Russischen Reiches nunmehr einen integralen Bestandteil der europäischen Überlieferungen darstellt.
Rußland ist ein Mitglied der weitverzweigten europäischen Völkerfamilie, das durch religiöse Überlieferung, gemeinsame Grundlagen der Rechts- und Wirtschaftskultur, der Konfliktlösung ebenso wie durch Abkommen und

Bündnisse mit anderen europäischen Ländern verbunden ist. Rußland ist ebenso wie andere europäische Länder ein gleichwertiger und verläßlicher Partner. Die russische Nation hat das Recht, sich zwischen unterschiedlichen politischen und Wirtschaftsmodellen ebenso zu entscheiden wie für die Wahrnehmung ihrer Interessen.

5. Wir räumen ein, daß objektive historische Prozesse zur Entwicklung einer Vormachtstellung Amerikas führten, die durch die Vereinigten Staaten von Amerika verkörpert wurde. Unerachtet starker ökonomischer Beziehungen legen wir aber Wert auf die Feststellung, daß die Interessen der EU und der europäischen Nationen anders gelagert sind als die Interessen Amerikas. Wir, die konservativen Kräfte Europas und Rußlands, sehen unsere Zukunft in der Festigung unserer Wirtschaftsbeziehungen und in der Befreiung Rußlands und Europas von der Bevormundung durch und dem weltweiten Einfluß der USA.
Wir betrachten den Konflikt in der Ukraine als innere Angelegenheit des Landes. Zweifellos hat dieser Konflikt aber größere Auswirkungen auf Rußland als auf andere Länder; der größte Teil der Ukraine besteht aus Territorien, die früher zu Rußland gehörten und von Russen besetzt waren. Diese Gebiete wurden der Ukraine durch einen Machtspruch der totalitären bolschewistischen Führer angegliedert. Niemand befragte die Bevölkerung, die dort lebte, um ihre Meinung. Viele Jahre lang war die russischstämmige Bevölkerung einer gewaltsamen ‚Ukrainisierung' ausgesetzt. Nunmehr hat dieser Prozeß grausame Formen angenommen, bis hin zur Ermordung von Russen in der Ukraine durch bewaffnete Streitkräfte und Rachegruppen des ‚Rechten Sektors'. Rußland kann dieser Situation nicht gleichgültig gegenüberstehen. Wir haben uns zusammengeschlossen, um der militärischen und politisch-sozialen Aggression in der Ukraine – nämlich mit Blick auf die Volks-

republiken von Donezk und Lugansk – Einhalt zu gebieten. Wir fordern die Regierung der USA und der EU-Länder auf, sich einer weiteren Unterstützung des antinationalen Regimes der ‚Kiewer Junta', der Verheimlichung der Kriegsverbrechen und der Unterstützung der antinationalen ukrainischen Regierung in finanzieller, militärischer und anderer Hinsicht zu widersetzen.

6. Die Wirtschaftsfaktoren und -potentiale in unseren Ländern, ja unsere gemeinsame europäische Geschichte selbst und unsere Wohlfahrt sind vollkommen vom Einfluß der USA abhängig. Die Wirkung der in Kraft gesetzten Sanktionen können jetzt oder in Zukunft ökonomische Krisen im Finanzsektor ebenso wie im Produktionssektor, im kulturellen Austausch, im Tourismus, im technologischen und wissenschaftlichen Bereich nur verschlimmern. Die Wirkungsweise der Sanktionen zielte nicht nur auf oligarchische Gruppen oder Wirtschaftsmächtige ab, sondern auf eine Absenkung des allgemeinen Wohlstandes in Europa und Rußland sowie auf die politische Stabilität.
Nicht nur Rußland, sondern auch Europa leidet unter halbierten Gewinnen, unter dem Ausfall von Wirtschaftsbeziehungen. Als Folge des politischen Drucks sehen wir die Zerstörung traditioneller Wirtschaftskontakte und Märkte.
Rußland und Europa sehen sich zur Errichtung totalitärer Strukturen für den Fall sozialer Instabilität und einer Verarmung der Bevölkerung gezwungen. Wir werden demgegenüber unsere ganze Anstrengung auf die Überwindung künstlicher ökonomischer Barrieren richten, soweit uns dies möglich ist. An die Stelle von Sanktionen und blockierten europäischen und russischen Kapitalströmen, unterbrochenen kulturellen und wissenschaftlichen Beziehungen muß eine neue Ära eines freien und gerechten Wettbewerbs treten, die es uns erlauben wird,

ein Weltmodell wiederzubeleben, das Rußland und die EU als Führungsmächte und Lokomotiven des Fortschritts der Menschheit sah.

7. Wir, die konservativen Kräfte, die wir uns bei diesem Prozeß auch durch die Gemeinschaft der Experten vertreten sehen, gestützt auf jüngste bevölkerungswissenschaftliche Daten und demographische Kapazitäten in unseren Ländern - wir werden nicht in der Lage sein, unseren Völkern eine wertvolle und gute Zukunft zu bieten; wir mahnen deshalb ein schnellstmögliches Einwirken auf den Prozeß der Verstädterung sowie rascheste Maßnahmen mit dem Ziel einer Steigerung der Geburtenrate, einer Verbesserung der Volksgesundheit und der Schaffung einer bestmöglichen ökologischen Situation an.
Die gewichtigste Aufgabe ist unserer Auffassung nach die Rückkehr zu unseren traditionellen Quellen – einer hohen Geburtenrate, hohen sittlichen Standards, Gesetzestreue und konstruktiver Arbeit.
Vom Vorgenannten ausgehend, widmen wir uns durch koordinierte Aktionen unserer Organisationen der Schaffung einer tragfähigen internationalen Sphäre, um die oben angeführten Thesen dieser Erklärung des ‚Internationalen Konservativen Forums' umzusetzen.
Das zuständige Organisationskomitee wird Vertreter aller Organisationen umfassen, die unsere Sichtweise teilen. Wir betrachten die Arbeit unseres Forums als permanentes Arbeits- und Koordinierungskomitee und als jährlich tagende Verhandlungsplattform.
Wir werden das Bestmögliche tun, um unsere Bewegung voranzubringen und ihr neue und weitere Unterstützer zuzuführen.

Für den Frieden freier Völker!«
Sankt Petersburg, 22. März 2015

Dokument 2

Seiner Exzellenz
dem Botschafter der Russischen Föderation
in der Bundesrepublik Deutschland
Herrn Wladimir Michailowitsch Grinin
Unter den Linden 63-65
10117 Berlin

Exzellenz,

aus Anlaß des heutigen Besuches des Präsidenten der Russischen Föderation, Wladimir W. Putin, in Berlin und vor dem Hintergrund der anhaltenden Sanktionspolitik westlicher Länder gegenüber Rußland ist mir in meiner Eigenschaft als Mitglied des Europäischen Parlaments daran gelegen, die folgende persönliche Erklärung abzugeben und Sr. Exzellenz zur Kenntnis zu bringen:
Als gewählter deutscher Abgeordneter distanziere ich mich in aller Schärfe von der Eskalations- und Sanktionspolitik der deutschen Bundesregierung, die maßgeblich von der Bundeskanzlerin verantwortet und gegen wachsenden Widerstand in unserem Land aufrechterhalten wird. Ich lehne die Politik der Bundeskanzlerin mit Nachdruck ab und kritisiere sie als schädlich und gefährlich.
Als Inhaber eines von den deutschen Wählern verliehenen politischen Mandats lege ich Seiner Exzellenz und dem russischen Volk gegenüber Wert auf die Feststellung, daß die Sanktions- und Eskalationspolitik der Bundeskanzlerin NICHT den Willen des deutschen Volkes widerspiegelt. Regelmäßigen Umfragen zufolge wünscht vielmehr eine Mehrheit des deutschen Volkes friedliche und konstruktive Beziehungen zum russischen Volk. Indem sich die Bundeskanzlerin zum Vollzugsorgan transatlantischer Vorgaben

macht, sabotiert sie den Frieden in Europa und trägt Mitverantwortung für die steigende Kriegsgefahr auf unserem Kontinent.
Mir ist dabei wie jedem verantwortungsbewußten Bürger unseres Landes bewußt, daß nicht Rußland, sondern westliche und transatlantische Kreise unter Führung der Vereinigten Staaten von Amerika seit Jahren vorsätzlich nicht nur die gutnachbarlichen Beziehungen zwischen Westeuropa - insbesondere Deutschland - und Rußland schädigen, sondern darüber hinaus in zahlreichen Konfliktregionen vorsätzlich eskalierend agieren und die Konfrontation mit Rußland forcieren. Unvergessen ist die unheilvolle Rolle der USA und westlicher Einflußorganisationen beim Regimewechsel in der Ukraine 2014 und beim bis heute andauernden Konflikt im Donbass. Ebenso unstrittig ist die verhängnisvolle Rolle der USA im seit 2011 währenden Syrien-Konflikt, während erst das beherzte und erfolgreiche Engagement Rußlands dem vom Krieg und Terror erschütterten Land eine ernstzunehmende Friedensperspektive eröffnet hat.
Im Rahmen zweier diplomatischer Missionen konnte ich mir 2015 und 2016 selbst ein Bild von der Situation in Syrien machen, die von der westlichen Politik und den westlichen Medien weitgehend falsch dargestellt wird.
Die Weltöffentlichkeit hat darüber hinaus zur Kenntnis genommen, daß nicht die Russische Föderation, sondern die USA die jüngsten Friedensgespräche in Syrien Anfang Oktober demonstrativ abgebrochen haben. Die Weltöffentlichkeit registriert zudem mit Sorge, daß amerikanische Regierungs- und Geheimdienstkreise immer unverhohlener ein offenes militärisches Vorgehen gegen die russischen und syrischen Streitkräfte diskutieren. Jeder verantwortungsbewußte Politiker muß sich im Interesse des Friedens von dieser Politik des Säbelrasselns distanzieren.

Exzellenz, seien Sie versichert: die deutsche Bundeskanzlerin, die sich erst unlängst auf europäischer Ebene für weitere und härtere Sanktionen gegen Rußland ausgesprochen hat, handelt nicht im deutschen Interesse, sondern als Vertreterin eines Landes, das seine völkerrechtliche Souveränität bis heute nicht zurückerlangt hat. Eine wachsende Anzahl von Deutschen steht der Rußland-Politik der Bundesregierung mit Sorge und Ablehnung gegenüber.
Als Europaabgeordneter werde ich mich persönlich auch in Zukunft nach Kräften für eine Entspannung der Situation und eine nachhaltige Verbesserung der Beziehungen zwischen Deutschland und Rußland einsetzen.

Hochachtungsvoll,
Udo Voigt, MdEP
20. Oktober 2016

Zur Person

Udo Voigt, geboren 1952 in Viersen (Rheinland), absolvierte zunächst eine dreijährige Lehre im Metallflugzeugbau, bevor er an der FH Aachen zwei Semester Luft- und Raumfahrttechnik studierte.

1972 erfolgte die Einberufung zur Bundeswehr, wo er sich für einen zwölfjährigen Dienst als Zeitsoldat verpflichtete. Voigt absolvierte unter anderem eine zweijährige Offiziersausbildung in der Luftwaffe und eine 15monatige Fachausbildung an der Raketenschule der Luftwaffe in El Paso (Texas). Des weiteren versah er sechs Jahre Dienst in der Truppe, zunächst als Feuerleitoffizier einer Flugabwehrraketen-Batterie, dann als Kampfführungsdienst-Offizier eines FlaRak-Bataillons. Aufgrund seiner Mitgliedschaft in der NPD, der Udo Voigt 1968 beigetreten war, wurde er nicht als Berufsoffizier übernommen, zumal er sich bei seinem Antrag auf Übernahme als Berufssoldat geweigert hatte, eine ihm vom MAD vorgelegte Austrittserklärung zu unterschreiben.

Im Februar 1987 beendete Voigt ein zehnsemestriges Studium an der Hochschule für Politik der Ludwig-Maximilians-Universität mit dem Diplom (Grad: Diplomaticus scientiae politicae Univ.). Die Diplomarbeit beschäftigt sich mit »Deutschland-Theorien der Bundesregierungen nach der Ostvertragspolitik unter besonderer Berücksichtigung der Souveränitätsproblematik«.

Zunächst sollte der Titel »Die nichtsouveräne Bundesrepublik« lauten. Die Änderung wurde notwendig, nachdem der Syndikus der Münchener Ludwig-Maximilians-Universität, Professor Laufer, das Thema mit den Worten »Da die Bundesrepublik mit den Pariser Verträgen von 1955 die volle Souveränität erlangte, kann ein solches Thema nicht Inhalt einer wissenschaftlichen Arbeit sein« abgelehnt hatte. Es war dann Professor Dieter Blumenwitz, bei dem Udo Voigt sein Diplom ablegte, zu verdanken, daß er nach einer kosmetischen Änderung des Titels vollinhaltlich die in der Tat vorhandenen Souveränitäts-Defekte wissenschaftlich belegen konnte.

Dem Studenten Udo Voigt war Professor Blumenwitz als aufrechter Verfechter deutscher Interessen bekanntgeworden. So führte Blumenwitz in den siebziger Jahren vor dem Bundesverfassungsgericht einen erfolgreichen Prozeß gegen die sozialliberale Regierung. Sein dort errungener Erfolg zwang die öffentlich-rechtlichen Fernsehsender ARD und ZDF damals dazu, auf den Wetterkarten Deutschland nicht länger in den BRD-Grenzen, sondern in den Grenzen des Deutschen Reiches vom 31. Dezember 1937 zu zeigen.

Nach den 1972 vollzogenen Annäherungen der SPD-/FDP-Regierung an die DDR und Polen mit dem Ergebnis der »Verzichtsverträge« wie dem Grundlagenvertrag mit der DDR wurde der Professor zum Gutachter für ein Normenkontrollverfahren bestellt, das die CSU dann gegen diese »Schandverträge« viel zu spät einreichte. Voigt fühlte sich daher geehrt, als sich Professor Blumenwitz, dem seine NPD-Aktivitäten bekannt waren, bereit erklärte, ihn bei der Erstellung seiner Diplomarbeit zu begleiten.

2001, Voigt war inzwischen Parteivorsitzender, stellte sich dann allerdings eine erste Enttäuschung ein: Nach der Eröffnung des Verbotsverfahrens rief er Prof. Blumenwitz an und bat ihn um einen Termin. Dieser freute sich zunächst und fragte Voigt, wie es ihm denn jetzt so ergehe. Als Voigt dem Professor dann aber den Grund seines Anrufs mitteilte, reagierte dieser frostig. Voigt hatte ihn darum gebeten, in dem Verfahren ein Gutachten für die NPD zu erstellen, das vor dem Bundesverfassungsgericht Verwendung finden sollte. Daraufhin folgte ein längeres Schweigen, ehe der Professor die Gegenfrage stellte, ob Voigt denn nicht wisse, daß er für die Bayerische Staatsregierung arbeite. Da könne er doch kein Gutachten gegen seinen Arbeitgeber erstellen. Blumenwitz beendete daraufhin den Kontakt zu Voigt.

Seit den siebziger Jahren hatte er zahlreiche Parteiämter auf allen Ebenen inne. Von 1986 bis 1993 war Udo Voigt Leiter des Amtes Bildung im Nationaldemokratischen Bildungszentrum in Iseo (Oberitalien). Von 1996 bis 2011 bekleidete er das Amt des NPD-Parteivorsitzenden. Von September 2006 bis Juni 2014 war er Abgeordneter der Bezirksverordnetenversammlung Treptow-Köpenick. Von Februar 2012 bis Oktober 2016 war er stellvertretender Landesvorsitzender der Berliner NPD. 2014 zog er in das Europaparlament ein. Udo Voigt ist Ehrenbürger von El Paso (Texas).

Europa Terra Nostra E.V.

Wer wir sind

Europa Terra Nostra e.V. ist eine politische Stiftung auf europäischer Ebene. Sie wurde am 3. Juli 2015 in Berlin gegründet und steht der europäischen Partei »*Alliance for Peace and Freedom*« nahe. Diese ist ein Zusammenschluss von nationalistischen Parteien aus sechs Mitgliedsstaaten der EU und wird von vier Mitgliedern des Europäischen Parlaments sowie weiteren Abgeordneten auf nationaler und regionaler Ebene unterstützt.

Was wir wollen

In unserer Satzung bekennen wir uns zu den Grundsätzen der Europäischen Union: Freiheit, Demokratie, Achtung der Menschenrechte, Grundfreiheiten und Rechtsstaatlichkeit.

Wir wollen durch politische Bildung einen Beitrag zur Weiterentwicklung Europas nach demokratisch-freiheitlichen und sozialen Grundsätzen leisten. Unsere Bildungsarbeit steht dabei auf dem Boden von nationalen und demokratischen Grundanschauungen und der abendländischen Kultur.

Kritik an der gegenwärtig bestehenden Europäischen Union mit ihren Demokratiedefiziten ist uns deshalb ein wichtiges Anliegen. Nationalismus und europäische Zusammenarbeit sind für uns kein Widerspruch. Im Gegenteil: Angesichts der vielfältigen Bedrohungen unseres Kontinents von innen und außen ist das gemeinsame Zusammenwirken in einem Europa der Vaterländer notwendiger als jemals zuvor.

Unsere »Europapolitischen Leitlinien« finden Sie hier: *www.europa-terra-nostra.com*

Was wir machen

Wir veranstalten in verschiedenen europäischen Ländern Seminare und Kongresse, geben Publikationen heraus und fördern Studien, die sich schwerpunktmäßig mit dem Thema Europa befassen.

Durch unsere Seminare sollen die Teilnehmer Kompetenzen vermittelt bekommen, durch die sie sich selbständig an der öffentlichen Debatte um die Gestaltung der Zukunft Europas beteiligen können. Wir wollen politisch interessierte Menschen bilden, die das Gemeinwesen aktiv mitgestalten. Unsere Angebote richten sich an ehrenamtlich Tätige, Neugierige, Nachwuchskräfte in politischen Organisationen, Politiker und Mitarbeiter von Institutionen und Verbänden.

Bei unseren Kongressen steht der Austausch verschiedener nationaler Sichtweisen auf Europa im Mittelpunkt. Wir wollen Menschen aus verschiedenen europäischen Ländern zusammenführen und so einen Beitrag zum Zusammenhalt der Europäer leisten, um gewalttätige Konflikte zwischen den Staaten künftig zu verhindern.

Mit unseren Publikationen leisten wir einen Beitrag zur Information der europäischen Öffentlichkeit über die politischen Prozesse in der Europäischen Union. Wir wollen damit zur Diskussion über die weitere politische Gestaltung unseres Kontinents anregen und auf Fehlentwicklungen aufmerksam machen.

www.europa-terra-nostra.com

Personenregister